SIM, É POSSÍVEL

William Ury

SIM, É POSSÍVEL

SOBREVIVER E PROSPERAR EM UMA ERA DE CONFLITOS

Traduzido por Simone Lemberg Reisner

SEXTANTE

Título original: *Possible: How We Survive (and Thrive) in an Age of Conflict*

Copyright © 2024 por William Ury
Copyright do prefácio © 2024 por Jim Collins
Copyright da tradução © 2024 por GMT Editores Ltda.

Todos os direitos reservados. Nenhuma parte deste livro pode ser utilizada ou reproduzida sob quaisquer meios existentes sem autorização por escrito dos editores.

coordenação editorial: Taís Monteiro
produção editorial: Ana Sarah Maciel
preparo de originais: Ângelo Lessa
revisão: Pedro Staite e Rachel Rimas
diagramação: Ana Paula Daudt Brandão
ilustrações de miolo: Jessica Palladino, Sillybird Design
capa: DuatDesign
impressão e acabamento: Cromosete Gráfica e Editora Ltda.

CIP-BRASIL. CATALOGAÇÃO NA PUBLICAÇÃO
SINDICATO NACIONAL DOS EDITORES DE LIVROS, RJ

U82s

Ury, William
 Sim, é possível / William Ury ; tradução Simone Reisner. - 1. ed. - Rio de Janeiro : Sextante, 2024.
 272 p. ; 23 cm.

 Tradução de: Possible
 ISBN 978-65-5564-871-3

 1. Negociação. 2. Atitude (Psicologia). 3. Conflito interpessoal. I. Reisner, Simone. II. Título.

24-89156
CDD: 158.2
CDU: 316.472.4

Meri Gleice Rodrigues de Souza - Bibliotecária - CRB-7/6439

Todos os direitos reservados, no Brasil, por
GMT Editores Ltda.
Rua Voluntários da Pátria, 45 – 14º andar – Botafogo
22270-000 – Rio de Janeiro – RJ
Tel.: (21) 2538-4100
E-mail: atendimento@sextante.com.br
www.sextante.com.br

Para Gabi
e todos os possibilistas que virão

A esperança é a paixão pelo possível.
– Søren Kierkegaard (1813–1855)

SUMÁRIO

	PREFÁCIO	9
CAPÍTULO 1	O CAMINHO PARA O POSSÍVEL	13
CAPÍTULO 2	AS TRÊS VITÓRIAS	29

PRIMEIRA VITÓRIA
VÁ AO CAMAROTE
43

CAPÍTULO 3	PAUSE De reativo a proativo	51
CAPÍTULO 4	FOQUE De posições a necessidades	71
CAPÍTULO 5	RECUE Das viseiras de burro ao panorama geral	87

SEGUNDA VITÓRIA
CONSTRUA UMA PONTE DOURADA
107

CAPÍTULO 6	ESCUTE Do seu lugar ao lugar do outro	119

CAPÍTULO 7   CRIE   139
De "ou isto ou aquilo" para "tanto este quanto aquele"

CAPÍTULO 8   ATRAIA   157
Do mais difícil ao mais fácil

TERCEIRA VITÓRIA
ENVOLVA A TERCEIRA PARTE   175

CAPÍTULO 9   ACOLHA   187
Da exclusão à inclusão

CAPÍTULO 10   AJUDE   207
Do "não posso" ao "posso"

CAPÍTULO 11   AGRUPE-SE   223
De latente a mobilizado

CONCLUSÃO   UM MUNDO DE POSSIBILIDADES   247

AGRADECIMENTOS   257

NOTAS   261

PREFÁCIO

Em 28 de novembro de 2018, William Ury – o Bill – e eu fizemos uma caminhada pela trilha Lion's Lair, a oeste de nossa cidade natal, Boulder, no Colorado. Era uma daquelas tardes de outono deslumbrantes, com pouco sol, bastante sombra e o brilho dourado de uma onda de calor tardia, antes do início do inverno. Durante a conversa, eu me vi capturado pela história de seus esforços nos bastidores para atenuar as tensões crescentes entre Estados Unidos e Coreia do Norte. Assim como acontece em todas as nossas caminhadas, Bill e eu nos perdemos na discussão de uma vasta gama de assuntos – as duradouras lições aprendidas com a Crise dos Mísseis de Cuba, o futuro do Oriente Médio, os desafios das empresas familiares dilaceradas por seus herdeiros e até mesmo o desafio final de enfrentar os conflitos debilitantes que cada um de nós carrega dentro de si.

Nessa caminhada, fiquei impressionado com a rara capacidade de Bill de levar calma e otimismo a conflitos aparentemente insolúveis e com sua mistura de clareza intelectual e sabedoria prática. Isso me levou a lhe fazer uma pergunta: "Se você tivesse que resumir todo o trabalho da sua vida em apenas uma frase, qual seria?" Bill ficou quieto por um tempo enquanto subíamos a trilha, então respondeu: "Ótima pergunta. Preciso respondê-la." No fim da descida, com o sol se pondo atrás das colinas, Bill já havia começado a pensar em voz alta na frase e em como construir todo um livro em torno dela.

O único livro a ser escrito é aquele que você *não* pode deixar de escrever. Sempre que alguém me pede um conselho sobre escrever um livro, a primeira coisa que digo é que o certo é fazer de tudo para *não* escrevê-lo. Em resposta ao impulso inicial de escrever um livro, a resposta primária deve ser "Não! Eu não vou escrever". Quando o impulso retornar, é preciso responder da mesma forma: "Eu me recuso a ceder ao sofrimento necessário para escrever um livro. Não vou me lançar ao esforço monstruoso de fazer ideias, palavras, páginas e estruturas se unirem num trabalho coerente. Não vou!" Mas, se a ideia do livro continua voltando e enviando a inequívoca mensagem "Você *tem* que me escrever"; se apesar dos seus mais valentes e persistentes esforços para banir essa ideia do seu cérebro, ela não o abandona, talvez você tenha um livro que vale a pena ser escrito. E isso é ainda mais verdadeiro se você for a melhor pessoa para escrever este livro; se não for você, ninguém mais poderá escrevê-lo.

Este livro passa no teste. O desafio da frase se alojou no cérebro de Bill e não foi embora. E, conforme descreve nestas páginas, ele elaborou a frase que eu pedi, nascida de sua experiência acumulada e de sua visão aguçada. A partir da frase, Bill se dedicou à tarefa de criar este livro. Num certo sentido, ele sentia a inconfundível responsabilidade de sintetizar o trabalho de toda a sua vida até então, não só pela contribuição intelectual duradoura, mas também porque ele é publicado num momento perfeito – esta época desarmônica que estamos vivendo.

Bill é a melhor pessoa para escrever este livro por três razões.

Em primeiro lugar, ele tem bases intelectuais profundas e um corpo de trabalho no qual se fundamentar. As grandes questões que ele retoma neste livro têm raízes em sua obra seminal *Como chegar ao sim*, escrito com Roger Fisher, que tem guiado pessoas em negociações estressantes e de alto risco há mais de quatro décadas. *Como chegar ao sim* é um verdadeiro clássico. Em seguida, ele desenvolveu suas ideias em trabalhos posteriores, entre os quais *Supere o não* e *Como chegar ao sim com você mesmo* (meu preferido). Mas, na verdade, as raízes da sua dedicação à resolução de conflitos já haviam se consolidado mais de uma década antes de ele conhecer e trabalhar com Roger Fisher. Em uma de nossas caminhadas por Boulder, perguntei: "Quando você descobriu seu interesse e sua vocação pelo que se tornou o trabalho de sua vida?" A resposta de Bill: "Antes dos dez anos, quando eu morava na Suíça e estudava em uma escola que tinha abrigo antiaéreo. Foi bem na época da Crise dos Mísseis de Cuba, e isso despertou algo em mim." De certa forma, há seis décadas Bill vem trabalhando na frase que forma a arquitetura inicial deste livro.

Em segundo lugar, suas percepções vão além da esfera intelectual; são extremamente práticas. Eu enxergo Bill como um pesquisador táctil que tem o mundo como laboratório. Em vez de aguçar o intelecto e os conhecimentos fazendo pesquisas sentado num escritório luxuoso numa universidade de grande prestígio, Bill decidiu desde cedo "ir primeiro aos lugares mais difíceis", mergulhando nas negociações políticas no Oriente Médio. Com base em décadas de experiência prática, ele aprendeu *o que funciona* em negociações complicadas e controversas. Como se preparar. Como recuar para ter uma visão mais clara e completa. (Sempre penso na metáfora de "ir ao camarote", criada por Bill, quando preciso me acalmar e enxergar um conflito a partir de uma perspectiva mais ampla e diferente.) Como criar soluções benéficas para todas as partes. (Sempre gostei da metáfora "construir a ponte dourada" – a noção de elaborar uma estrutura durável capaz de unir os estreitos da discórdia e ligar os lados.) Como acionar uma comunidade mais ampla para estimular ambos os lados a desejar construir a ponte dourada. Como se manter firme no que não é negociável e, ao mesmo tempo, chegar a um acordo de sucesso. Como dizer não dizendo sim a algo ainda melhor, não só para você, mas para toda a comunidade. Como aceitar o que é melhor – para você e para os outros – quando suas emoções atrapalham seus próprios interesses. No entanto, por trás de todas as suas habilidades de "como fazer", Bill sempre tem um enquadramento intelectual, uma compreensão profunda não só do *que* funciona, mas também de *por que* funciona.

Em terceiro lugar, Bill Ury pertence a uma rara categoria de mestres do pensamento que fizeram a transição de homem de habilidade intelectual para homem de sabedoria sagaz. Com este livro, ele está em seu estágio de pura sabedoria e sensatez. O mundo sempre se voltará para a guerra e a violência; a história não apoia a ideia de que a trajetória inevitável da sociedade humana é a paz e a cooperação. Bill entende que a propensão para o conflito está no nosso DNA. Todos os seus ensinamentos, textos e trabalhos práticos partem de uma compreensão realista do comportamento humano, da vontade de poder e da *Realpolitik*. No entanto, ao mesmo tempo, ele continua sendo um idealista prático, defensor da ideia de que a busca pela paz e pela colaboração *também* faz parte da natureza humana e do nosso interesse social. Ele defende uma tese simples e poderosa: a de que a busca por uma resolução pacífica, mesmo em meio a conflitos insolúveis, é uma prova de força e sabedoria, não de fraqueza. E, acima de tudo, ele nos mostra que é possível.

Jim Collins
Boulder, Colorado
abril de 2023

CAPÍTULO 1
O CAMINHO PARA O POSSÍVEL

*A todo momento somos confrontados por
grandes oportunidades brilhantemente disfarçadas
de problemas insolúveis.*[1]
– MARGARET MEAD

Foi um telefonema que mudaria a minha vida.

O telefone tocou às dez horas de uma noite gelada de domingo, no início de janeiro de 1977. Eu morava num quartinho alugado no sótão de uma velha casa de madeira em Cambridge, Massachusetts, na mesma rua do museu de antropologia da Universidade Harvard. Na época eu tinha 23 anos e estava escrevendo minha monografia, lendo os trabalhos dos meus alunos e estudando muito para a prova de pós-graduação em antropologia social.

A voz do outro lado da linha soou forte e nítida:

– Aqui é o professor Roger Fisher. Obrigado por me enviar seu trabalho. Gostei da sua perspectiva antropológica na análise das conversas de paz no Oriente Médio. Tomei a liberdade de enviar o projeto principal ao secretário de Estado adjunto para assuntos do Oriente Médio. Sou conselheiro dele e acho possível que ele utilize suas ideias no planejamento das negociações.

Fiquei sem palavras. Seria um sonho? Nunca um professor havia me contatado, muito menos num fim de semana. E nunca me ocorrera que uma ideia que tive enquanto escrevia um trabalho pudesse ter utilidade prática para um alto funcionário do governo em Washington, que estava empenhado naquele que era amplamente considerado o conflito internacional mais desafiador do mundo.

Assim como muitos jovens da minha idade, eu estava tentando descobrir o que queria fazer da vida. A antropologia – o estudo das culturas e sociedades humanas – era fascinante, mas faltava alguma coisa para mim. Eu almejava dedicar meu tempo e energia a um projeto que ajudasse as pessoas de uma forma mais direta e prática. E me perguntei: "Eu sou capaz de aplicar o que estou aprendendo a um grande dilema humano que desafia as soluções atuais – o problema perene do conflito e da guerra?"

– Eu gostaria que você viesse trabalhar comigo – continuou o professor Fisher. – O que acha?

– S-sim – gaguejei. – Eu adoraria.

Mas, afinal, qual era a ideia do meu trabalho que agradara ao professor Fisher? Ela havia surgido de um simples experimento mental. Olhando para as paredes do meu quartinho no sótão, eu me imaginei como um antropólogo, uma mosca na parede, numa luxuosa sala do Palácio das Nações, em Genebra, Suíça, onde as negociações de paz no Oriente Médio iriam acontecer. E me perguntei: "Observando a forma como as partes conversam, que sinais indicariam se as negociações estão indo bem ou mal?"

Imaginei que se as negociações estivessem indo mal, eu ouviria os negociadores culpando uns aos outros. Eles se prenderiam ao passado. Focariam no que estava errado.

Se as negociações estivessem indo bem, eu ouviria algo bem diferente. Em vez de insistir no *passado*, a conversa estaria centrada no *presente* e no *futuro*. Em vez de insistir *no que estava errado*, os negociadores estariam discutindo *o que poderia ser feito*. Em vez de *atacarem uns aos outros*, estariam *atacando o problema* em conjunto.

Em outras palavras, eu estava apenas sugerindo que a *forma* como as partes em conflito conversam umas com as outras pode fechar ou abrir novas possibilidades de acordo.

O telefonema de Roger Fisher foi minha iniciação na arte de abrir possibilidades em conflitos aparentemente insolúveis. Aprender essa arte se tornaria a minha missão de vida.

MINHA ETERNA PERGUNTA

O convite generoso de Roger Fisher atendeu a um chamado que eu sentia desde que me conheço por gente. Passei grande parte da infância na Europa, que, na época, ainda estava se recuperando de duas guerras mundiais, cujos horrores incalculáveis ceifaram a vida de dezenas de milhões de pessoas. O sofrimento ainda era palpável nos edifícios em ruínas e nas histórias sussurradas, compartilhadas pelos sobreviventes traumatizados, mesmo para uma criança que não tinha vivido a guerra diretamente.

Além disso, uma terceira guerra mundial assomava no horizonte, dessa vez um conflito apocalíptico, por causa da bomba atômica. Não conversávamos muito sobre o assunto, porque era horrível demais de se imaginar e não parecia haver muita coisa que alguém pudesse fazer a respeito. Mas os lembretes eram bastante vívidos. Minha escola tinha um abrigo obrigatório contra bombas nucleares. No inverno, servia de depósito para esquis, então eu o visitava com frequência. Vez ou outra parava diante da enorme porta de entrada, feita de aço com grandes dobradiças, e sentia um arrepio.

– Não entendo – comentava eu com meus amigos, à medida que ficava mais velho. – A qualquer crise que surja entre nós e os russos, os líderes podem começar uma guerra nuclear que explodiria o mundo inteiro. Como isso é possível? Deve haver um jeito melhor de resolver nossos problemas!

Minha escola era frequentada por crianças de muitas nacionalidades, culturas e religiões, mas em geral nós nos dávamos bem. E as disputas que surgiam eram interpessoais, não entre grupos. Assim, quando criança, eu não tinha dificuldade para imaginar um mundo em que todos pudéssemos coexistir de forma relativamente pacífica.

O conflito estava presente não apenas no mundo, mas também dentro da minha casa, sempre que eu via meus pais discutirem à mesa de jantar. Era doloroso ouvir aquilo, e eu tentava distraí-los. Foi quando percebi que o conflito afeta tudo em nossa vida – desde a felicidade das famílias até a nossa sobrevivência como espécie.

A questão básica à qual eu sempre voltava, como um adolescente curioso, era: *Como lidar com nossas diferenças mais profundas sem destruir tudo que nos é caro?* Como encontrar uma maneira de viver e trabalhar juntos, mesmo com conflitos inevitáveis?

Estudei antropologia na faculdade em busca de respostas para essa pergunta, na esperança de aprender mais sobre a natureza e a cultura humanas. Os antropólogos costumam estudar pequenas comunidades ameaçadas por adversidades externas. A comunidade ameaçada que me preocupava era a humanidade, com o perigo à existência que nós mesmos nos impomos. Por que entramos em conflitos destrutivos sempre que uma diferença grave surge entre pessoas, grupos ou nações?

Mas eu não queria apenas estudar; queria colocar a mão na massa. Uma coisa que eu amava na antropologia era a ideia de que, para compreender outra cultura a fundo, é necessário tornar-se participante *e* observador. Eu queria participar dos conflitos, não só observá-los de longe. Queria entrar no meio da ação e praticar a arte da negociação nos locais mais resistentes a qualquer tipo de acordo.

O telefonema do professor Roger Fisher me levou a uma jornada de quase cinquenta anos pelo mundo como antropólogo e negociador, usando conflitos da vida real para formular respostas à questão básica: o que é necessário para transformar os conflitos mais difíceis e destrutivos em uma negociação colaborativa?

Fiz essa pergunta em muitas culturas tradicionais, desde a comunidade kua do deserto do Kalahari até os clãs guerreiros da Nova Guiné. E me fiz essa pergunta enquanto testava diferentes abordagens nos conflitos mais difíceis que encontrei – de violentas greves de carvoeiros ao confronto nuclear entre os Estados Unidos e a União Soviética, de batalhas entre diretores de uma mesma empresa a rixas familiares, de conflitos entre partidos políticos a guerras no Oriente Médio. Procurei os conflitos mais difíceis e arriscados, imaginando que os métodos que funcionassem neles provavelmente funcionariam em qualquer lugar.

Também apliquei essa pergunta a conflitos na minha própria família e com as pessoas que amo. Aprendi com os contratempos e também com os sucessos.

Com base em todas essas experiências, confirmei a intuição que tive quando criança: existem maneiras muito melhores de lidar com nossas maiores diferenças. Como seres humanos, nós temos *escolha*.

VIVEMOS NUMA ERA DE CONFLITOS

Ao observar os conflitos que enfrentamos hoje, vejo que as lições simples, mas poderosas, que aprendi nessa busca ao longo da vida nunca foram tão necessárias.

Os conflitos estão ao nosso redor e vêm se intensificando. Todos os dias – em casa, no trabalho, no país e no mundo – somos confrontados com as dores de cabeça e o sofrimento de disputas litigiosas.

Mais do que em qualquer outro momento de que eu me lembre, os conflitos destrutivos estão *polarizando* nossas comunidades, *envenenando* nossas relações e *paralisando* nossa capacidade de resolver os problemas mais graves. Quantas necessidades estamos deixando em segundo plano e quantas oportunidades estamos perdendo na ausência de uma maneira melhor de resolver nossas diferenças?

Ironicamente, depois de muitas décadas trabalhando com conflitos políticos insolúveis no resto do mundo, meu próprio país vem sendo destruído por um deles. Por mais impensável[2] que pareça, segundo pesquisas recentes mais de 40% dos americanos temem que o país esteja se encaminhando para uma guerra civil. Nunca vi tais níveis de medo, raiva e desprezo pelo outro lado. Tampouco vi tanta resignação, entorpecimento e desespero – tantas pessoas jogando as mãos para o alto e concluindo que são incapazes de mudar a situação para melhor.

O fenômeno da polarização não se limita aos Estados Unidos; é uma tendência global, separando famílias, comunidades e sociedades em todo o mundo. "Por causa de diferenças políticas, meu irmão não comparece às nossas tradicionais reuniões familiares. Minha mãe está de coração partido. Isso já foi longe demais", lamenta um amigo próximo, do Brasil.

Se os antropólogos que viverão daqui a mil anos olharem para este momento de seu passado, talvez o chamem de *era da reunião da família humana*. Pela primeira vez[3] na história da humanidade, graças à revolução das comunicações, quase todas as 15 mil comunidades linguísticas estão em contato umas com as outras. No entanto, assim como em muitas reuniões de família, nem tudo é paz e harmonia. Há diversos conflitos.

Em nenhum momento da evolução humana as pessoas enfrentaram o desafio de viver com bilhões de outras pessoas numa única comunidade.

Longe de atenuar o conflito, essa reunião significa um aumento das hostilidades, à medida que as pessoas são forçadas a confrontar suas diferenças, que os ressentimentos causados pelas desigualdades crescem e que as identidades são ameaçadas por diferentes costumes e crenças. Conforme nossas diferenças vêm à tona, a união pode produzir mais calor do que luz, mais conflito do que compreensão.

Graças às novas formas de comunicação, estamos mais conscientes do que nunca a respeito dos conflitos em outras partes do mundo. Somos bombardeados 24 horas por dia por notícias sobre conflitos e guerras. Na verdade, os novos meios de comunicação estão sempre voltados para os conflitos – e os intensificam, uma vez que eles prendem nossa atenção, e a atenção gera lucro.

Os conflitos não vão desaparecer. Vivemos numa época de enormes e aceleradas mudanças de todos os tipos: o surgimento de novas tecnologias como a inteligência artificial, problemas econômicos, distúrbios ambientais, mudanças demográficas, só para citar algumas das mais importantes. E não há sinal de desaceleração – ao contrário, as mudanças parecem ocorrer cada vez mais rápido. Naturalmente, mais mudanças significam mais conflitos.

E eis o ponto crucial: *o mundo precisa de mais conflitos, não de menos.*

Sei que pode parecer estranho, mas preste atenção ao que vou dizer.

O que é conflito? Conflito pode ser definido como *um choque entre posições opostas, nascido da percepção de divergência de interesses e perspectivas.*

No meu trabalho, com frequência eu me deparo com o pressuposto de que o conflito é algo ruim. Eu mesmo costumava pensar assim. Mas, como antropólogo e mediador, passei a compreender que o conflito é algo natural. Faz parte da vida. O simples fato de sermos humanos nos leva a ter diferentes perspectivas e interesses. O conflito surge quando expressamos nossas diferenças – ou mesmo quando não expressamos.

O conflito pode ser perfeitamente saudável. As melhores decisões não resultam de um consenso superficial, mas da descoberta de diferentes pontos de vista e da busca por soluções criativas. O conflito está no cerne do processo democrático, bem como das economias modernas, ajudando a criar prosperidade sob a forma de concorrência empresarial.

Imagine um mundo sem conflitos. Como as injustiças seriam reparadas? Como os abusos de poder seriam corrigidos? E como mudanças construtivas ocorreriam em nossas famílias, locais de trabalho e comunidades?

É enfrentando desafios que nós – indivíduos e grupos – aprendemos, crescemos e mudamos. O conflito nos proporciona esse desafio, estimula a evolução de indivíduos e sociedades. Como observou recentemente minha amiga e colega mediadora Claire Hajaj: "O conflito construtivo é a base do crescimento humano."

Então, como lidar com nossas diferenças de forma construtiva?

A SAÍDA É ATRAVÉS

Enquanto escrevia este livro, eu participei de uma expedição de rafting de duas semanas pelo Grand Canyon. Enquanto nossos resistentes capitães de barco nos conduziam por entre rochas enormes, mergulhando em corredeiras íngremes no imenso rio Colorado, procurei alguma perspectiva sobre como navegar nos conflitos nestes tempos turbulentos. Enxerguei melhor a perspectiva do drama humano ao observar os imensos paredões do desfiladeiro, com centenas de metros de altura e bilhões de anos de existência. Toda a história humana caberia em alguns centímetros daqueles penhascos imponentes.

Nas profundezas do abraço das paredes do cânion, longe do turbilhão enlouquecedor de noticiários e redes sociais, fiz uma pergunta a um colega viajante, um produtor de gado leiteiro de Wisconsin chamado George Siemon:

– George, por que nosso país vem tendo tantos problemas para chegar a um acordo sobre qualquer coisa? O que você tem escutado nas suas conversas com o pessoal do campo?

– William, todo mundo está se sentindo travado – respondeu ele. – Em vez de resolver os problemas, as pessoas estão apontando o dedo umas para as outras. Ou desistindo de vez umas das outras. E os problemas só pioram. O que digo aos jovens hoje em dia é: "Nós temos as *soluções*. Temos até o *dinheiro*. Mas não conseguimos descobrir *como trabalhar juntos*. Esse é o desafio atual!"

O desafio de George ecoou em mim. Vivemos num mundo de possibilidades – futuros possíveis para nós mesmos, nossas famílias e nossas comunidades. Muitos são auspiciosos, mas alguns são assustadores. No fim das contas, depende de nós. Temos a oportunidade de melhorar a vida de todos – *se* formos capazes de trabalhar juntos.

Nós não vamos eliminar o conflito – nem deveríamos.

O verdadeiro problema não é o conflito, e sim a forma destrutiva como lidamos com ele.

E *se* tentássemos uma abordagem diferente – uma abordagem contrária? E se, em vez de agravar ou evitar o conflito, fizéssemos o oposto? E se o enfrentássemos com curiosidade e espírito de colaboração?

Isso foi o que aprendi enquanto fazia rafting no Grand Canyon. No instante em que entramos no rio, eu soube que não haveria saída por muitos dias. Querendo ou não, teríamos que encarar as grandes corredeiras, com suas ondas gigantescas e geladas. Nossa única saída era percorrê-las. E a melhor maneira de fazer isso não era resistir à experiência de ficar com frio e molhado, mas *mergulhar* na experiência, enfrentar as ondas e remar juntos com toda a força.

Ou seja, *a única saída é através*.

Às vezes parece que é a última coisa que queremos fazer, mas *e se abraçarmos* o conflito? E se usarmos todo o potencial humano de resolução de conflitos, nossas capacidades naturais de curiosidade, criatividade e colaboração?

No meu trabalho, as pessoas presumem que o conflito precisa ser *resolvido*. Mas será que isso é verdade? Antes eu achava que sim. Afinal, estava trabalhando na área de *resolução* de conflitos. Mas ao longo dos anos percebi que muitas vezes a resolução não é possível, pelo menos não no momento. Em alguns casos, a resolução nem sequer é desejável, pois nos priva da oportunidade de continuar aprendendo e crescendo através do conflito. A verdade é que *nem sempre* precisamos concordar.

Em vez de tentar resolver conflitos e chegar a um acordo, podemos almejar algo mais realista e sustentável do que a solução? E se nos concentrássemos na *transformação* do conflito?

Transformar é mudar a forma do conflito – de lutas destrutivas para conflitos produtivos e negociações construtivas.

E se, em vez de destruirmos as coisas que valorizamos, nós abríssemos novas possibilidades de convivência para criar coisas que valorizamos?

Transformar um conflito é mais que chegar a um acordo.[4] É transformar a maneira como lidamos uns com os outros e com as nossas diferenças. É transformar nossos *relacionamentos*. Os acordos são finitos e muitas vezes transacionais; eles vêm e vão. A transformação é relacional e pode continuar por muito tempo. *Acordos são resultados; a transformação é um processo*. E, ao contrário de alguns acordos que podem levar muito tempo para serem alcançados, a transformação do conflito pode começar imediatamente.

Quando Roger Fisher, Bruce Patton e eu trabalhamos no *Como chegar ao sim*, há mais de quarenta anos, *sim* significava um acordo satisfatório para todas as partes. Hoje, acredito que o significado do sim deve ser ampliado. O novo sim significa abraçar os conflitos com tudo que eles têm a nos oferecer. O novo sim é um *sim transformador*.

Se formos capazes de abraçar e transformar nossos conflitos, poderemos aprender a viver e trabalhar juntos. E, com isso, não haverá problema, grande ou pequeno, que não possamos resolver, conforme salientou meu amigo George no caudaloso rio Colorado.

O POSSÍVEL É O NOVO SIM

Depois de todos esses anos trabalhando em conflitos aparentemente insolúveis, as pessoas costumam me perguntar:

– Você é otimista ou pessimista?

– Na verdade, sou um *possibilista* – respondo.

Tenho paixão pelo possível.

Acredito no nosso *potencial humano* para chegar ao *sim* – na nossa capacidade de lidar com as diferenças de forma construtiva.

Acredito na capacidade humana inata de cooperar, mesmo quando discordamos frontalmente.

Acredito que, por mais desafiador que um conflito possa ser, nós podemos aprender a *trabalhar nele*.

Em suma, acredito que podemos sobreviver – *e prosperar* – nessa era de conflitos.

Possível não significa fácil. Não existem soluções rápidas. Lidar com conflitos pode ser *o trabalho mais difícil que nós, humanos, somos capazes de fazer*. É preciso paciência e muita persistência. Difícil, porém, não significa impossível. O trabalho pode ser, ao mesmo tempo, difícil *e* possível.

Possível não significa o fim de um conflito. Não significa "é isso, e ponto-final". Na maioria das situações em que trabalhei, as tensões permanecem, os conflitos continuam, mas a destruição, a violência e a guerra podem ter fim.

Possível não significa alcançar uma resolução perfeita. Em geral significa melhorias graduais que, com o tempo, podem fazer uma grande diferença nos relacionamentos. Relacionamentos costumam ser complicados. Possível significa encontrar caminhos onde parece não haver nenhum. Significa criar pequenos avanços que podem se transformar em grandes avanços ao longo do tempo. Possível significa uma transformação gradual.

Possível significa aplicar todo o nosso potencial humano aos conflitos que nos rodeiam. Significa usar nossas capacidades inatas de curiosidade, criatividade e colaboração para abrir possibilidades que não havíamos imaginado.

Em conflitos nos quais nos sentimos travados, encurralados e frustrados, possível significa liberdade, escolha e oportunidade.

Possível é o novo sim.

Por que sou um possibilista? Porque vi, com meus próprios olhos, o que os humanos são capazes de fazer. Eu vi o que parecia impossível se tornar possível.

Passei a década de 1980 trabalhando para evitar uma guerra nuclear acidental, com viagens frequentes a Washington e Moscou. Testemunhei a notável transformação da relação Estados Unidos-União Soviética com a queda do Muro de Berlim e o fim da Guerra Fria, por mais improvável que parecesse.

Quando visitei a África do Sul pela primeira vez, no fim da década de 1980, para compreender o conflito em primeira mão e oferecer treinamento em negociação, observadores políticos experientes acreditavam que seriam necessárias décadas e que apenas uma guerra civil sangrenta e total seria capaz de acabar com o sistema racista do apartheid. Em vez disso, contradizendo quase todas as previsões, em poucos anos o conflito destrutivo se transformou, e Nelson Mandela, que havia passado 27 anos preso, foi eleito presidente do país.

Mais recentemente eu tive a oportunidade de servir como conselheiro do presidente da Colômbia no momento em que ele tentava alcançar o que a maioria dos colombianos imaginava ser impossível: acabar com uma guerra civil de quase meio século. Centenas de milhares[5] de pessoas haviam morrido num conflito com mais de 8 milhões de vítimas até então. Foram necessários seis anos de duras negociações, mas, no final, uma paz histórica foi construída, e, para surpresa de todos, as FARC depuseram as armas.

Minha experiência não se limitou às guerras. Vi famílias curarem suas rixas. Testemunhei empresários rivais que se detestavam voltarem a ser amigos. Vi líderes de todos os pontos do espectro político em meu próprio país aprenderem a trabalhar em conjunto. Vi seres humanos de todas as posições sociais enfrentarem o desafio de transformar confronto destrutivo em negociação produtiva.

Se já aconteceu antes, acredito que pode acontecer de novo.

Não sou ingênuo em relação ao lado sombrio da humanidade. Depois de quase cinco décadas, muitas vezes trabalhando no que parecia o coração das trevas, não subestimo a ignorância e a crueldade do ser humano. Testemunhei as possibilidades *negativas* dos conflitos.

Há mais de quarenta anos, tive a oportunidade de passar uma tarde nas ruínas do campo de extermínio nazista de Treblinka, na Polônia. Sem ninguém por perto, caminhei pela grama alta, em meio a fileiras de montes salpicados de fragmentos de ossos esbranquiçados. Suspeitei, embora não tivesse certeza, que muitos de meus parentes estavam enterrados naqueles montes. Senti que cada alma ali era familiar de alguém e, portanto, familiar de todos nós. A tristeza me invadiu, e me vi incapaz de expressar em palavras a desumanidade que somos capazes de infligir aos nossos semelhantes. Prometi a mim mesmo que não ficaria parado e faria tudo que estivesse ao meu alcance para ajudar a evitar o holocausto nuclear que ameaçava a todos nós.

Treze anos mais tarde, enquanto trabalhava na guerra da Iugoslávia, visitei um acampamento temporário de refugiados muçulmanos bósnios, na companhia de um velho amigo de infância, Peter Galbraith, então embaixador dos Estados Unidos na Croácia. Os refugiados estavam encurralados numa zona de um quilômetro de largura, entre uma fileira de tanques sérvios de um lado e uma fileira de tanques croatas do outro, todos com a boca do canhão apontada para a terra de ninguém, no meio. Escoltados por forças de paz canadenses da ONU, armados de fuzis e equipados com coletes à prova de bala, Peter e eu passamos pelos tanques e soldados e fomos até as ruínas do vilarejo. A maioria das casas estava destruída. Um míssil perdido havia ficado preso no tronco de uma árvore.

Milhares de mulheres, homens e crianças estavam acampados em tendas frágeis, que ofereciam pouca proteção à medida que o inverno se aproximava. Eles pareciam desorientados, não tinham para onde ir. Minas terrestres os cercavam por todos os lados, e, a cada poucos dias, uma pessoa pisava nelas e perdia o pé ou a perna. Ficamos comovidos ao descobrir que chegamos pouco depois de uma mulher dar à luz numa enfermaria improvisada, na quadra esportiva de uma escola. Não pude deixar de refletir sobre como aqueles inocentes simbolizavam a situação da humanidade, presa entre superpotências nucleares preparadas para desencadear uma destruição cataclísmica a qualquer momento. Foi mais uma lembrança vívida das possibilidades negativas do conflito.

Enquanto escrevo este livro, tenho me concentrado no trabalho de resolução de conflitos ligados à terrível e trágica guerra na Ucrânia. Três décadas e meia após a queda do Muro de Berlim, as possibilidades negativas estão expostas enquanto o mundo se encontra num novo e perigoso conflito entre a Rússia e o Ocidente. Tal como na primeira metade do século XX, a Europa é mais uma vez palco de batalhas ferozes e atrocidades. A espada nuclear de Dâmocles paira perigosamente sobre a nossa cabeça. Parece até que fechamos um círculo.

Eu pretendia me concentrar apenas neste livro, mas não consegui ficar sentado sem fazer nada. Enquanto escrevo estas palavras, estou envolvido em conversas frequentes com ucranianos e russos, americanos e chineses, britânicos, franceses e muitos outros, trabalhando em medidas práticas que possam mitigar os horrores e ajudar a pôr fim à guerra. Acabo de receber um telefonema no qual nosso colega ucraniano contou como, num trecho de dez quilômetros de linha da frente, em pleno inverno, cem soldados de cada lado vêm morrendo todos os dias. E estamos falando de apenas um trecho acumulando mortos diariamente, enquanto os dias, semanas e meses continuam passando.

Ser um *possibilista* é olhar nos olhos das possibilidades negativas e usá-las como motivação para buscar, com persistência, as possibilidades positivas. O trabalho nunca termina. Possível não significa inevitável ou provável. Possível significa simplesmente possível.

Só nós podemos fazer o possível se tornar realidade.

O QUE É FEITO POR NÓS PODE SER MUDADO POR NÓS

Trinta anos atrás,[6] caminhei pelas florestas tropicais da Malásia para visitar aquela que muitos antropólogos consideram a comunidade mais pacífica do planeta, os semai. Eu queria entender como eles lidavam com os conflitos.

Eles me receberam, com sua tradicional hospitalidade, em uma grande casa de bambu sobre palafitas na selva. Mais de dez famílias dividiam o espaço, comendo e dormindo juntas. Na manhã seguinte, depois de uma noite de sono numa plataforma de bambu, fiz a um dos anciãos uma pergunta que fazia a mim mesmo havia muito tempo:

– Por que o seu povo não entra em guerra?

– Guerra? – perguntou ele, intrigado por um instante, refletindo sobre a questão.

Então olhou nos meus olhos e respondeu ao tradutor, que respondeu por ele:

– Tufões, terremotos e tsunamis são forças da natureza que não podemos controlar. Mas a guerra é feita por nós. Portanto, pode ser impedida por nós.

Ele falou como se a resposta fosse óbvia, e para ele suponho que era mesmo, considerando-se o sucesso de sua comunidade em lidar com os conflitos mais difíceis. Essa explicação que transmitia a sabedoria prática do povo masai ressoou em mim. É o mais próximo do credo *possibilista* que sou capaz de imaginar.

O desafio que enfrentamos não está no mundo exterior, mas dentro de nós. Não é um problema técnico, mas humano. O que é *feito* por nós pode ser *mudado* por nós. É possível.

Como o ancião semai sugeriu, nós, humanos, temos capacidades inatas para gerir nossas diferenças de forma construtiva. Como antropólogo, fico maravilhado com a forma como evoluímos e nos tornamos primatas extremamente sociais, comunicativos, curiosos e criativos. A resolução colaborativa de problemas é o grande poder humano. Foi assim que sobrevivemos e prosperamos.

Embora seja capaz de cometer atos de violência, o ser humano também conta com as ferramentas para detê-la. Elas são a herança evolutiva que recebemos como presente dos nossos antepassados. São nosso *direito inato* e estão à nossa disposição, para utilizá-las com habilidade nestes tempos desafiadores. Nossa tarefa não é desenvolver algo novo, e sim lembrar o que já sabemos fazer e aplicar aos desafios de hoje.

VAMOS DAR UM PASSEIO

Há alguns anos,[7] fiz uma longa caminhada nas Montanhas Rochosas, perto de casa, com meu vizinho e amigo Jim Collins, autor de livros clássicos sobre liderança, como *De bom a excelente*. Enquanto subíamos uma encosta íngreme, Jim virou-se para mim e perguntou:

– Como você mantém o senso de possibilidade num momento tão sombrio do mundo?

Olhei para a magnífica vista dos picos e vales diante de nós e respondi:

– Jim, é verdade que nos tornamos muito mais polarizados, tanto nos Estados Unidos quanto no mundo como um todo, e que os tempos atuais podem parecer mais sombrios do que outros. Porém, em tempos que hoje podem parecer melhores, eu sempre trabalhei nas situações mais sombrias e difíceis. O que me faz seguir em frente são as possibilidades que vejo. Que escolha melhor pode existir?

– Então, por que você não escreve um livro que sintetiza tudo que aprendeu, para ajudar outras pessoas a perceberem essas possibilidades nestes tempos difíceis?

A resposta é este livro.

Adoro fazer longas caminhadas na natureza. Caminhar me traz clareza e perspectiva, inspiração e ideias criativas. E isso me dá a energia e o sustento necessários para enfrentar conflitos desafiadores.

Quero convidar você a fazer uma caminhada imaginária comigo. Nessa jornada, espero transmitir as lições que aprendi sobre o *caminho para o possível*, quando procurei abrir janelas de possibilidades em alguns conflitos bem espinhosos. Este é um livro prático, mas não é um manual de instruções. É menos uma questão de método e mais de mentalidade. *A mentalidade possibilista é uma forma curiosa, criativa e colaborativa de lidar com as nossas diferenças nestes tempos de divisão.*

Talvez a forma mais poderosa de transmitir lições – algo enraizado em nossa natureza desde os tempos pré-históricos – seja contar histórias. Histórias são fáceis de lembrar e a melhor forma de aprender. Portanto, tomarei a liberdade de contar a vocês minhas próprias histórias – das profissionais às pessoais –, na esperança de que elas capturem a essência do que aprendi. Em meus outros livros, compartilhei sobretudo as histórias de outras pessoas. Neste, vou me ater às minhas experiências, porque elas são as que mais me ensinaram. Vou organizá-las de modo a destacar as principais oportunidades que descobri ao longo do caminho para o possível.

Em muitas das histórias, vou relatar conversas que tive com base em anotações feitas logo após o ocorrido e, em certos casos, apenas na minha memória, que reconheço que pode estar sujeita a falhas. Nos casos em que as pessoas envolvidas não eram figuras públicas, mudei os nomes para proteger sua privacidade.

Talvez você reconheça algumas dessas histórias de meus outros livros. Se volto a elas é porque foram experiências de aprendizagem importantes e porque, ao revisitá-las, pretendo descobrir novos insights. Procurei contar essas histórias aqui com mais detalhamento, torcendo para que você encontre algo novo nelas – assim como eu encontrei.

Como a natureza do meu trabalho é procurar os conflitos mais difíceis e impactantes do mundo, extraí muitas das minhas histórias de situações políticas intensas – dos chamados corredores do poder –, mas tenha certeza de uma coisa: na sua essência, esses conflitos partilham muitas semelhanças com os conflitos familiares e profissionais cotidianos que todos conhecemos. A escala pode ser maior, mas a dinâmica é parecida. Um conflito é um conflito; humanos são humanos; e as lições mais profundas podem ser aplicadas em todos os segmentos da vida.

Estou ciente de que as minhas experiências em conflitos de grande escala envolveram em sua maioria homens, quer como partes ou mesmo como terceiros. Felizmente, esse grande desequilíbrio está começando a perder força. Embora muitas vezes não tenham o reconhecimento que mereçam, as mulheres sempre foram terceiros e pacificadores influentes nos conflitos que nos rodeiam – no trabalho, em casa e no mundo. Ao redor do planeta, elas vêm rompendo cada vez mais as barreiras que as impedem de ter voz ativa. Fico muito feliz em ver que hoje em dia a maioria das pessoas nos workshops que ministro são mulheres. Embora ainda haja muito trabalho pela frente, isso me dá grande esperança para o futuro.

À medida que andarmos juntos e eu for descrevendo o *meu caminho para o possível*, convidarei você a olhar para os conflitos que o desafiam – esteja você diretamente envolvido neles ou apenas preocupado. Qual é o *seu* caminho para o possível?

Durante a escrita deste livro eu me tornei avô. Tive a alegria indescritível de embalar meu neto, Diego, nos braços por uma hora no dia em que ele nasceu. Senti o potencial puro do seu ser, tão jovem e aberto. Enquanto eu o segurava e olhava para seu rostinho inocente e adormecido, perguntei a mim mesmo: "Que tipo de mundo deixaremos para ele e sua geração?" Se o Diego do futuro – e todos os seus pares – pudesse falar, que trabalho estaria pedindo que fizéssemos agora?

Minha grande esperança é que este livro o inspire a liberar todo o seu potencial humano para transformar os conflitos ao seu redor. *Se transformarmos nossos conflitos, transformaremos nosso mundo.*

A escolha é nossa.

CAPÍTULO 2
AS TRÊS VITÓRIAS

*O pavio lento do Possível é aceso
pela imaginação.*[1]
– Emily Dickinson

Procura-se: *um trabalho difícil.* Esse era o lema da empresa do meu avô, fundada há mais de um século.

Em 1906, Eddie era um menino de 13 anos que morava em Varsóvia, então parte do Império Russo, quando, de repente, sua mãe lhe entregou a passagem de navio a vapor de seu irmão mais velho e disse que ele precisava fugir o quanto antes para os Estados Unidos. Naquele dia, seu irmão de 15 anos, Wolf, fora detido e encarcerado pela polícia por conversar numa esquina com dois amigos. Seu crime? Violar a restrição contra a liberdade de reunião, imposta pelas autoridades imperiais russas para conter atividades revolucionárias.

No pátio do prédio onde Eddie e sua família moravam, as forças de segurança estavam alinhando revolucionários suspeitos contra um muro e os executando. Não posso nem imaginar que emoções Eddie sentiu naquele momento: medo e confusão, tristeza e raiva. Sei apenas que o que aconteceu foi tão doloroso que ele nunca quis conversar sobre a própria infância.

O jovem Eddie fugiu sozinho no dia seguinte e se juntou a um pequeno grupo de refugiados que estava entrando ilegalmente na Alemanha. Foi uma viagem perigosa; os refugiados tinham que se deslocar à noite para escapar dos guardas de fronteira russos, e gangues de assassinos costumavam atacar nas estradas. Em Hamburgo, ele embarcou no navio *Pretoria*, onde viajou no alojamento sufocante da terceira classe.

Eddie chegou a Ellis Island, Nova York, no dia seguinte ao seu aniversário de 14 anos e foi listado pelas autoridades de imigração com o nome do irmão, já que era esse o nome que constava na lista de passageiros do navio. Foi direto trabalhar numa fábrica de tecidos de lã no estado do Maine, juntando-se ao pai, Max, e ao irmão mais velho, Joe, que tinham migrado para os Estados Unidos antes.

O ar da fábrica era tão carregado, tão cheio de fiapos de lã, que os trabalhadores tossiam e ofegavam o tempo todo, sucumbindo facilmente a doenças pulmonares. Mesmo tão jovem, Eddie era um empreendedor e começou a lavar janelas. Ele e outro adolescente abriram um pequeno negócio em Rhode Island. Na época não faltavam janelas e edifícios sujos pela queima de carvão, e o negócio prosperou. Eddie, Max e Joe conseguiram enviar dinheiro a Varsóvia para trazer a mãe e os irmãos restantes para os Estados Unidos.

Menos de duas décadas depois, meu avô não limpava mais apenas janelas e prédios. Ele e suas equipes limpavam siderúrgicas gigantescas nos arredores de Chicago.

– Não entendo – falei a meu tio Mel, de 94 anos, enquanto escrevia este livro. – Como um menino que começou lavando janelas e nunca teve acesso a uma educação formal acabou sendo contratado pelas maiores siderúrgicas do mundo para limpar seus altos-fornos?

Meu tio, que acabou dirigindo a empresa, olhou para mim e, num tom de constatação com um toque de admiração infantil, disse:

– É difícil acreditar. Na época, as siderúrgicas tinham que desligar o alto-forno por seis meses, a um custo elevado, para limpar a escória pesada que restava quando o ferro era transformado em aço. Meu pai inventou uma forma de fazer o trabalho usando dinamite dentro da fornalha. É claro que era necessária uma precisão extrema para evitar a explosão da fornalha. Mas, em vez de seis meses, ele demorava três dias!

– Qual era o segredo do sucesso de Eddie?

Meu tio parou por um momento para refletir, depois respondeu:

– É simples. Onde outros viam *obstáculos*, ele via *oportunidades*.

Em outras palavras, meu avô era um *possibilista*.

COMECE PELO POSSÍVEL

"Procura-se: um trabalho difícil" poderia servir de lema para os *possibilistas*.

Transformar conflitos é um dos trabalhos mais difíceis que nós podemos fazer. Para realizá-lo, precisamos nos *envolver*, em vez de ceder à tentação de atacar ou nos esquivar. Devemos assumir a responsabilidade pelos conflitos que nos rodeiam, em vez de permanecer como espectadores. Requer coragem, paciência e persistência.

Se existe um princípio fundamental para os *possibilistas*, é o da *audácia humilde*. Precisamos equilibrar a audácia dos nossos objetivos com uma abordagem humilde. É preciso audácia para enfrentar desafios aparentemente impossíveis. É preciso audácia para almejar resultados que funcionem para todas as partes, não apenas para uma. Por outro lado, é preciso humildade para ser paciente e calmo e ouvir com atenção diante de provocações. É preciso humildade para encarar verdades duras e continuar aprendendo e persistindo.

Os *possibilistas* não são otimistas ingênuos; eles sabem que vão encontrar contratempos ao longo do caminho. Como mediador na guerra na Irlanda do Norte, um conflito amplamente considerado insolúvel, o ex-senador americano George Mitchell refletiu:

– Tivemos setecentos dias de fracasso e um dia de sucesso.[2]

Durante os setecentos dias, Mitchell manteve a humildade e ouviu ambos os lados. E aquele dia de sucesso, que resultou no Acordo da Sexta-Feira Santa, levou à transformação do conflito. Embora o conflito não tivesse terminado, a guerra acabou – e isso fez toda a diferença.

Ao mesmo tempo que reconhecem os obstáculos e esperam reveses, os *possibilistas* levam uma *mentalidade* muito diferente para os conflitos. Conforme aprendi com meu avô, mesmo o trabalho mais difícil pode ficar mais fácil com a mentalidade certa – a lente que usamos para enxergá-lo.

Trabalhando com conflitos, percebi que quando começo pelo problema costumo me perder em seus detalhes e dificuldades. Por isso, gosto de começar imaginando um *círculo de possibilidades* em torno do conflito. Esse círculo contém todas as possíveis formas positivas de a situação se desenrolar. Acho mais fácil abordar o problema situando-o dentro de um contexto mais amplo de possibilidades.

Sem desconsiderar as dificuldades, abro espaço para a possibilidade de haver uma saída. Gosto de perguntar:

– O que é *possível* aqui? Não provável, apenas possível?

A partir daí podemos exercer nossas capacidades inatas de curiosidade, criatividade e colaboração. Usando a *curiosidade*, compreendemos as partes em conflito. Utilizando a *criatividade*, criamos possibilidades. Envolvendo-nos numa *colaboração* radical, superamos desafios difíceis. Como bons atletas – ou músicos – atuando juntos, podemos aproveitar o surpreendente poder da ação para operar usando todo o nosso potencial coletivo.

Descobri que a *mentalidade possibilista* do meu avô Eddie é exatamente o necessário para transformar conflitos difíceis. *Não ignore os obstáculos, mas procure as oportunidades.*

O caminho *para* o possível começa *no* possível.

UMA ÚNICA FRASE

– Você consegue resumir tudo que aprendeu sobre negociação de conflitos difíceis numa *única* frase para aplicarmos nestes tempos complicados? – perguntou meu amigo Jim Collins naquele dia claro e revigorante, enquanto subíamos um pico perto de Boulder, nas Montanhas Rochosas.

– É uma tarefa difícil, Jim.

– Darwin conseguiu. Em *A origem das espécies* tem uma frase que resume toda a teoria da evolução.

O desafio de Jim mexeu comigo. Acontece que eu amo a simplicidade.

– Não sei se consigo responder à sua pergunta, mas vou pensar a respeito.

Nos meses seguintes, revisei todas as minhas experiências ao longo de cinco décadas procurando abrir novas possibilidades em conflitos. Pensei em todas as maneiras pelas quais tentei traduzir minhas lições em conceitos e metáforas. Percebi que, se conseguisse responder à pergunta de Jim – se fosse capaz de sintetizar todo o meu aprendizado numa única frase –, seria mais fácil transmiti-lo, para que outros pudessem se beneficiar, mesmo que para desvendar completamente o significado da frase fosse necessário escrever um livro inteiro.

Para mim, o três sempre foi um número mágico para lembrar o que é importante. O cérebro humano responde a padrões, e três é o menor número que podemos usar para criar um padrão. Os antigos romanos tinham uma frase: *Omne trium perfectum*, "Tudo que vem em três é perfeito". O três transmite ao mesmo tempo uma impressão de mínimo e de completude.

Refletindo sobre a pergunta de Jim durante minhas caminhadas solitárias, a todo momento minha mente voltava aos três conceitos-chave que considero mais poderosos e valiosos em meu trabalho com conflitos. Comecei, então, a visualizar um caminho – *um caminho para o possível* – composto de três vitórias a serem conquistadas ao longo do percurso.

Na nossa caminhada seguinte, meses depois, eu disse a Jim:

– Você se lembra de quando me perguntou o que aprendi nessas últimas décadas e se eu era capaz de resumir tudo em uma única frase?

– Claro.

– Eu pensei um pouco sobre o assunto.

– E...?

– O problema é o seguinte: não vamos nos livrar do conflito... nem deveríamos. Mas podemos mudar a forma como o enxergamos e a forma de conviver com ele. O conflito pode nos fazer *pensar pequeno*. Reduzimos tudo a uma batalha ganha-perde entre nós e eles. Muitas vezes, quanto maior o conflito, menor pensamos.

– Então, o que podemos fazer em vez disso?

– O oposto. Em vez de pensar pequeno, precisamos *pensar grande*. Precisamos mudar a abordagem. Em vez de começar pelo problema, precisamos começar pelas possibilidades.

– Continue.

– Para lidar com conflitos difíceis como os que enfrentamos hoje, temos que criar possibilidades que não são nada óbvias para nós. Imagine que o conflito desafiador é uma montanha como esta que estamos subindo. Temos que encontrar um caminho, um caminho para o possível. E esse caminho é feito de três vitórias. Cada vitória muda a nossa perspectiva sobre o conflito.

– Como? – perguntou Jim, na expectativa.

– O primeiro e maior desafio que enfrentamos não é o que costumamos imaginar. Não é o outro. Está bem aqui – falei, apontando o dedo para mim mesmo. – Em conflitos destrutivos, reagimos com medo e raiva e acabamos nos atrapalhando. Precisamos fazer o oposto. Precisamos sair do bunker e ir ao *camarote*, um lugar de calma e perspectiva, de onde podemos focar no que importa.

Acenei com o braço para a grande e extensa planície abaixo de nós e expliquei:

– Neste exato momento, estamos numa espécie de camarote onde podemos ver o panorama geral, como esta grande paisagem à nossa frente. *O camarote é a primeira vitória a alcançar: uma vitória com nós mesmos.*

– Muito bem. Qual é a segunda?

– Em conflitos destrutivos, nós nos entrincheiramos em nossas posições e construímos muros. Mais uma vez, precisamos fazer o oposto. Imagine que eu estou aqui e você está lá – falei, apontando para um pico do outro lado do vale. – Existe um abismo entre a sua posição e a minha. Diversas razões dificultam um acordo, entre as quais a dúvida, a ansiedade e o medo de parecer fraco. Se eu quiser chegar a você, precisarei construir uma *ponte*, uma ponte dourada, uma forma convidativa de atravessar o abismo do conflito. Precisarei facilitar nosso caminho um em direção ao outro. *A ponte é a segunda vitória a ser alcançada: uma vitória com o outro.*

– Não parece fácil.

– É um trabalho difícil – respondi, então me lembrei de Eddie e do lema de sua empresa e completei: – Precisamos de ajuda.

– Onde podemos conseguir essa ajuda?

– Essa é a terceira peça do quebra-cabeça. Num conflito destrutivo, vemos apenas *dois lados*, nós contra eles, ambos batalhando por uma vitória unilateral. Precisamos sair dessa armadilha, porque a verdade é que sempre existe uma *terceira parte*: o lado do todo. A terceira parte são as pessoas que nos rodeiam e que podem nos ajudar: família, amigos, vizinhos, colegas. É a comunidade que nos envolve e que está preocupada com o conflito.

– O que eles podem fazer?

– Podem intervir e acabar com as brigas. Podem nos ajudar a ter calma e ir ao camarote. Podem nos ajudar a construir uma ponte dourada. *A terceira parte é a terceira vitória a ser alcançada: uma vitória com o todo.* O camarote nos ajuda a *enxergar* novas possibilidades. A ponte nos ajuda a **criar** possibilidades. E a terceira parte nos ajuda a *agir* com base nas novas possibilidades. Os três juntos nos habilitam a transformar até os conflitos mais difíceis.

– Tudo bem. Agora resuma tudo isso para mim em uma única frase.

– *O caminho para o possível é ir ao camarote, construir uma ponte dourada e envolver a terceira parte, tudo junto, tudo ao mesmo tempo.*

– Gostei – comentou Jim. – Agora vá escrever o livro.

DESBLOQUEIE TODO O SEU POTENCIAL

Uma das minhas histórias didáticas favoritas,[3] um conto antigo do Oriente Médio, ilustra as três vitórias no caminho para o possível. Nessa história, um velho morre e deixa uma herança para seus três filhos – metade para o filho mais velho, um terço para o filho do meio e um nono para o caçula. Mas há um problema: a herança consiste em dezessete camelos, número que não é divisível por dois, três ou nove. Cada irmão sente que merece mais. Eles dão início a uma discussão acirrada e estão prestes a se agredir. A família inteira está tensa.

Essa história antiga me faz lembrar dos conflitos que enfrentamos hoje. Ninguém concorda sobre como compartilhar o que temos. Ninguém está feliz. Há um conflito amargo. Todos estão perdendo, inclusive – e talvez sobretudo – a comunidade. E o que acontece na história?

Desesperada, a família recorre a uma sábia anciã, conhecida na comunidade por sua perspectiva serena diante da vida. Enquanto os irmãos discutem, a sábia escuta, sem dar conselhos, e no fim pede um dia para refletir sobre o assunto.

No dia seguinte, ela volta às tendas dos três irmãos em seu próprio camelo.

– Não sei se posso ajudá-los – anuncia ela aos irmãos. – Mas, se vocês quiserem, eu tenho este lindo camelo. É uma fêmea que tem sido muito boa comigo e já deu à luz muitos camelos fortes. Espero que vocês a aceitem como meu presente para a família.

Os três irmãos zangados parecem surpresos, perplexos diante da oferta generosa da sábia anciã. Eles se entreolham por um momento e conseguem balbuciar um agradecimento coletivo.

– A senhora é muito gentil.

A sábia vai embora, deixando os três irmãos com dezoito camelos.
– Vou ficar com a minha metade – diz o irmão mais velho. – São nove.
– Vou ficar com o meu terço – diz o do meio. – São seis.
– Vou ficar com o meu nono – diz o caçula. – São dois.

Nove mais seis mais dois é igual a dezessete. Resta um camelo – o lindo animal que a sábia lhes ofereceu.

Os três irmãos devolvem o camelo à anciã, agradecendo novamente pela ajuda.

Todos ficam satisfeitos – os três irmãos, a sábia e, não menos importante, a família.

Assim como na maioria dos contos antigos, essa história transmite muita sabedoria em poucas palavras. Eu a repito há quase quarenta anos, mas só agora percebi que ela apresenta a lição das três vitórias: camarote, ponte e terceira parte.

O que faz a velha sábia? Ela dá um passo para trás e vai ao camarote. A partir desse lugar de calma e perspectiva, enxerga o panorama geral – o valor prático e o significado emocional de uma família que é capaz de se relacionar bem. Ela desbloqueia o potencial que existe *dentro* de cada um de nós.

Do camarote, a sábia procura a *ponte dourada*, uma saída que conduza a uma vitória compartilhada. Ao oferecer o décimo oitavo camelo, ela revela o potencial de ganho mútuo que existe *entre nós* – nesse caso, entre os três irmãos.

Por fim, tendo em vista que durante conflitos acalorados às vezes as partes têm dificuldade de ir ao camarote e construir a ponte, é necessária a ajuda de uma *terceira parte*. Os outros membros da família, terceiros que são afetados pela erosão das relações, estimulam os irmãos a procurar o aconselhamento de um terceiro, a velha sábia. Assim, o potencial que *nos rodeia* é desbloqueado.

Eis a lição que tiro dessa história antiga: para transformar os conflitos destrutivos como os que enfrentamos hoje, precisamos desbloquear *todo o nosso potencial humano*. Uma vitória por si só não é suficiente. Ir ao camarote libera o potencial *dentro* de nós. Construir a ponte dourada desbloqueia o potencial *entre* nós. Envolver a terceira parte desbloqueia o potencial que nos *rodeia*. Precisamos que os três trabalhem juntos, em sinergia.

O camarote é um trabalho em *primeira pessoa*; concentra-se no *Eu*. A ponte é um trabalho em *segunda pessoa*; concentra-se em *Você* – o outro. A terceira parte é o trabalho em *terceira pessoa*; concentra-se em *Nós* – a comunidade. Em conflitos difíceis, tendemos a ignorar o trabalho necessário do *Eu* e apontamos o dedo para o *Você* – o outro: "*Você* é o problema e *você* precisa mudar." Muitas vezes também deixamos de lado a busca de ajuda do *Nós* – a comunidade. Talvez por isso tenhamos tantos problemas. Para transformar o conflito, precisamos trabalhar nas *três* vertentes: *eu, você* e *nós*.

COMECE COM UM DISCURSO DE VITÓRIA

Então, como dar o primeiro passo no caminho do possível?
Acredito que o segredo é começar do possível e então trabalhar de trás para a frente.
Transformar um conflito difícil é como escalar uma montanha alta. Imagine que você está lá embaixo, olhando para cima. O pico parece distante e inalcançável. Agora imagine-se no topo da montanha e, de lá, observe o caminho de volta até onde está, no sopé. Quando você se permite esse ato de imaginação prática, o pico parece um pouco mais acessível.
Nos conflitos, assim como no alpinismo, pode parecer que você não consegue ir *daqui até lá* – o lugar aonde deseja ir. Mas, usando a imaginação, você pode vir *de lá até aqui*. E a partir daí pode encontrar o caminho de volta.
Quando eu me vejo diante de um conflito litigioso, gosto de praticar um experimento mental criativo que chamo de *discurso da vitória*. É o meu exercício possibilista favorito.
Vou dar um exemplo que começou à mesa da minha sala de jantar, num brainstorm informal com minha colega Liza Hester. Era fevereiro de 2017. Donald Trump acabara de assumir a presidência dos Estados Unidos. Seu antecessor, Barack Obama, avisou que seu desafio mais perigoso em termos de política externa seria a Coreia do Norte.
Kim Jong-un, de 33 anos, líder supremo da Coreia do Norte, estava testando mísseis balísticos de longo alcance capazes de transportar ogivas

nucleares. O presidente Trump anunciou no então Twitter sua determinação em deter Kim antes que ele desenvolvesse a capacidade de atingir os Estados Unidos:

– Isso não vai acontecer!⁴

Os especialistas afirmavam que o risco de guerra variava, mas chegava a 50%.⁵

As consequências esperadas eram impensáveis:⁶ os militares dos Estados Unidos calcularam que, nas primeiras horas de uma torrente norte-coreana de mísseis convencionais, centenas de milhares de civis seriam mortos só em Seul. Se fossem utilizadas armas nucleares e outros meios de destruição em massa – como era considerado provável –, a estimativa aumentava para dezenas de milhões de vítimas. O tabu nuclear em vigor desde Hiroshima e Nagasaki seria rompido, a atmosfera global seria envenenada com nuvens radioativas e o planeta entraria num rumo extremamente sombrio.

Na época, Liza e eu não sabíamos quase nada sobre o conflito, mas ficamos preocupados com o que vimos no noticiário. Fazia quase trinta anos que eu havia trabalhado num projeto de Harvard focado na redução do risco de uma guerra nuclear entre Estados Unidos e União Soviética. Tudo me parecia sinistro e estranhamente familiar.

A pergunta mais comum nos meios de comunicação parecia ser: "Quem *vencerá*: Trump ou Kim? Qual líder recuará?"

Mas, sentados à mesa da minha sala de jantar, Liza e eu estávamos nos fazendo uma pergunta muito diferente:

– Onde está a *rampa de saída* para Trump e para Kim? Como esse confronto pode terminar em acordo, e não em guerra? Como ambos os líderes podem parecer *heróis* para si próprios e para as pessoas de quem mais gostam?

Continuamos o experimento mental:

– Que discurso de vitória Donald Trump poderia fazer ao povo americano, explicando como *ele* venceu? Que discurso de vitória Kim Jong-un poderia fazer ao povo norte-coreano, explicando como *ele* venceu?

Embora não fôssemos especialistas, embora soubéssemos sobre Trump apenas o que era veiculado pela imprensa, e embora não soubéssemos quase nada sobre Kim além do que havíamos lido em alguns artigos, decidimos tentar. Fizemos uma breve pesquisa sobre os tuítes e comentários de Trump a respeito da Coreia do Norte, levamos um quadro para a sala de jantar e escrevemos três slogans curtos para um discurso imaginário da vitória de Trump:

- *O acordo do século.*
- *Eu mantive a América segura.*
- *Não gastei um centavo.*

Em seguida nos voltamos para Kim Jong-un. Kim era um homem jovem e um político relativamente novo. Líder do país mais isolado do mundo,[7] era visto como "louco" e implacável – consta que teria ordenado a execução por fuzilamento do próprio tio, bem como o assassinato de seu meio-irmão.

Não havia nenhuma informação pública sobre as motivações de Kim, mas, pelo que se pôde deduzir a partir dos textos dos observadores da Coreia do Norte, a maior prioridade de Kim parecia ser a segurança. O imenso trauma da Guerra da Coreia, quase esquecido no Ocidente, era vividamente recordado todos os dias na Coreia do Norte. O número de baixas foi impressionante:[8] quase 2 milhões de pessoas morreram na metade norte da Península da Coreia, um quinto da população. Quase todos os vilarejos e cidades foram destruídos.

Especulando sobre o possível discurso de vitória de Kim, escrevemos numa coluna ao lado do discurso de Trump:

- *Segurança: meu governo e meu país estão seguros.*
- *Respeito: finalmente estamos recebendo o respeito que merecemos.*
- *Prosperidade: seremos o próximo tigre asiático.*

Quando nos afastamos por um instante e olhamos para o quadro, vivenciamos um momento *ahá!*: os discursos de vitória imaginários não pareciam incompatíveis. Não era impossível imaginar os dois líderes reunidos, concordando em diminuir a crise e prosseguir com as negociações. Nenhum deles teria que recuar. Na verdade, ambos poderiam sair como heróis. E milhões de vidas seriam poupadas.

Por mais remota que essa possibilidade parecesse na época, para Liza e para mim o exercício obteve sucesso em seu propósito inicial: havíamos passado de um lugar de impossibilidade para um lugar de possibilidade.

Acho que essa é a magia do exercício do discurso da vitória. Muitas vezes, ele faz com que o aparentemente impossível pareça possível. Ao oferecer uma visão tentadora do destino, o discurso nos incentiva a embarcar numa jornada desafiadora. Esse breve exercício informal à mesa da sala de jantar acabou se transformando numa equipe dedicada, que trabalhou anos em formas de ajudar a evitar uma guerra nuclear entre os Estados Unidos e a Coreia do Norte.

Enquanto embarcamos no caminho do possível, convido você a experimentar o exercício do discurso da vitória num problema de sua própria vida. Pode ser uma situação em que você peça a alguém para fazer algo que talvez essa pessoa esteja relutante em fazer.

Imagine que a outra pessoa aceitou a sua proposta. Por incrível que pareça, ela disse *sim*. Agora, imagine que ela tenha que se apresentar às pessoas com quem mais se importa – família, colegas, conselho administrativo, eleitores – e explicar por que decidiu aceitar sua proposta. Esse é o discurso de "aceitação". Quais seriam os três pontos principais, como os que Liza e eu anotamos no quadro para Trump e Kim?

O discurso da vitória é o exercício icônico do *possibilista*. Desde o início, abre novas possibilidades onde não parecia haver nenhuma.

O CÍRCULO DE POSSIBILIDADES

Agora que tomamos a atitude ousada de imaginar a vitória, a questão é: como tornar realidade o discurso da vitória? É aqui que o trabalho duro começa. Precisamos encontrar uma forma de *enxergar, criar* e *agir* de acordo com novas possibilidades. Esse é o *caminho para o possível*.

Imagine um *círculo de possibilidades* em torno do conflito. No caminho para o possível, percorremos o círculo em sentido horário. O caminho começa no camarote, segue pela ponte e termina na terceira parte. O processo é repetitivo; continuamos dando voltas no círculo até que o conflito no centro seja transformado. O mapa a seguir simplifica a realidade – como fazem todos os mapas –, mas pode ser uma valiosa ferramenta de navegação.

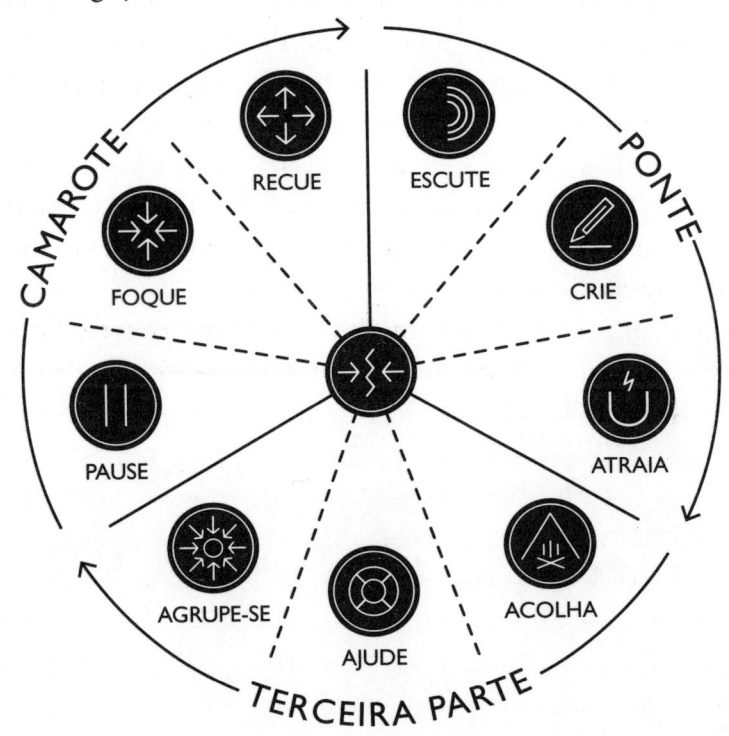

CAMAROTE — RECUE, ESCUTE — *PONTE*
FOQUE, CRIE
PAUSE, ATRAIA
AGRUPE-SE, AJUDE, ACOLHA — *TERCEIRA PARTE*

Gosto de pensar no camarote, na ponte e na terceira parte como nossos *"superpoderes" humanos inatos* – capacidades naturais que cada um de nós pode aprender a ativar e aplicar. Cada uma dessas capacidades viabiliza uma vitória no caminho para o possível.

Por sua vez, cada "superpoder" é composto de três poderes que todos possuímos. Como sugere o diagrama circular, para ir ao camarote precisamos usar os poderes de pausar, focar e recuar. Para construir a ponte dourada, precisamos usar os poderes de escutar, criar e atrair. Para envolver a terceira parte precisamos usar os poderes de acolher, ajudar e agrupar.

Cada poder é uma capacidade humana inata, algo que já sabemos usar, mas precisamos desenvolver. Embora cada poder abra novas possibilidades, é necessário que todos trabalhem em conjunto para desbloquear *por completo* nosso potencial humano de transformar conflitos difíceis.

Nossa jornada no caminho para o possível começa pelo camarote.

PRIMEIRA VITÓRIA

VÁ AO CAMAROTE

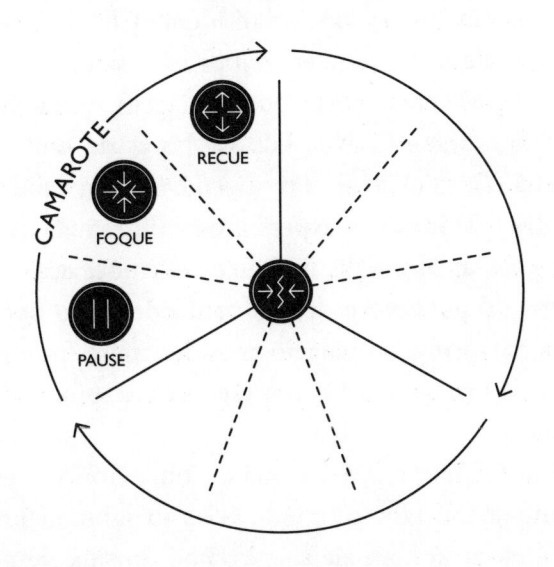

Um milhão de pessoas protestavam veementemente nas ruas de Caracas, capital da Venezuela, exigindo a renúncia imediata do presidente em crise, Hugo Chávez, a quem viam como um socialista autoritário, disposto a minar os direitos democráticos da população e ameaçar seus meios de subsistência. Com a mesma veemência, um milhão de outras pessoas apoiavam Chávez, a quem viam como um defensor popular da justiça social e econômica. Os lados haviam começado a partir para as vias de fato, e a situação ameaçava piorar. As pessoas estavam se armando.

– Estou extremamente preocupado com a possibilidade de haver uma guerra civil sangrenta na Venezuela, tal como aconteceu no meu país – comentou comigo César Gaviria, ex-presidente da Colômbia, durante um jantar num restaurante ao ar livre em Caracas.

Senti o tom de urgência e seriedade em sua voz. Mais de 215 mil pessoas haviam sido mortas na Colômbia,[1] e não havia um fim à vista para a guerra. Na época, Gaviria servia como secretário-geral da Organização dos Estados Americanos. Havia transferido seu escritório temporariamente para Caracas, no intuito de concentrar os esforços em impedir o derramamento de sangue na Venezuela.

Era dezembro de 2003, e eu tinha chegado a Caracas naquela tarde.[2] Oito meses antes, o ex-presidente dos Estados Unidos Jimmy Carter me telefonara para pedir que eu trabalhasse com o presidente Chávez e seus adversários políticos, no intuito de ajudá-los a encontrar uma saída para o conflito, que vinha crescendo. Aquela era a minha quarta viagem, e eu tinha um encontro marcado com o presidente Chávez às nove horas da noite seguinte, junto com dois colegas do Carter Center: Francisco Diez, um habilidoso mediador argentino, e Matthew Hodes, um experiente ex-diplomata da ONU.

Na noite seguinte, após um dia repleto de reuniões acaloradas – primeiro com ministros do governo e depois com líderes da oposição –, Francisco, Matt e eu chegamos ao palácio presidencial e fomos conduzidos a uma sala de espera ornamentada com gigantescas pinturas históricas em molduras douradas.

Nove e meia... dez horas... dez e meia... onze horas... onze e meia.

Era meia-noite quando fomos conduzidos ao gabinete presidencial. Esperávamos nos encontrar com ele a sós, como acontecera na vez anterior. Na ocasião, ele nos recebera, Francisco e eu, em seus aposentos privados, com um mapa da Venezuela de quase quatro metros de comprimento estendido sobre uma mesa de reunião. Apontando para o mapa, ele nos contara sobre suas esperanças e planos para combater a terrível pobreza que se espalhava pelo país. Quando estávamos saindo, ele nos mostrara um quadro que estava pintando para presentear sua filha. Fora uma conversa informal e descontraída – só nós três.

Dessa vez, porém, quando meus colegas e eu fomos conduzidos ao gabinete presidencial à meia-noite, encontramos todo o gabinete venezuelano – cerca de quinze membros – sentado a uma plataforma atrás do presidente Chávez. Eu não estava preparado para aquilo e me senti um pouco incomodado.

Chávez me indicou uma cadeira à sua frente. Então, virou-se para mim e, como se estivesse sem tempo e eu estivesse interrompendo sua reunião, perguntou, curto e grosso:

– Então, Ury, me diga, quais são suas impressões sobre a situação?

Fiz uma pausa e olhei para Chávez e para os ministros atrás dele.

– Bem, *señor* presidente, eu conversei com alguns de seus ministros hoje – acenei com a cabeça para eles –, e também com os líderes da oposição. Acredito que estamos fazendo progresso.

– *Progresso?* O que você quer dizer com *progresso?* – retrucou ele, o rosto vermelho de raiva. Então se aproximou do meu rosto e gritou: – Do que diabos você está falando? Você não *enxerga* os truques sujos que os traidores do outro lado estão tramando? Você é *cego?* Vocês, mediadores, são uns grandes *idiotas!*

Congelei e me lembrei da vez em que, com 10 anos de idade, fui humilhado pelo professor de francês na frente da turma por causa de erros gramaticais na minha redação. Eu me senti atacado e envergonhado diante de todo o gabinete. Meu rosto corou, e minha mandíbula travou.

Ouvi a voz do meu juiz interior, que eu conhecia tão bem desde a infância: "Por que você tinha que fazer isso, usar a palavra *progresso?* Que erro! Seis meses de trabalho pelo ralo. E como ele ousa me chamar de idiota?"

Mas, num piscar de olhos, senti a raiva aumentar e me lembrei de uma técnica sutil de autorregulação que tinha aprendido meses antes, com um amigo equatoriano, quando expliquei meu trabalho em conflitos.

– William, da próxima vez que estiver em uma situação difícil, belisque a palma da sua mão – aconselhara ele.

– *Por que* eu faria isso, Hernán?

– Porque vai lhe dar uma sensação de dor temporária, e ela vai manter você em estado de alerta.

Fiquei beliscando a palma da mão esquerda enquanto Chávez gritava comigo. Isso me ajudou a focar no desafio em questão. Respirei fundo, relaxei e tive um breve diálogo interno comigo mesmo:

"Qual é o seu objetivo aqui?"

"Ajudar a acalmar a situação antes que se transforme em violência."

"E como você vai ajudar a alcançar esse objetivo se começar a berrar com o presidente da Venezuela?"

Numa fração de segundo, tive a minha resposta.

Mordi a língua e belisquei a palma da mão ainda mais forte. Respirei fundo outra vez e relaxei um pouco mais. As sensações de constrangimento, raiva e culpa começaram a perder força.

Concentrei toda a atenção no presidente furioso diante de mim. Suando muito, com as bochechas vermelhas de raiva, ele berrava e soltava um hálito quente salpicado de saliva. Gesticulava descontroladamente para defender seus argumentos. Assisti à cena com toda a calma, como se estivesse num camarote imaginário e ele fosse um personagem num palco.

Senti que se reagisse e me defendesse, Chávez ficaria ainda mais furioso. Ele era conhecido por proferir discursos apaixonados de oito horas de duração. Poderíamos ficar ali a noite toda. Ou ele poderia me expulsar da sala imediatamente.

Optei por *não* reagir e apenas ouvir. Continuei beliscando a palma da mão e acenando com a cabeça de vez em quando, esperando pacientemente por uma possível brecha. Fiquei curioso para saber o que havia por trás do comportamento do presidente. Será que ele estava de fato irritado? Aquele teatro tinha o objetivo de impressionar a plateia? Ou ambas as coisas?

Trinta minutos se passaram, e o presidente continuava falando. Então, notei que seu ritmo começou a diminuir. Como eu não estava retrucando, o próprio Chávez não tinha contra o que reagir. Parecia estar perdendo o fôlego. Estudando sua linguagem corporal, vi que ele deixou os ombros caírem de leve. Em dado momento ele soltou um suspiro cansado e me perguntou:

– E então, Ury, o *que* eu devo fazer?

Esse, meus amigos, é o leve som de uma mente humana se abrindo.

Como sabemos, nem sempre as mentes se abrem a novas possibilidades, em especial a de uma personalidade forte e obstinada como Hugo Chávez. Antes daquele momento, qualquer coisa que eu dissesse seria como bater a cabeça na parede. Mas agora ele estava me pedindo aconselhamento. Era a minha chance.

Mais cedo naquele dia, Francisco e eu estávamos dirigindo pelas ruas de Caracas. Passamos por manifestantes de ambos os lados. Estávamos discutindo o peso emocional da crise para as pessoas comuns. Faltavam dias para o Natal, mas o clima em geral estava péssimo. Era como se todos precisassem se afastar um pouco da tensão do conflito e da incerteza do futuro.

Isso me deu uma ideia. O país inteiro, não apenas Chávez, estava fervendo de raiva. Em minha experiência lidando com turbulentas greves trabalhistas, era comum que um terceiro propusesse um *período de reflexão*, para permitir que as emoções acaloradas perdessem força. Haveria a possibilidade de um *período de reflexão* na Venezuela naquele momento?

– *Señor* presidente – comecei –, estamos em dezembro.[3] Como o senhor sabe, no Natal passado as festividades foram canceladas em todo o país devido aos protestos políticos. Na sua próxima aparição na televisão, por que não propõe uma trégua de Natal? Deixe as pessoas aproveitarem esse período com suas famílias. Em janeiro poderemos retomar as negociações, e, quem sabe, talvez todos estejam mais dispostos a ouvir.

Apresentei a sugestão com certo receio. Não fazia ideia de como Chávez iria recebê-la. Ele a consideraria ridícula? Tentaria me humilhar ainda mais na frente dos ministros? Usaria a sugestão para perder o controle novamente por mais trinta minutos?

Pelo que me pareceu um longo tempo, Chávez fez uma pausa e me encarou com os lábios franzidos. Eu o encarei de volta já me preparando para outra explosão. Então, sua boca se abriu:

– É uma *excelente* ideia! Vou propor isso no meu próximo discurso!

Chávez deu um passo em minha direção e me deu um tapinha nas costas, como se tivesse se esquecido da reprimenda de meia hora.

– Por que não visita o país comigo no Natal? Você vai poder conhecer o verdadeiro povo venezuelano! – Ele parou por um momento. – Ah, é, talvez você não possa, porque não seria mais visto como neutro. Eu entendo. Mas não se preocupe, posso lhe arranjar um disfarce – brincou ele, com um sorriso largo.

Seu humor mudou da água para o vinho.

Eu ainda estava um pouco abalado, mas também senti um grande alívio.

Tinha sido por pouco. Quase reagi de forma defensiva ao ataque furioso de Chávez. A situação poderia facilmente ter terminado com o fechamento de quaisquer possibilidades. Em vez disso, a conversa tomou a direção oposta, de *abertura* de novas possibilidades.

Quando fui ao camarote, consegui ajudar o presidente a ir ao camarote também, e ele, por sua vez, ajudou o país a ir ao camarote, propondo uma trégua durante a época de festas.

O que causou um resultado tão improvável?

DESBLOQUEIE O POTENCIAL INTERNO

Já se passaram vinte anos desde aquela tumultuada reunião à meia-noite, mas ainda hoje aprendo lições com ela. Aquela ocasião me ensinou que talvez nosso maior poder em situações difíceis seja o de escolher não reagir, e sim ir ao camarote.

O camarote é um local de calma e perspectiva, de onde podemos focar no que realmente importa.

Desde que escrevi *Como chegar ao sim* com Roger Fisher, tenho ensinado e praticado negociação como um exercício para influenciar os *outros*. A meu ver, a experiência com Chávez deixou clara a importância de influenciar a *mim mesmo* – meus pensamentos e emoções. Como posso influenciar os outros se não sou capaz de me influenciar?

O encontro com o presidente Chávez ratificou minha compreensão de que a transformação do conflito é um processo de dentro para fora. No caminho para o possível, o trabalho *interior* (com nós mesmos) precede o trabalho *exterior* (com os outros). O trabalho em primeira pessoa prepara o caminho para o trabalho em segunda pessoa.

Diante dos conflitos desafiadores de hoje, acredito que a ida ao camarote pode nos trazer mais do que o *controle* de nossas reações naturais. Precisamos usar o camarote para *expandir nossa perspectiva*. Analisando meu tenso encontro com o presidente Chávez, vejo que a perspectiva do camarote criou uma possibilidade, sob a forma de uma trégua de Natal, que me ajudou a inverter a situação. O camarote abre caminho para avanços.

Então, como desbloquear o potencial que está *dentro* de nós? Como garantir que estamos dando o nosso melhor nos conflitos difíceis que enfrentamos?

Conforme percebi durante o encontro com o presidente Chávez, quando vamos ao camarote exercitamos três poderes naturais. Cada poder é uma capacidade humana inata, algo que talvez já saibamos fazer, mas que precisamos desenvolver e fortalecer.

O primeiro é o poder de fazer uma *pausa* – parar e refletir antes de agir. Em vez de reagir, reserve um momento para se acalmar e enxergar a situação com mais clareza. Diante da explosão de raiva de Chávez, eu belisquei a palma da mão e me lembrei de respirar, fazer uma pausa e acalmar a mente.

O segundo é o poder de *focar* – concentrar a atenção naquilo que você realmente deseja. Vá fundo em seus interesses e necessidades. No calor do momento com Chávez, consegui manter o foco, o que me deu a oportunidade de lembrar por que estava ali e o que queria alcançar.

O terceiro é o poder de *recuar* – ter uma visão do panorama geral. Do camarote, você pode assistir à cena completa se desenrolando no palco. Com Chávez, recuei, vi os manifestantes exaustos e imaginei como as famílias e as crianças na Venezuela poderiam se beneficiar de um Natal pacífico.

Esses três poderes têm uma sequência lógica. *Pausar* impede nossa mente de agir de forma reativa para nos *focarmos* e nos lembrarmos do *que* queremos. *Recuar* nos ajuda a ver *como* conseguir o que queremos. Quando ativamos um poder, continuamos a usá-lo – paramos, focamos e recuamos repetidamente, sempre que necessário. Quanto mais exercitamos esses poderes, mais habituais eles se tornam.

Com o passar do tempo, o camarote deixa de ser apenas um lugar para visitar de vez em quando e passa a ser uma *base de apoio,* de onde podemos enxergar o panorama geral e focar no que importa. O camarote se torna um verdadeiro "superpoder", que nos permite desbloquear todo o potencial para transformar os conflitos que temos *dentro* de nós.

O camarote é a nossa *primeira* vitória no caminho do possível – uma vitória com nós mesmos.

CAPÍTULO 3

PAUSE

De reativo a proativo

*Você tem paciência para esperar até que sua lama assente
e a água fique clara?[1]*
– Lao Tsé

Foi uma pausa que salvou o mundo.

Vasili Alexandrovich Arkhipov era um oficial sênior da Marinha soviética no submarino B-59 no Atlântico Norte, em outubro de 1962. Era o auge da Crise dos Mísseis de Cuba, e o mundo estava à beira de uma guerra nuclear. Um navio de guerra americano que rastreava o submarino lançou cargas de profundidade – bombas subaquáticas – para forçá-lo a subir à superfície e identificar sua localização exata.

O que os americanos não sabiam era que o submarino estava armado com um torpedo nuclear. Como a comunicação corria o risco de ser interrompida durante a guerra, Moscou havia confiado aos três oficiais mais altos no comando a decisão independente de disparar o torpedo caso fossem atacados. Não seria preciso esperar ordens do Kremlin.

Quando as cargas de profundidade explodiram, o submarino girou.

– Parecia que estávamos num barril de metal e tinha alguém nos marretando – lembrou o tenente-sênior Vadim Orlov, oficial de comunicações.[2]

Os militares soviéticos não tinham ideia de que as cargas de profundidade eram apenas um aviso e acreditaram que estavam prestes a morrer. Embora ninguém saiba exatamente o que foi dito no submarino naquele momento, Orlov relembrou a essência da discussão entre os três principais comandantes.

– Arme o torpedo nuclear![3] – ordenou o capitão do submarino, Valentin Grigorievich Savitsky. – Preparar para disparar! Talvez a guerra já tenha começado lá em cima enquanto estamos dando cambalhotas aqui! – gritou. – Vamos explodi-los agora! Vamos morrer, mas vamos afundar todos eles. Não seremos a vergonha da frota!

O oficial político, Ivan Semenovich Maslennikov, praguejou:

– Sim, vamos lá, caramba!

Só restava a anuência de um oficial a bordo para autorizar o lançamento: Vasili Alexandrovich Arkhipov, de 34 anos, o discreto e tranquilo comandante da flotilha e segundo em comando.

Savitsky parecia cada vez mais furioso. No início, Arkhipov estava quieto, mas depois de um tempo falou, com firmeza:

– Eu digo *não*. E é preciso que nós três autorizemos qualquer disparo.

– Não seja covarde! – berrou o capitão.

– Você conhece as ordens. Estamos proibidos de lançar o torpedo, a menos que o casco tenha sido rompido. Ele ainda está intacto – retrucou Arkhipov calmamente.

– Mas a guerra já começou! – insistiu o capitão.

– Ainda não temos essa informação – rebateu Arkhipov.

Depois de um tempo Savitsky se acalmou.

Quando o incidente veio à tona, quarenta anos depois, em 2002, Robert McNamara, secretário de Defesa dos Estados Unidos durante a Crise dos Mísseis de Cuba, declarou:

– Se aquele torpedo tivesse sido disparado, a guerra nuclear teria começado ali mesmo.[4]

– Arkhipov se destacou por ter a cabeça fria. Manteve o controle[5] – afirmou seu amigo próximo e colega submarinista Ryurik Alexandrovich Ketov.

Naquele momento fatídico, no meio de uma discussão acalorada, Arkhipov exerceu um poder inato, à disposição de cada um de nós: *pausar* deliberadamente e *escolher* com calma o próximo passo.

Numa época de polarização tóxica no mundo, em que expressamos raiva e medo de forma explosiva, todos nós devemos aprender uma lição com Arkhipov, que, com sua postura, evitou a morte de centenas de milhões de pessoas.

ESCOLHA FAZER UMA PAUSA E FAÇA UMA PAUSA PARA ESCOLHER

Onde você termina depende de onde você começa. Só conseguiremos transformar os conflitos complicados de hoje se começarmos com uma *pausa transformadora*, como a que fez Arkhipov.

Pausar é *parar para escolher*. Significa refletir antes de falar ou agir. A pausa afasta o estímulo da resposta, criando espaço para fazermos uma escolha intencional. A pausa muda nosso estado de espírito de *reativo* para *proativo*, permitindo-nos agir de acordo com nossos interesses.

Em 2002, quando a extraordinária história de Vasili Arkhipov e do submarino B-59 veio a público, eu me lembrei de uma conversa que havia tido sete anos antes, na Nova Guiné, sobre a agressividade humana e nossa capacidade de controlá-la.

No segundo semestre de 1995, fiz uma viagem de campo a um lugar famoso pelas guerras: as terras altas de Nova Guiné. O povo das terras altas foi o último grande grupo populacional do planeta a entrar em contato com o mundo moderno. O Ocidente só descobriu sua existência na década de 1920, quando pilotos que sobrevoavam a ilha viram, surpresos, sinais de habitação nos exuberantes vales montanhosos. Mas quando os funcionários do governo chegaram às comunidades montanhosas, encontraram guerra – por todos os lados.

A guerra de clãs ainda estava acontecendo quando cheguei. No primeiro dia nas terras altas me deparei com uma "zona de combate". No meio da paisagem verdejante, vi as estruturas vazias dos prédios escolares que haviam sido destruídos e pomares abandonados. Meu guia local e eu estávamos percorrendo uma trilha quando, de repente, encontramos um grupo de jovens guerreiros correndo na direção oposta. Com corpos pintados e penas nos cabelos, eles brandiam arcos e flechas. Um deles parou por um momento e nos perguntou:

– Vocês viram onde está acontecendo a luta?

– Não – respondeu meu guia.

– Pode nos dizer o que está em disputa? – perguntei, e o guia traduziu.

– Uma fronteira terrestre – respondeu o guerreiro. – Eles mataram um membro do nosso clã. Então, matamos um deles. Aí eles mataram dois dos nossos.

– Quantos homens morreram?

– Oito até agora.

Dias depois, conversei, por acaso, com um homem fazendo trabalho humanitário na região.

– Que coincidência boa encontrar você aqui! – exclamou ele. – Estou ministrando um pequeno curso sobre resolução de conflitos para os guerreiros locais e uso um de seus livros, *Supere o não*.

– É mesmo?

– Sabe qual é a maior lição para eles? O conceito de ir ao *camarote*. Eles não se deram conta de que, quando alguém de seu clã é morto, não precisam expressar a raiva matando alguém do outro clã. Eles ficaram genuinamente surpresos ao saber que têm escolha. Que podem fazer uma pausa e deixar a raiva esfriar enquanto decidem o próximo passo. É revolucionário!

Os guerreiros haviam descoberto o livre-arbítrio – o poder de *escolher fazer uma pausa e de fazer uma pausa para escolher*. Embora existam pouquíssimos guerreiros de clã na atualidade, suspeito que muitas vezes ficamos presos na mesma mentalidade reativa. Tendemos a esquecer que temos livre-arbítrio e poder. Mas, assim como fizeram os guerreiros, podemos começar a nos libertar por meio desta simples constatação: em todo conflito, a todo momento, *temos uma escolha*. Ao exercer essa escolha, somos capazes de começar a recuperar o controle de nossos conflitos, relacionamentos e vidas.

Claro, isso não é fácil.

Em quase todos os meus trabalhos de mediação – disputas comerciais, rixas familiares ou guerras civis – o padrão é o mesmo: uma reação, seguida de uma reação, seguida de outra reação.

– Por que você o atacou?

– Porque ele me atacou.

E assim por diante.

Nós, humanos, somos máquinas de reação. Quando nos sentimos ameaçados,[6] como os guerreiros do clã em Nova Guiné ou o capitão do submarino soviético no Atlântico Norte, a metade esquerda da amígdala – uma pequena glândula na parte inferior do cérebro – é ativada. O cérebro é sequestrado e dominado por nossas reações. A frequência cardíaca acelera, a pressão arterial sobe, o nível de cortisol aumenta e o sistema nervoso simpático entra em ação. Imediatamente o corpo está preparado para lutar, fugir ou congelar, dependendo de nossa tendência natural e de experiências passadas.

Como aprendi há muito tempo nas aulas de antropologia, cada uma dessas reações tem um propósito evolutivo para nos proteger de predadores e outros perigos. Mas, nas situações de conflito em que nos encontramos hoje, essas reações naturais podem nos levar a agir de forma contrária aos nossos próprios interesses.

Desde que escrevi *Como chegar ao sim* em parceria com Roger Fisher, há mais de quarenta anos, talvez a maior lição que aprendi tenha sido a seguinte: o maior obstáculo para conseguir o que quero não é a pessoa difícil do *outro* lado da mesa; é a pessoa *deste* lado da mesa. Sou eu. Quando reajo sem pensar, eu me torno meu pior inimigo. Sou eu que me atrapalho.

Nós nos tornamos nossos piores inimigos quando *atacamos*, insultamos e culpamos a outra pessoa, ou quando saímos furiosos da sala jurando nunca mais voltar. Estamos trabalhando contra nós mesmos quando nos *esquivamos*, ignorando um problema que só vai piorar. Estamos nos prejudicando quando *nos acalmamos*, mas logo depois fazemos mais exigências. Nessas situações estamos longe do *camarote* – na verdade, estamos agachados dentro de um bunker emocional, armados com granadas que mal podemos esperar para lançar.

Certa vez Ambrose Bierce, escritor e veterano da Guerra Civil Americana, cunhou uma frase que eu adoro repetir: "Fale quando estiver com raiva, e você fará o melhor discurso do qual se arrependerá."[7]

Trinta anos de casamento me mostraram como é fácil proferir palavras das quais me arrependo logo em seguida quando estou com raiva e magoado. Por um lado, pratico a negociação e o autocontrole pelo mundo; por outro, quando volto para casa, caio nas mesmas armadilhas que alerto os outros a evitar. Esses momentos me fazem colocar os pés no chão, servem como um espelho, me lembram como é fácil tropeçar e me atrapalhar. Por mais que eu seja provocado, eu sou responsável pelas minhas reações. O casamento tem sido o meu grande professor, me estimulando a continuar aprendendo e treinando para trabalhar em conflitos de larga escala.

Num dos meus mitos gregos favoritos,[8] o herói Hércules está caminhando por uma estrada quando uma fera surge de repente. Hércules reage na hora e ataca a fera com sua clava. A fera cresce, e Hércules a ataca outra vez. Mas, cada vez que Hércules a acerta, a fera cresce.

De repente, Atena, deusa da sabedoria e amiga de Hércules, aparece a seu lado e grita:

– Pare, Hércules! Você não sabe o nome dessa fera? É *Éris*, a deusa da discórdia. Quanto mais você a golpeia, mais ela cresce! Pare de bater nela, e ela vai diminuir.

A oportuna e importante lição desse mito é que, *quanto mais reagimos ao conflito, maior ele fica*. Os conflitos se tornam destrutivos porque cada lado reage num vaivém crescente, que muitas vezes termina com todos perdendo.

Quando descobri esse mito de Hércules, desejei que a deusa Atena estivesse sempre ao meu lado para sussurrar em meu ouvido: *Faça uma pausa... e escolha*. Então, eu me lembrei dos meus estudos antropológicos e percebi que, na verdade, cada um de nós tem uma Atena pessoal dentro de si. Em termos científicos, a deusa Atena é o nosso córtex pré-frontal, a região do cérebro que inibe o comportamento impulsivo e precipitado. O livre-arbítrio e a vontade própria são nossos direitos inatos como seres humanos. Acredito que essa seja a mensagem subjacente do mito.

Mesmo nos conflitos mais terríveis, todos somos capazes de fazer uma pausa e escolher. Em vez de sermos *reativos*, podemos ser *proativos*. Em vez de sermos nosso pior inimigo, podemos nos tornar nosso maior aliado.

COMECE FAZENDO UMA PAUSA

Pode parecer paradoxal, mas a melhor maneira de se *envolver* é se *afastar* por um momento. Comece fazendo uma pausa. É contraintuitivo, sobretudo neste mundo de comunicação instantânea, onde todos esperam reações rápidas. Mas a maioria das situações de conflito que enfrentamos exige o oposto. Quando você se sentir tentado a reagir atacando, se esquivando ou cedendo, faça uma pausa. Só porque o outro lado está tentando nos fisgar como um peixe, não significa que temos que morder a isca.

Em maio de 1997,[9] eu estava mediando uma acalorada negociação em Haia entre Boris Berezovsky, conselheiro de segurança nacional do então presidente russo Boris Yeltsin, e Vakha Arsanov, vice-presidente da Chechênia.

Uma sangrenta guerra civil eclodira anos antes na república da Chechênia, no Cáucaso, região autônoma da Federação Russa. Os combatentes pela independência da Chechênia lutavam contra o exército russo. A essa altura a guerra já havia ceifado a vida de 80 mil civis[10] – entre eles mais de 30 mil crianças. Os dois lados concordaram em fazer uma trégua, mas ela era instável.

A reunião teve um início complicado. Quando a delegação chechena decolou de Grozny, sua capital, caças russos forçaram o avião particular a pousar. Furioso, o governo checheno ordenou que todos os cidadãos russos saíssem do país. Após as autoridades russas permitirem que a delegação chechena entrasse em seu espaço aéreo, os delegados chechenos foram retidos no aeroporto de Amsterdã por se recusarem a usar passaportes russos e insistirem em apresentar passaportes chechenos. Quando esse obstáculo foi eliminado e os delegados chegaram ao histórico e elegante Hotel des Indes, em Haia, eles estavam bastante descontentes. Alegaram que os russos tinham recebido quartos maiores que os deles. Só aceitaram as acomodações oferecidas após dar uma olhada nos quartos de suas contrapartes russas.

Estávamos reunidos no Palácio da Paz, onde ficava o Tribunal Internacional de Justiça e, ao mesmo tempo, acontecia o julgamento dos crimes de guerra da Iugoslávia. Os delegados chechenos chegaram tarde, acompanhados por seus guarda-costas, e se recusaram a apertar as mãos dos colegas russos. O ambiente era tenso.

Logo na primeira sessão, o vice-presidente Arsanov lançou um violento ataque de uma hora à Rússia pela opressão que exerce sobre o povo checheno. Começou com uma lição de história sobre quando a Rússia invadiu e conquistou pela primeira vez a Chechênia, dois séculos atrás. Mal conseguindo conter a fúria, Arsanov descreveu cada atrocidade infligida ao povo checheno do século XIX até o presente. Terminou seu discurso apontando dramaticamente para os delegados russos do outro lado da mesa e gritando:

– Vocês deveriam ficar aqui nesta sala porque, em breve, serão julgados pelos seus crimes de guerra!

Enquanto os russos absorviam os ataques, Arsanov olhou em volta da mesa, apontou para mim e declarou:

– Vocês, americanos! Seu presidente Clinton é amigo de Boris Yeltsin, apoia os russos nos crimes contra a Chechênia. Vocês são todos cúmplices. E não só apoiam a opressão colonial russa na Chechênia, como também oprimem o povo de Porto Rico! O que você tem a dizer sobre isso?

Todos os olhos na sala se voltaram para mim. Fui pego de surpresa e colocado numa saia justa.

A sala estava quente e abafada.[11] Quando o vice-presidente checheno apontou para mim de forma acusadora, senti o rosto corar e o coração acelerar. Tinha sido um dia muito longo, e eu estava cansado. Havia muita coisa em jogo, e a reunião parecia um beco sem saída, com poucas perspectivas de sucesso. Minha mente girava: "O que eu sei sobre Porto Rico?"

Fiquei perdido por um instante. Estava prestes a responder qualquer coisa sobre Porto Rico quando, de repente, me contive e percebi que o líder checheno estava jogando uma isca para mim.

Felizmente, por conta da tradução do intérprete, tive um momento extra para fazer uma pausa e respirar fundo várias vezes. Senti um aperto no peito e um peso nas entranhas. Quando inspirei e refleti sobre esses sentimentos, eles começaram a perder força. Em meio à névoa de todas as palavras raivosas proferidas ao longo daquele dia, tentei me lembrar do meu objetivo: o que eu estava tentando alcançar ali?

Então, graças a essa breve pausa, uma possível resposta transformadora veio a mim. Olhei nos olhos do líder checheno e respondi:

– Obrigado, sr. vice-presidente. Ouvi com grande empatia seu relato sobre a história dolorosa do seu povo. Quem não se comoveria? E considero suas críticas diretas ao meu país como um sinal de que estamos entre amigos e podemos falar francamente uns com os outros. Por isso, permita-me dizer que não estamos aqui para discutir o problema de Porto Rico, por mais importante que seja, e sim para descobrir como pôr fim ao terrível sofrimento que vive o povo da Chechênia, sofrimento esse que já passou da hora de acabar. Vamos nos concentrar nisso agora.

À medida que minhas palavras eram traduzidas, o líder checheno começou a menear a cabeça. Observei o rosto das pessoas na sala e senti as tensões começando a diminuir.

Para a surpresa de todos, a reunião voltou aos trilhos. Um ou dois dias depois, as partes chegaram a um acordo sobre uma declaração conjunta que, pelo menos por um tempo, estabilizou a situação política.

Ao sair, recebi um convite para uma reunião privada com o vice-presidente. Não fazia ideia do que ele queria. Solenemente, ele me cumprimentou, me agradeceu em nome do povo checheno e me presenteou com uma antiga espada chechena, que trazia um raro trabalho artesanal, com uma bainha de prata trabalhada.

Atribuo essa pequena, mas significativa, reviravolta ao fato de eu ter feito uma pausa e não ter mordido a isca, por mais tentado que estivesse.

Vinte e cinco anos depois, compreendo melhor essa história através das lentes do trauma coletivo. Muitos dos conflitos insolúveis que mediei[12] – de disputas familiares a guerras civis – estão enraizados em traumas profundos do passado, episódios de dor e sofrimento que se revelam devastadores para o sistema nervoso. Os traumas podem nos deixar emocionalmente reativos e travados.

Não tenho certeza, mas imagino que a reação furiosa do líder checheno resultava, pelo menos em parte, de um trauma subjacente. O ataque a mim parecia pessoal, mas não tinha nada a ver comigo; era uma expressão de sua raiva e de sua dor. Só quando fiz uma pausa foi que consegui entender isso e recolocar a conversa nos trilhos. Só quando recuperei o equilíbrio foi que pude ajudar as pessoas ao meu redor.

Em situações de alta pressão com lados opostos, aprendi a fazer uma pausa e a ser curioso – primeiro sobre a minha própria reação e depois sobre a dos outros. *Enfrente a animosidade com curiosidade.*

RESPIRE E OBSERVE

A maneira mais rápida de fazer uma pausa é muito simples: lembre-se de respirar. Em situações de conflito, percebo quantas vezes, inconscientemente, eu me esqueço de respirar ou respiro entrecortado. Inspirar e expirar fundo ajuda a acalmar o sistema nervoso. A respiração reduz o nível de cortisol – o hormônio do estresse –,[13] a frequência cardíaca e a pressão arterial. Resumindo, a respiração pode mudar nosso estado de espírito.

– Quando uma pessoa reage a algo no ambiente, ocorre um processo químico de noventa segundos[14] – afirmou minha amiga, a neurocientista Jill Bolte Taylor. – Qualquer resposta emocional adicional é porque a pessoa opta por permanecer nesse ciclo emocional.

Ela chama isso de "regra dos noventa segundos". Em apenas um minuto e meio, os componentes bioquímicos do medo e da raiva se dissipam por completo, e somos capazes de encontrar o equilíbrio emocional para escolher conscientemente a resposta que melhor atende aos nossos interesses. Quando não damos ao corpo esses noventa segundos para processar a emoção, ele pode ficar preso e só ser liberado mais tarde, após termos uma reação da qual podemos nos arrepender.

Fazer um momento de silêncio, mesmo que pareça um pouco estranho, pode ser muito poderoso em momentos de tensão. Foi o que confirmou meu colega de negociação Jared Curhan, que conduziu uma experiência fascinante sobre o silêncio no MIT.[15] Ele e seus colegas observaram uma série de negociações e mediram quantos momentos de silêncio ocorreram entre os instantes em que alguém falava. Encontraram uma forte correlação positiva entre o tempo de silêncio e o sucesso da negociação na obtenção de resultados satisfatórios para todas as partes. Os cientistas consideraram o silêncio *o mais poderoso movimento nas negociações*.[16]

Nesse momento de silêncio, eu percebo o que está acontecendo. Observo meus sentimentos, sensações e pensamentos. Reconheço as velhas e familiares feições do medo, da ansiedade, da raiva e do autojulgamento. Quando faço uma breve pausa para reconhecê-los, e até nomeá-los, começo a reduzir o poder que eles exercem sobre mim.

Antes de uma reunião desafiadora, tento reservar alguns minutos de silêncio para me concentrar. Mesmo um único minuto com os olhos fechados me ajuda a entrar em sintonia com meus pensamentos, sentimentos e sensações. Quando acalmo a mente, consigo me concentrar melhor na conversa. Minha mente ocupada é como um copo de água tirada da torneira. No início, é borbulhante e opaca. Mas, se eu espero alguns segundos e deixo a água assentar, as bolhas se dissipam devagar, e a água fica cristalina. Esse momento de silêncio me acalma, e eu começo a enxergar com clareza o que está acontecendo dentro de mim.

Benjamin Franklin, um homem extremamente prático e científico, certa vez aconselhou: "Observe a todos, sobretudo a si mesmo."[17]

Observar a si mesmo é uma tarefa trabalhosa. Eu faço isso como se estivesse *cultivando meu cientista interior*. Passo a agir como um pesquisador e estudo minhas próprias sensações, emoções e pensamentos. Eu me pergunto: o que é esse gosto amargo na boca? O que é essa sensação de enjoo no estômago? O que é essa sensação de tremor no peito? Fazer perguntas ativa o córtex pré-frontal, a área do cérebro que nos dá escolhas.

Ao reconhecer meus sentimentos e pensamentos, consigo me afastar um pouco deles. Deixo de *ser* o próprio sentimento e me torno *aquele que experimenta* o sentimento. Com curiosidade e empatia, aprendi a fazer amizade com sentimentos desconfortáveis que a princípio tentava suprimir. À medida que presto atenção nos sentimentos e pensamentos, eles começam a perder força, e eu fico mais atento e presente.

Aprender a se observar durante situações de conflito não é tarefa fácil, mas, com a prática, podemos melhorar. Os tempos turbulentos que vivemos nos oferecem oportunidades de praticar todos os dias.

REÚNA OS RECURSOS

Em conflitos litigiosos, como as batalhas políticas polarizadas que enfrentamos hoje, é normal se sentir esgotado. Ficamos com raiva, indignados com as provocações do outro lado. Quando percebemos que há muita coisa em jogo, até mesmo a própria vida, ficamos ansiosos. O sistema nervoso entra em ebulição.

Mas é difícil sustentar níveis tão elevados de raiva e ansiedade por muito tempo. Ficamos sobrecarregados. Podemos cair no extremo oposto – um estado emocional de depressão, resignação e desespero. Jogamos as mãos para o alto e desligamos. É fácil oscilar entre os dois extremos até nos exaurirmos.

Depois de trabalhar durante décadas em conflitos existenciais de alto risco, entendo muito bem esse ciclo emocional.

Qual é a alternativa?

Entre o estado de *hiper*excitação do sistema nervoso (marcado por raiva, fúria, medo e ansiedade) e o estado de *hipo*excitação (marcado por desespero, resignação, depressão e torpor) existe uma *zona emocional ideal*, descrita pelo psiquiatra Daniel Siegel como *janela de tolerância*.[18]

Nessa zona ideal, nós nos sentimos mais calmos, bem fundamentados, relaxados e em controle. As emoções ainda flutuam, porém não são mais tão exageradas. Em vez de sermos controlados pelas emoções, começamos a controlá-las. Passamos a funcionar de maneira mais eficaz e a gerir as tensões dos conflitos com mais competência.

O que me ajuda a permanecer na zona ideal é reunir os *recursos* – me envolver em atividades regulares que me ajudam a fazer uma pausa e relaxar o sistema nervoso. O trabalho com conflitos pode ser desgastante para terceiros, e muito mais para as partes em conflito. Ao reunirmos recursos, aumentamos a resiliência para nos mantermos na zona ideal e nos recuperarmos mais rápido ao sair dela.

Há muitas maneiras de obter recursos para lidar com o estresse emocional e a tensão do conflito, desde fazer exercícios físicos até ouvir música e praticar atenção plena, meditação e oração. Passar tempo com amigos próximos ou familiares – ou com um coach ou um conselheiro – também ajuda. Tentei tudo isso e achei todas as atividades bastante úteis em momentos diferentes. Por tentativa e erro, você vai descobrir o que funciona melhor no seu caso.

Minha maneira favorita de reunir recursos é fazer uma longa caminhada diária ao redor do lago perto de casa e subir as montanhas próximas. Eu penso melhor quando caminho. Consigo arejar a cabeça, abrindo espaço para a criatividade e insights. Caminhar equilibra o meu humor e aumenta a minha resiliência emocional. Quando "caio" do camarote, caminhar me ajuda a voltar para ele.

Sempre que possível, adoro caminhar em meio à natureza. A meu ver, a beleza absoluta da natureza, em toda a sua magnificência, é o melhor antídoto para o estresse causado pelos conflitos. A beleza – e a admiração que a beleza inspira em mim – é o meu bálsamo. À medida que minha mente reativa se faz presente, enxergo o conflito com mais clareza e percebo novas possibilidades.

Meu lugar favorito para caminhada são as montanhas, lugar que adoro desde a infância na Suíça. Hoje moro no Colorado, ao pé de montanhas que me fazem lembrar que estão aqui há eras e por aqui continuarão, colocando todos os nossos dramas humanos em perspectiva. Sempre me encanta ver as nuvens no topo das montanhas se movimentando a todo momento, nunca paradas. As montanhas me ajudam a ter uma perspectiva mais ampla sobre os conflitos que enfrento. Servem como um grande camarote.

Antes de qualquer negociação difícil, procuro passear para estar atento a brechas na hora H. Certa vez, há dez anos, fui a Paris para participar de uma negociação que procurava pôr fim a uma disputa amarga entre dois parceiros comerciais. Eu estava representando uma das partes, com quem acabei fazendo amizade. A longa disputa tinha causado um pesado impacto financeiro e emocional, não só nas partes principais, mas também nas suas famílias e nos funcionários da empresa. Eu estava sentindo o peso do conflito. Tinha atravessado o oceano na noite anterior e estava um pouco lento por causa do fuso horário, então decidi passar a manhã andando pelas ruas de Paris.

Era um lindo dia de setembro. O sol brilhava, e o céu estava azul com algumas nuvens brancas. Enquanto caminhava pelas ruas daquela cidade magnífica, meus pensamentos se voltaram para a negociação. Eu me senti relaxado, com as energias renovadas e sereno.

Perto do fim da caminhada, passei por uma exposição temporária de esculturas vindas da China numa praça ao ar livre. Vi budas gigantes prateados e dourados suspensos por cabos. Iluminadas pelo sol, as imagens pairavam, dançavam e riam, apreciando a beleza da vida.

Eu não sabia ao certo como iniciar as palestras e abordar a questão, mas de repente, ali, em meio àquelas peças de arte inesperadas, tive a minha resposta e perguntei a mim mesmo: se a vida é tão preciosa e passageira, **por que nos perdemos nas brigas?**

Uma hora depois, eu estava almoçando com um ilustre banqueiro francês, um cavalheiro culto de 70 e poucos anos que era mentor da outra parte. Quando me apresentei, ele fez uma cara de quem não estava entendendo nada. Vinha acompanhando a história do conflito desde o início e tinha motivos para desconfiar de qualquer abordagem da outra parte.

Após uma troca de gentilezas inicial, ele perguntou:

– Então me diga: *por que* você está aqui?

Pensei por um momento, e a resposta veio rapidamente quando me lembrei dos budas risonhos.

– *Parce que la vie est trop courte* – respondi em francês. – Porque a vida é muito curta para esse tipo de conflito em que todos sofrem: o seu amigo e o meu amigo, as famílias, os funcionários.

O banqueiro pareceu um tanto surpreso. Não era bem isso que ele esperava ouvir.

Essa frase simples – "A vida é muito curta" – mudou o tom da negociação. Transformou um conflito beligerante num esforço colaborativo de negociação entre dois amigos das partes, com o objetivo de ajudar a resolver uma disputa infeliz e dispendiosa.

Dessa única frase – nascida do vazio de um passeio matinal e inspirada pelo vislumbre da bela e maravilhosa vista de budas sorridentes – surgiram todas as outras frases que levaram, quatro dias depois, os dois ex-parceiros de negócios a se sentarem à mesa de um escritório de advocacia, assinarem um acordo e desejarem o melhor um ao outro.

A lição para mim foi o valor extraordinário de uma pausa transformadora em situações de conflito tenso.

Às vezes, reunir recursos pode ser uma tarefa simples. Muitos anos atrás eu tive a oportunidade de participar de uma conferência em Trento, na Itália, com o Dalai Lama, sobre o futuro da humanidade. Numa sessão de perguntas e respostas, um participante fez uma indagação longa e complexa sobre as dificuldades que estava enfrentando ao lidar com sua mente reativa durante a prática de meditação. A pergunta foi traduzida para o tibetano. O Dalai Lama ouviu atentamente, refletiu por um momento, então ofereceu uma breve resposta no seu inglês com sotaque tibetano:

– *Durma mais.*

CONSTRUA UM CAMAROTE

Considerando que temos dificuldade de nos lembrar de fazer uma pausa no calor do conflito, ao longo dos anos aprendi a compensar isso *construindo* um camarote. De todas as maneiras que posso, procuro criar lugares e momentos intencionais para fazer uma pausa. Nesse sentido, o planejamento ajuda.

Construir um camarote pode significar simplesmente planejar um intervalo – ou uma série de intervalos – durante uma reunião conflituosa. Ou pode significar decidir com antecedência que a primeira reunião será apenas para deixar as partes a par de tudo e informar que decisões espinhosas só serão tomadas a partir do segundo encontro, após uma boa noite de sono. Ou pode significar incorporar uma caminhada durante uma sessão de trabalho tensa, na qual as pessoas possam sair das salas fechadas e ter contato com a natureza, esticar as pernas e caminhar lado a lado. Uma pausa planejada pode servir como uma rede de segurança para uma reunião difícil.

Construir um camarote também pode ser recrutar uma pessoa de confiança a quem possamos pedir ajuda sempre que sentirmos que estamos ficando reativos. Os negociadores profissionais de reféns nunca negociam sozinhos, pois se sentem emocionalmente sobrecarregados por saber que a vida de pessoas está em risco. Pela mesma razão, prefiro trabalhar com parceiros em qualquer conflito delicado ou prolongado. Eles são meu camarote, e eu sou o deles.

Talvez a construção de um camarote seja algo mais tangível e signifique projetar um ambiente físico no qual as partes possam fazer uma pausa. Em outubro de 2005, durante uma reunião polarizada de vinte líderes civis americanos, eu aprendi a valorizar o poder do ambiente certo.

Preocupados com a crescente polarização política nos Estados Unidos, um grupo de colegas e eu convidamos os líderes das principais organizações nacionais dos setores conservadores e progressistas da sociedade. Cada um desses líderes enxergava os líderes do outro lado como inimigos políticos. Nas mensagens em massa em que pediam doações aos seus eleitores, eles costumavam difamar as organizações uns dos outros.

– Não faço ideia de como isso pode funcionar – disse-me um dos potenciais participantes antes da reunião. – Nós não temos nada em comum. Será que essa reunião não vai ser um tiro pela culatra?

Os líderes nunca haviam se encontrado pessoalmente, exceto em programas de entrevistas na televisão, para debater e atacar uns aos outros. Vários precisaram reunir muita coragem para comparecer, pois sabiam que só por conversar com o inimigo enfrentariam críticas de seu próprio lado. Embora tivessem grandes divergências nas opiniões políticas, eles partilhavam uma coisa: uma profunda preocupação com o rumo que o país estava tomando.

Eram pessoas extremamente ocupadas, acostumadas a dias agitados, defendendo suas bandeiras, se organizando e fazendo lobby. Projetamos o encontro para durar três dias, oferecendo tempo e espaço psicológico suficientes para dar aos participantes a oportunidade de se conhecerem como seres humanos, não só como alvos políticos.

Queríamos nos distanciar o máximo possível da atmosfera tensa de Washington, D.C., onde a maioria deles trabalhava. Escolhemos um antigo alojamento de escoteiras que fora transformado em uma pousada rústica perto de Denver, nas Montanhas Rochosas, um lugar lindo à margem de um lago cintilante na montanha.

O lugar tem poder.

Muitas vezes associamos relaxamento a sair com amigos e familiares, mas descobri que relaxar é quase uma precondição para abordarmos nossas diferenças de forma construtiva. Quando entramos numa situação de conflito, o sistema nervoso fica em alerta, em constante vigilância para nos proteger de ameaças, mesmo que não tenhamos consciência disso. Um ambiente acolhedor ajuda a relaxar e traz uma sensação de segurança.

Um dos conselhos mais sábios que já ouvi é "Se você precisa fazer algo difícil, comece relaxando". Pode parecer paradoxal, mas faz sentido. Quando estamos estressados demais, não estamos no nosso melhor. Ao relaxar, alcançamos o potencial máximo, e é disso que precisamos para enfrentar conflitos difíceis.

Quando os líderes chegaram à pousada, estava começando a cair uma nevasca típica de início do outono. A viagem tinha sido longa. Eles estavam cansados, famintos e ansiosos com a perspectiva de passar tempo com seus adversários políticos. Foram recebidos com carinho e gentileza, aproveitaram acomodações confortáveis e deliciosas refeições recém-preparadas. Cercados de beleza, alimentados e protegidos, eles começaram a relaxar.

Na manhã seguinte, começamos as conversas no celeiro, sentados num grande círculo. Meu colega disse:

– Queremos pedir que cada um de vocês conte uma história de sua juventude sobre o que os inspirou a ingressar na vida política. Ao pensar na história, tentem nomear um valor político central evocado pela história, como liberdade, justiça ou dignidade, por exemplo.

Dividimos os participantes em grupos de quatro pessoas e pedimos que compartilhassem suas histórias uns com os outros. Em seguida nos reunimos outra vez em grupo para captar a essência das histórias. Embora cada relato fosse diferente, os valores fundamentais se repetiam. O exercício abriu nossos olhos. Por mais acentuadas que fossem as diferenças políticas entre os participantes, era claro que eles tinham pontos em comum.

– Agora, gostaríamos de ouvir sobre suas esperanças e medos para o país. Em que tipo de país você gostaria que seus filhos e netos crescessem?

À medida que falavam sobre si e sobre o que mais lhes importava, os líderes começaram a relaxar. Lembraram-se de que eram todos cidadãos de um país que amavam. Pararam de enxergar uns aos outros como caricaturas unidimensionais e começaram a se conectar como seres humanos. Pequenos gestos de gentileza – perguntar ao colega sobre a dor de cabeça provocada pela altitude ou levar uma xícara de café para alguém – começaram a se multiplicar.

Naqueles três dias nós estivemos no camarote, a 2.500 metros de altitude nas montanhas. A pausa prolongada num belo ambiente teve um efeito calmante em todos. Quando falávamos sobre questões políticas controversas, as pessoas pareciam menos reativas. Todos escutaram com atenção.

No terceiro dia, um participante comentou para todo o grupo:

– Confesso que, quando cheguei e vi quem estava aqui e a que organizações pertenciam, tive vontade de dar meia-volta e pegar o voo seguinte para casa. Agora, meu sentimento é outro.

Outro participante se manifestou:

– Que bom que caiu essa nevasca, porque ela nos prendeu aqui, e fomos obrigados a ficar de fato uns com os outros.

Todo mundo riu.

No final, o grupo explorou pontos em comum e fez progressos tangíveis. Formaram laços que seriam improváveis por meio da política. Pequenas mas significativas transformações começaram a ocorrer. O resultado concreto mais imediato surgiu de duas participantes – uma progressista e outra conservadora. Elas passaram tanto tempo conversando e se conhecendo que decidiram trabalhar juntas, com suas organizações, em questões sobre as quais concordavam.

Não precisaram esperar muito. Três semanas após o retiro, houve uma audiência no Senado americano sobre privatização da internet. Os senadores ficaram surpresos ao ver a improvável parceria das duas organizações – em geral inimigas políticas –, que se uniram contra a medida proposta, e logo recuaram, concluindo que, se as duas organizações tinham se unido, é porque não valia a pena levar o assunto adiante.

O encontro nas montanhas demonstrou o poder e os benefícios de se criar um ambiente propício, no qual as partes em conflito pudessem fazer uma pausa juntas. Construir de antemão um camarote robusto pode nos ajudar a conter as reações naturais das pessoas e abrir possibilidades que não havíamos imaginado.

UMA ONDA GRANDE COMEÇA PEQUENA

Até a maior onda do oceano começa muito pequena, quase imperceptível. O mesmo se aplica ao processo de transformação do conflito. Ele começa silencioso, com uma *pausa*.

Se eu tivesse de escolher uma pessoa para exemplificar o alcance do potencial humano para transformar conflitos aparentemente insolúveis, essa pessoa seria Nelson Mandela, o arquétipo do *possibilista*.

Preso pelo governo do apartheid da África do Sul devido a suas atividades como líder do movimento de resistência, Mandela passou 27 anos na prisão, a maior parte desse tempo confinado numa pequena cela na Ilha Robben. Em 1º de fevereiro de 1975, ele escreveu para sua jovem esposa, Winnie, de sua cela em Kroonstad:

A cela é um lugar ideal para aprender a conhecer a si mesmo, para pesquisar de forma realista e regular o processo de sua mente e seus sentimentos. [...] A cela nos dá a oportunidade de examinar diariamente toda a nossa conduta, de superar o que há de ruim e desenvolver tudo que há de bom em nós. Nesse sentido, a meditação regular – por, digamos, cerca de 15 minutos ao dia antes de me deitar – é muito proveitosa. [...] Nunca se esqueça de que um santo é um pecador que continua tentando.[19]

Quando jovem, Mandela era conhecido pelo temperamento explosivo; era boxeador, tinha um soco rápido. Na pequena cela, como contou em sua autobiografia, *Longa caminhada até a liberdade*,[20] ele aprendeu muito sobre si mesmo e sobre o que importa de verdade na vida. Poderia ter ficado furioso e angustiado, mas, numa situação extremamente desafiadora e de enorme injustiça, tomou a corajosa decisão de usar seu tempo atrás das grades como uma pausa no camarote. Por meio da prática regular da meditação, aprendeu a pausar sua mente reativa. Exerceu o poder essencial que todos temos, mesmo nas piores situações, de fazer uma pausa e escolher que resposta vamos dar.

Ao aprender a influenciar a própria mente e o coração, mais tarde Mandela se tornou um extraordinário influenciador da mente e do coração de milhões de pessoas. Foi ali, na cela solitária, que ele ajudou a lançar as bases para a transformação do conflito na África do Sul, lançando mão da prática fundamental da pausa.

Fazer uma pausa é o primeiro passo essencial no *caminho para o possível*. É o momento em que *escolhemos* como lidar com o conflito: de forma destrutiva ou construtiva.

Fazer uma pausa é a chave que nos permite escapar da prisão do conflito destrutivo.

CAPÍTULO 4

FOQUE

De posições a necessidades

Quem olha para dentro acorda.[1]
— Carl Jung

— Este é um bebê de cinco meses do sexo feminino, com cirurgia de correção de medula ancorada agendada para esta semana em Chicago – anunciou o médico, num tom frio, aos estudantes de medicina a seu redor. – Já vi muitos casos cirúrgicos como este em que o paciente ficou paraplégico.

O médico estava se referindo à minha preciosa filhinha, Gabi, que estava nos braços da mãe enquanto aguardávamos a consulta num hospital infantil. O médico parecia ignorar o impacto de suas palavras sobre minha esposa, Lizanne, e sobre mim. Era como se não estivéssemos ali.

Em estado de choque, por um momento travei e senti o sangue gelar de medo, incredulidade e raiva. Eu estava prestes a explodir de indignação, mas, antes de começar a falar, o médico seguiu em frente com os alunos.

Um ou dois meses depois, estávamos de volta ao hospital. Para nossa felicidade, a cirurgia extremamente delicada e arriscada fora um sucesso. Gabi precisaria de um cirurgião pediátrico para fazer outras operações em seus órgãos.

— Talvez o médico mais importante de que Gabi vai precisar ao longo da infância seja um cirurgião pediátrico. O melhor cirurgião da cidade para o caso dela é o Dr. Tom Tanner – disse meu amigo, o Dr. Ed Goldson.

– Dr. Tanner? – repeti, reconhecendo vagamente o nome.

Era o mesmo médico que tinha sido indiferente e feito comentários insensíveis na nossa frente.

– Jamais! – exclamou Lizanne, quando mencionei a recomendação de Ed.

– Concordo. Sem chance. Não quero alguém tão insensível cuidando da Gabi! – afirmei.

Embora o assunto parecesse resolvido, uma dúvida permanecia no fundo da minha mente.

Fiz minha caminhada favorita por um desfiladeiro próximo para refletir sobre o que era realmente importante. O que *de fato* nós queríamos? A resposta não demorou a chegar. Senti dentro de mim. Estava claro: queríamos os melhores cuidados para nossa filha. A vida e o bem-estar dela estavam em jogo.

Voltei para casa e decidi investigar um pouco mais. Liguei para a enfermeira da clínica cirúrgica e perguntei algumas coisas sobre o Dr. Tanner.

– Acho o Dr. Tanner um médico muito atencioso – respondeu ela. – Os pacientes estão sempre em primeiro lugar.

Decidi voltar ao assunto com Lizanne, com um pouco de cautela, levando os sentimentos dela em consideração. Falei que havia feito uma caminhada e conversado com a enfermeira e acrescentei:

– Fiquei surpreso ao ouvir isso da enfermeira, mas ela parecia sincera. Obviamente, queremos o melhor para Gabi no longo prazo. Acho que deveríamos conversar com o Dr. Tanner, só você e eu, para ver como ele é de verdade. O que acha?

Lizanne concordou.

Fomos ao consultório do Dr. Tanner. Não mencionamos nosso primeiro encontro, no hospital. Nem sei se ele lembraria. Conversamos um bom tempo sobre a condição e o prognóstico de Gabi. Ele passou mais de uma hora conosco, respondendo com detalhes às nossas muitas perguntas. Mostrou-se competente e gentil. Lizanne e eu saímos com uma impressão muito diferente da primeira.

Decidimos dar uma chance a ele. No fim, o Dr. Tanner cuidou de Gabi por mais de dez anos. Acompanhou o caso dela de perto e realizou quatro cirurgias complexas e arriscadas, uma delas com nove horas de duração. Antes e depois de cada uma, ele se reunia conosco e respondia a todas as nossas perguntas. Ele se tornou alguém próximo, um aliado familiar e confiável na angustiante jornada médica da nossa filha.

Dois anos mais tarde, quis o destino que ele e sua esposa sofressem uma terrível tragédia: sua filha de seis anos foi diagnosticada com um câncer e faleceu um ano depois. O coração do Dr. Tanner se abriu, e ele se tornou ainda mais empático e atencioso. Nosso relacionamento com o Dr. Tanner começou de maneira ríspida, mas abriu possibilidades muito além das que poderíamos ter imaginado.

Claro que nada disso teria acontecido se minha esposa e eu tivéssemos seguido nosso impulso inicial. Durante toda a saga relacionada à saúde de nossa filha, Lizanne e eu encontramos muitas dificuldades com médicos e enfermeiros sobrecarregados; descobrimos como é fácil nos deixar levar pelas nossas reações iniciais e esquecer o que é mais importante em situações de conflito. Nesse caso, nosso maior interesse era ter acesso aos melhores e mais especializados cuidados para a nossa filha.

FOQUE NO QUE IMPORTA

– O que eu *realmente* quero?

Parece uma pergunta simples. Mas, na minha experiência, a resposta muitas vezes não é clara, sobretudo quando estamos encurralados num conflito. Podemos até acreditar que sabemos o que queremos, mas será que isso é verdade?

Por não sabermos o que queremos, é muito fácil agirmos de forma contrária aos nossos interesses. É por isso que muitas vezes vivenciamos situações em que todos saem perdendo.

Nosso primeiro poder natural – *pausar* – abre tempo e espaço para exercitarmos nosso segundo poder natural – *focar*, que é firmar sua atenção naquilo que você realmente deseja.

Na linguagem da negociação, focar é salientar os *interesses* que estão por trás das nossas *posições*. Posição é tudo que afirmamos querer. Interesses são nossas motivações subjacentes – desejos, aspirações, preocupações, medos e necessidades. Enquanto as posições são *o que* afirmarmos querer, os interesses são *por que* queremos.

Minha história favorita para demonstrar essa distinção é aquela que meus coautores e eu usamos em *Como chegar ao sim*, há mais de quarenta anos. Dois homens estão discutindo numa biblioteca. Um quer a janela aberta. Outro quer a janela fechada. O primeiro abre a janela; o segundo a fecha. Começa uma discussão, e a bibliotecária se aproxima para descobrir o que está acontecendo.

– *Por que* você quer a janela aberta? – pergunta ela ao primeiro aluno.
– Para entrar um pouco de ar fresco.
– *Por que* você quer a janela fechada? – pergunta ela ao segundo aluno.
– Por causa do vento.

A bibliotecária vai até a sala ao lado e abre uma janela. Assim, o ar fresco entra para o primeiro aluno, mas não chega no segundo.

O que acontece nessa história tão simples? As posições dos dois lados são claras. Um homem quer a janela aberta, o outro quer a janela fechada. Mas o conflito se transforma quando a bibliotecária faz a pergunta mágica: "*Por quê?*" Seu objetivo é descobrir o que cada homem realmente deseja. Um quer ar fresco, enquanto o outro quer evitar o vento. Descobrir os interesses subjacentes leva a uma nova possibilidade – uma janela aberta na sala ao lado.

Note-se que não se trata apenas de um acordo, um meio-termo entre duas posições opostas. Nesse caso, uma janela entreaberta poderia ter deixado ambos os homens insatisfeitos, sem ar fresco para um e com algum vento para o outro. Uma janela aberta na sala ao lado é uma solução integradora, que satisfaz os interesses de ambas as partes.

Essa história foi inspirada num trecho curto de um artigo inovador intitulado "Conflito construtivo",[2] escrito há quase um século, em 1925, por uma brilhante professora e autora chamada Mary Parker Follett. Apropriadamente chamada de "profetisa do gerenciamento" pelo ilustre pensador empresarial Peter Drucker,[3] Follett era uma mulher muito à frente de seu tempo.

Gosto de usar a história da biblioteca para ilustrar a distinção fundamental entre posição e interesse. Mesmo quando as posições são opostas, como no caso de uma janela fechada versus uma janela aberta, os interesses podem ser apenas diferentes – no caso, um quer ar fresco e o outro não quer vento. A história ilustra que posições fecham possibilidades, enquanto interesses abrem possibilidades.

Por décadas, ensinei a importância de focar nos interesses por trás das posições a milhares de pessoas de todas as esferas, de estudantes de direito a diplomatas, de gestores de empresas a integrantes de corpos de paz da ONU, de alunos no primeiro ano de faculdade a idosos morando em comunidades de aposentados. Sempre me impressiono ao ver que essa simples distinção leva as pessoas a uma reação de surpresa, mesmo quando elas já conhecem a diferença.

Mas, conforme aprendi ao longo dos anos lidando com conflitos litigiosos desde que escrevi *Como chegar ao sim*, talvez precisemos ir ainda mais fundo em nossos interesses do que de costume.

Imagine um iceberg onde as posições são a parte visível, acima da superfície do oceano, e os interesses estão abaixo da superfície. O que não vemos é muito maior do que o que vemos. Agora imagine que os interesses que conseguimos identificar sejam a parte central do iceberg, abaixo da superfície. Para abrir novas possibilidades em conflitos aparentemente insolúveis, talvez seja necessário mergulhar ainda mais fundo e acessar a parte mais baixa do iceberg, onde se encontram nossas necessidades e valores fundamentais. É nessas profundezas que podemos encontrar o segredo para transformar conflitos difíceis.

Para acessar essas motivações mais profundas, devemos *focar* e concentrar nossa atenção no que há por baixo das nossas posições.

FOQUE NO QUE ESTÁ POR BAIXO

Em janeiro de 2000, eu estive em Genebra trabalhando com o Centro para o Diálogo Humanitário, mediando um acordo de paz entre o governo da Indonésia e um movimento de guerrilha conhecido como Movimento Achém Livre (em indonésio, Gerakam Aceh Merdeka – GAM). Durante 25 anos, o GAM travou uma guerra pela independência de Achém, região da ilha de Sumatra.[4]

Meu colega Martin Griffiths, diretor do centro, conseguiu persuadir ambos os lados a se sentarem à mesa. Os líderes do movimento chegaram primeiro. O plano era que meus colegas e eu passássemos um dia a sós com eles, para prepará-los para o encontro com o ministro das Relações Exteriores da Indonésia.

Na noite anterior ao encontro, jantamos num lindo restaurante de Genebra. A delegação do GAM era chefiada pelo fundador do movimento, Hasan di Tiro, um nobre descendente dos sultões de Achém, que durante séculos governaram um reino poderoso. Di Tiro era um homem de porte orgulhoso, plenamente consciente da longa e ilustre história de Achém. Infelizmente, ele havia sofrido um derrame e por isso ficou quieto a maior parte do tempo, embora prestasse atenção em tudo. Foi representado pelo primeiro-ministro do GAM, Malik Mahmud, um engenheiro inteligente e sério.

No dia seguinte, todos nós nos reunimos na mansão que servia de sede para o centro. A casa ficava num belo parque às margens do lago Genebra, de um azul deslumbrante, com vista para o outro lado do imponente Mont Blanc, coberto de neve.

A liderança do GAM estava sentada a uma mesa, todos vestidos de terno, formais.

Fiquei de frente para eles, com um flipchart a meu lado.

– Permitam-me fazer uma pergunta antes de começarmos. Eu entendo a sua *posição*. Os senhores querem ser independentes da Indonésia. Agora, por favor, me digam: quais são os seus *interesses*? Em outras palavras, *por que* os senhores querem a independência?

Fiquei parado em pé, segurando uma caneta pilot, pronto para registrar a resposta.

Eles me olharam, apáticos. Fez-se um silêncio constrangedor. Eles pareciam estar com dificuldade para responder à pergunta. A posição de independência era tão evidente e tão unânime que eles pareciam não sentir necessidade de investigá-la de maneira mais aprofundada.

Naquele momento, tive um pensamento preocupante. Eles estavam travando uma guerra havia 25 anos. Milhares de pessoas haviam morrido – homens, mulheres e crianças. Os líderes naquela sala sabiam sua *posição*, mas será que conheciam realmente seus próprios *interesses*? Teriam eles pensado, articulado e colocado em ordem de prioridade suas aspirações subjacentes e preocupações mais profundas?

Por que eles estavam, de fato, lutando pela independência?

Refletindo, percebi que esses líderes não eram diferentes de tantos outros com os quais trabalhei em conflitos. Eles estavam presos nas suas posições, ignorando seus interesses e, assim, perdendo uma oportunidade real de abrir novas possibilidades.

Após o silêncio constrangedor, fiz outras perguntas para ajudá-los a entender o que realmente queriam:

– Os senhores podem me explicar o que a independência vai lhes proporcionar? Os senhores querem independência por motivos *políticos*? Para ter um governo autônomo? Para ter o próprio parlamento e líderes eleitos? É isso?

– Sim, queremos essas coisas, claro – respondeu o primeiro-ministro. – Porém queremos mais do que isso.

– Queremos ter controle sobre os recursos energéticos naturais que se encontram na costa de Achém – acrescentou outro líder.

– E queremos que os nossos filhos possam frequentar a escola na sua própria língua – disse outro.

– Queremos praticar nossa religião com liberdade.

Percebi que os participantes foram se animando à medida que descreviam suas motivações mais profundas. De suas posições, eles estavam *focando* para se concentrar em seus interesses subjacentes. Pedi que classificassem os vários interesses de acordo com o nível de importância. Assim, eles começaram a desenvolver uma pauta estratégica para a conversa do dia seguinte.

– Me digam uma coisa – prossegui. – Sem desistir da sua aspiração à independência, existe alguma forma de promover esses interesses na conversa de amanhã com o governo indonésio?

– Está dizendo que podemos manter o nosso objetivo de independência e, ao mesmo tempo, negociar nossos interesses políticos, econômicos e culturais? – indagou o primeiro-ministro.

– Exato. Negociar não significa abandonar de vez seus sonhos de independência em algum momento no futuro. Significa melhorar a vida do seu povo agora.

Foi um momento de tomada de consciência para os líderes do GAM. Eles repensaram o entendimento sobre negociação e o que poderiam alcançar através dela.

As conversas seguintes em Genebra resultaram num cessar-fogo temporário, com fins humanitários. O resultado mais amplo foi que elas deram início a uma profunda revisão estratégica dentro do movimento de independência, em relação aos seus interesses subjacentes e à melhor forma de conseguir alcançá-los.

Cinco anos mais tarde, pouco após um tsunami devastador na região, com a mediação do ex-presidente finlandês Martti Ahtisaari, o GAM negociou um acordo com o governo indonésio.[5] Recebeu grande autonomia, o que satisfez muitos dos interesses políticos, econômicos e culturais que haviam especificado. Realizaram-se eleições em Achém e, surpreendentemente, os líderes do GAM foram os candidatos vencedores para governador e vice-governador.[6]

A meu ver essa experiência destaca o verdadeiro poder do *foco*. Perguntar o *por quê?* mágico convida as pessoas a se aprofundarem em suas motivações. A liderança do GAM percebeu que mesmo não conseguindo alcançar a *posição* que desejava, era possível promover seus *interesses* subjacentes. Mas antes disso precisou fazer o trabalho árduo de descobrir quais eram esses interesses. Quando nos focamos em nossas motivações subjacentes, abrimos a possibilidade real de alcançar um acordo que atenda aos interesses de todos.

CONTINUE PERGUNTANDO *POR QUÊ?*

Muitas vezes não basta nos perguntarmos *por quê?* só uma vez. Para alcançar a parte mais profunda do iceberg, precisamos continuar perguntando – duas, três, quatro, até cinco vezes.

– Tenho uma pergunta para você – anunciou o diretor de vendas de uma empresa de software onde ministrei um workshop sobre negociação há alguns anos.

Sua voz tinha um tom de frustração e desespero.

– Nossos maiores clientes vivem exigindo mudanças no software. Querem que o adaptemos às necessidades deles, mas esse processo é muito caro e demorado. E eles não querem pagar pelas alterações, o que reduz seriamente nossas receitas. A situação é insustentável. Preciso dizer não, mas não consigo. Afinal, eles são nossos clientes mais importantes.

Reconheci que ele estava evitando um conflito que precisava acontecer – de forma construtiva – caso quisesse que seu negócio fosse bem-sucedi-

do. Num esforço para ajudar, fiz a ele uma série de perguntas começando com *por que*.
– *Por que* você quer dizer não? O que está tentando proteger?
– Quero manter as receitas – respondeu ele.
– Certo, mas *por que* você quer manter as receitas?
– Porque precisamos ter lucro – respondeu ele, num tom mais impaciente.
– Claro, mas me diga: *por que* vocês precisam ter lucro?
– Para que nossa empresa possa sobreviver! – exclamou ele.
– Entendi. Agora me faça o favor de dizer *por que* exatamente você quer que sua empresa sobreviva – insisti.
– Para que todos possamos ter emprego! – respondeu ele, num tom exasperado, olhando para seus colegas na sala.
– Mas *por que* você quer um emprego?
Ele fez uma pausa e me encarou com uma expressão de quem não estava entendendo.
– Bem, para colocar *comida* na mesa da minha família!
Havia uma emoção real em sua voz. Percebi pelo seu tom que havíamos alcançado o alicerce. Alimentar a família era sua necessidade mais básica.
Foi um processo desconfortável. A cada resposta que dava, ele achava que havia encerrado o assunto. Mas, à medida que eu continuava perguntando, ele respondia num tom cada vez mais determinado. O desconforto valeu a pena.
– Então – falei –, voltando à pergunta que você me fez, da próxima vez que tiver que dizer não a um cliente importante, imagine que dizer não é permitir que você coloque comida na mesa da sua família. Você não está apenas mantendo receitas, está protegendo a sua família. Isso vai lhe dar a força para dizer não quando necessário.
Quando você se pergunta *por quê?* repetidamente, alcança uma clareza estratégica, e, com essa clareza, vêm a determinação e o poder. É como as raízes de uma árvore: quanto mais profundas forem, mais forte será a árvore, capaz de se manter em pé mesmo durante as maiores tempestades. Para o diretor de vendas, colocar comida na mesa da família tinha um significado e uma força muito mais profundos do que o interesse em manter receitas ou gerar lucro.

DESVENDE AS NECESSIDADES HUMANAS BÁSICAS

– Parece que vou lutar contra esse homem até o meu último dia. Talvez seja o meu destino e eu deva aceitá-lo – declarou, com um suspiro, meu amigo Abilio Diniz, num tom extremamente frustrado e irritado.

Na época, Abilio, um dos maiores líderes empresariais do Brasil, estava há mais de dois anos envolvido numa disputa acirrada com seu parceiro de negócios francês. O conflito tomou conta de sua vida, o envenenava de raiva, o afastava da família e perturbava a vida dos milhares de funcionários da empresa.

Quando me envolvi na mediação do caso, as reuniões do conselho tinham se tornado explosivas, com mais de dez escritórios de advocacia e tantos outros de relações públicas envolvidos, inúmeros processos judiciais, casos de difamação na imprensa e suspeitas de espionagem corporativa. Até os presidentes da França e do Brasil conversaram por telefone para discutir o impacto da situação. O *Financial Times* classificou a disputa como "talvez o maior confronto intercontinental em salas de reuniões da história recente".[7]

O foco do confronto era a disputa entre os parceiros empresariais pelo controle do maior varejista de supermercados do Brasil, o Pão de Açúcar.[8] O supermercado começou como uma padaria de bairro, que pertencia ao pai de Abilio. Quando criança, Abilio trabalhava atrás do balcão. Ele ajudou o pai a transformar a padaria em uma enorme rede de supermercados. O Pão de Açúcar era sua identidade e sua origem.

Muitos anos depois, precisando de fundos para expandir ainda mais o negócio, ele aceitou contar com um importante empresário francês, Jean-Charles Naouri, como sócio. Abilio teve grande prazer em proteger e orientar Naouri, que era mais jovem.

– Éramos próximos – comentou Abilio. – Ele vinha à nossa casa e trazia presentes. Também o visitei em sua casa, em Paris.

Abilio adorava fazer negócios – esse era um dos segredos do seu sucesso. No entanto, em 2011, quando Abilio tentou fundir a empresa com outro grande varejista, Jean-Charles se opôs e entrou com uma ação judicial. Os sócios se sentiram traídos um pelo outro, e teve início uma batalha acalorada.

As emoções ficaram à flor da pele, as posições se consolidaram, e começaram os combates destrutivos. Cada ataque levava a um contra-ataque. Era uma disputa como tantas outras que enfrentamos hoje em dia.

"Todas as portas para a negociação estão fechadas", escreveu-me Ana Maria, filha de Abilio, pedindo ajuda. Embora o e-mail fosse educado e comedido, trazia muitas marcas de angústia e sofrimento comuns em disputas difíceis. Ficou claro que ela e os familiares não sabiam o que fazer. Eles queriam o pai e o marido de volta.

Mesmo sem ter certeza de que poderia ajudar, eu me ofereci para pelo menos ouvir. Na minha viagem seguinte ao Brasil, Abilio me convidou para almoçar em sua casa, com toda a família. Fazia uma bela manhã. O sol entrava pelas janelas quando fui gentilmente recebido por sua esposa, Geyze. Pude sentir o amor e a preocupação da família por Abilio, mas ele não conseguia relaxar e aceitar o caloroso abraço de seus entes queridos.

O filho mais novo de Abilio, um menino animado de 3 anos, corria pela sala, mas o pai estava preocupado demais com a disputa comercial para apreciar aquela energia e aproveitar o momento com o filho. Olhei para o menino e para sua espirituosa irmã de 6 anos, depois olhei de volta para Abilio. Ele tinha 76 anos à época. Seu tempo era precioso. Lembro-me de ter pensado comigo mesmo: "Que tipo de vida essas crianças têm com o pai envolvido numa batalha que esgota toda a força vital dele?"

Também notei uma raiva terrível dentro de Abilio. Ele era conhecido por ter um temperamento explosivo. Senti que o primeiro adversário que Abilio precisava enfrentar era ele mesmo. Antes de tudo, eu precisava ajudá-lo a chegar ao camarote.

Ele e eu nos sentamos frente a frente numa sala com paredes de vidro e vista para o jardim e a piscina. Eu estava quase sem voz, havia passado os últimos dias dando aula. Queria ter certeza de que Abilio me ouviria, para me conectar com ele. Cada vez que eu ia falar, borrifava um spray na boca. Embora eu estivesse com a voz cansada, a dele carregava um cansaço que refletia o peso emocional da situação.

Comecei a conversa fazendo a minha pergunta principal:

– Abilio, o que você *realmente* quer dessa negociação?

Como qualquer empresário eficiente e inteligente, ele sabia a resposta. Sem hesitar, recitou sua lista de demandas.

– Quero que todas as minhas ações sejam conversíveis, para que eu possa vendê-las. Quero a eliminação da cláusula de não concorrência de três anos. Quero a sede da empresa. Quero a equipe esportiva da empresa.

– Eu entendo que todas essas coisas são importantes para você. Mas o que você *realmente* quer? – persisti.

Ele fez uma pausa e me encarou.

– Como assim?

– Bem, você é um homem que parece ter tudo. Pode fazer o que quiser. Tem filhos lindos. O que você *realmente* quer neste momento da vida?

Ele levou alguns minutos para refletir sobre a questão. Por fim, respirou fundo e respondeu:

– *Liberdade*. Eu quero a minha liberdade.

Pronto. Quando ouvi o tom e a profunda ressonância emocional com que ele pronunciara a palavra *liberdade*, eu soube que ele havia alcançado a sua necessidade fundamental. Isso o tocou. E me tocou também. Afinal, quem não quer ser livre?

Antes do nosso encontro naquele dia, eu tinha lido sobre Abilio – o menino e o homem – em sua biografia. A liberdade é importante para todos nós, mas para ele tinha um significado especial. Certa manhã de dezembro de 1989, quando saía de casa, ele foi sequestrado. Sob a mira de uma arma, ele foi empurrado para dentro de um carro, levado para o cativeiro e mantido refém num caixote semelhante a um caixão, com apenas alguns orifícios para respirar. Os sequestradores colocavam música alta para deixá-lo desconfortável. Ele tinha certeza de que morreria, até que, de repente, foi resgatado, uma semana depois, numa operação policial surpresa.

Agora, anos depois, ele se via refém novamente, dessa vez de um conflito que o consumia por completo. Sim, ele precisava entender a si mesmo, mas, para ajudá-lo, eu também precisava entendê-lo.

Até aquele momento eu não estava convencido de que era a pessoa certa para ajudar Abilio a conseguir os itens materiais que ele exigia na negociação. Mas quando ele disse que queria liberdade, comecei a pensar que, afinal de contas, talvez pudesse ajudá-lo.

Percebi que não se tratava de um conflito comercial comum, mas de um conflito humano, com todas as suas complexidades e possibilidades psicológicas. O tipo de conflito que todos enfrentamos hoje na família, no trabalho e no mundo em geral.

– E o que *liberdade* significa para você, Abilio? – indaguei.

– Tempo com a minha família – respondeu ele, apontando para os filhos –, que é a coisa mais importante da minha vida. E liberdade para fazer os negócios que adoro fazer.

Abilio poderia ter respondido: "*Estar livre do* meu inimigo" ou "*Estar livre desse* pesadelo". Seria uma liberdade negativa. Mas ele se concentrou na liberdade positiva, na *liberdade para*. Ele se concentrou não naquilo de que queria fugir, mas naquilo que queria fazer.

Nos conflitos, muitas vezes ficamos tão envolvidos na tomada de posições que perdemos de vista nossas necessidades humanas básicas. No entanto, no meu trabalho descobri que os conflitos que realmente nos perturbam – grandes ou pequenos – geralmente não têm a ver apenas com interesses superficiais e têm motivações mais profundas. No exemplo sobre a minha filha, Gabi, as necessidades básicas eram sua segurança e seu bem-estar. Para os líderes de Achém, as necessidades básicas incluíam autonomia política e identidade cultural. As necessidades básicas do meu amigo Abilio eram liberdade e dignidade. Outras necessidades básicas incluem segurança, sustento econômico, sensação de pertencimento e respeito. Necessidades são mais profundas do que vontades e desejos.

Eis o segredo: nesse nível mais profundo, você encontra menos conflitos e mais possibilidades do que no nível superficial, das posições – ou mesmo no nível médio, dos interesses. Na disputa de Abilio, as posições eram totalmente opostas. No nível dos interesses, os conflitos eram menores, mas, ainda assim, havia uma tensão considerável: um acordo financeiro melhor para Abilio, em geral, significava um acordo menos favorável para Jean-Charles. Porém, no nível das necessidades, *mais* liberdade para um não significava *menos* liberdade para o outro. *Mais* dignidade para um não significava *menos* dignidade para o outro. Pelo contrário: o acordo a que chegamos ofereceu a ambos dignidade e liberdade para perseguir seus grandes sonhos.

O que aprendi com conflitos como esse foi: *quanto mais nos aprofundamos nas motivações, mais possibilidades de transformar o conflito encontramos*. Portanto, não se limite a posições, ou mesmo a interesses. Continue focando até enxergar as necessidades humanas básicas.

PRESTE ATENÇÃO ÀS EMOÇÕES E SENSAÇÕES

Talvez as emoções e sensações ofereçam o indicador mais seguro de que localizamos as necessidades básicas. Algo no tom de Abilio quando pronunciou a palavra *liberdade* me deu a sensação de que eu tinha acertado em cheio. É como o toque de um sino.

O tom de voz pode ser revelador – muitas vezes mais do que as palavras –, porque transmite emoções. A forma como Abilio pronunciou a palavra *liberdade* soou triste, melancólica – quase como se a liberdade fosse um sonho ilusório em sua vida. Se a primeira resposta de Abilio à minha pergunta sobre o que ele *realmente* queria veio de sua *cabeça*, clara e lógica, com suas exigências, a segunda soou como se viesse do *coração* e das *entranhas*.

Nas negociações, é comum pensarmos nas emoções como um obstáculo. Mas as emoções – e as sensações físicas que as acompanham – contêm informações vitais sobre as motivações mais profundas que nos movem. Medo, raiva e frustração podem ser sinais de que alguma necessidade básica não está sendo atendida. Se pudermos fazer uma pausa e ouvir nossas emoções e sensações, descobriremos que elas estão nos dizendo:

– Preste muita atenção. Algo importante pode estar em jogo.

Em situações de conflito, acho muito útil *focar* e perceber quais emoções e sensações estou experimentando. Quando sinto raiva, isso me diz que um limite importante pode ter sido ultrapassado.

– Qual é esse limite? – pergunto a mim mesmo.

Quando sinto um embrulho no estômago ou uma pontada no peito, fico curioso. Passei a entender essas sensações e sentimentos como possíveis *sinais* que me indicam a direção das minhas necessidades humanas básicas.

– Quais necessidades minhas não estão sendo atendidas?

Fazer uma pausa me permite focar em mim mesmo e perceber minhas emoções e sensações. Durante a pausa não preciso *reagir* às emoções que surgem, posso apenas *observá-las*. A pausa me proporciona a distância emocional necessária para digerir informações valiosas sobre minhas necessidades sem ser reativo.

– *Que interessante!* – posso dizer a mim mesmo.

Quando vislumbro a necessidade mais profunda dentro de mim, muitas vezes fico com uma sensação de alívio emocional e um espaço se abrindo em meu peito. Sinto os ombros relaxarem. Sinto um *sim* vindo do intestino, que hoje alguns cientistas chamam de nosso segundo cérebro.

Ao longo dos anos, aprendi a perceber que nossas emoções e sensações podem ser boas amigas e aliadas, fornecendo pistas vitais para compreendermos a nós mesmos – e os outros ao nosso redor.

No caminho para o possível, as emoções e sensações são sinais que apontam para as necessidades humanas básicas – como segurança, liberdade e dignidade –, necessidades que devemos satisfazer se quisermos transformar conflitos e relacionamentos nestes tempos turbulentos.

FOQUE NO QUE É IMPORTANTE

Essa visão reveladora sobre a liberdade levou Abilio – e a mim – numa jornada de possibilidades que transformou um conflito amargo com seu parceiro de negócios, Jean-Charles, numa relação amigável novamente. Parecia impossível, mas foi o que acabou acontecendo.

Focar no que Abilio *realmente* queria foi a chave para o avanço que levou a todo o resto. A partir dali, a liberdade tornou-se a pedra angular que regeu minhas conversas com ele e as negociações com o outro lado. A liberdade se tornou nosso guia. Sempre que Abilio voltava a sentir raiva e desespero, refugiando-se em posições rígidas e extremas, eu o lembrava do que ele mesmo descobrira ser o *mais* importante. Pouco a pouco, isso o ajudou a se soltar.

Liberdade era o que ele queria, e liberdade foi o que conseguiu. Como me disse Abilio no dia em que assinou o acordo com Jean-Charles:

– Consegui tudo que queria. O mais importante, porém, é que recuperei minha vida.

Quem sentiu o maior alívio, claro, foram os familiares de Abilio.

"Cheguei ao Brasil hoje de manhã, direto de Nova York", escreveu-me sua filha Ana Maria, no dia seguinte ao acordo. "Peguei um voo para encontrar meu pai. Não podia esperar mais um minuto. Notei que ele estava muito sereno e entusiasmado com o futuro e com a nova vida pós-Jean-Charles. Fiquei muito feliz por vê-lo assim."

Mas talvez a expressão mais comovente da mudança tenha vindo de Miguel, filho de 3 anos de Geyze e Abilio.

– Papai não fica mais no telefone o tempo todo – disse ele à mãe.

Fiquei comovido com a forma como Abilio e a família escolheram celebrar a transformação drástica do conflito que pesou em suas vidas durante tanto tempo. Juntos, eles atravessaram o oceano até Cássia, na Itália, onde agradeceram a Santa Rita, a padroeira das causas impossíveis. Santa Rita tornou-se freira ao mesmo tempo que encerrou, com sucesso, uma violenta vingança familiar que custara a vida de seu marido e de muitas outras pessoas.[9] A história dela, assim como a de Abilio, nos lembra que todos nós somos capazes de encontrar caminhos criativos para avançar, mesmo quando os conflitos parecem insolúveis.

Enquanto escrevia este livro, visitei Abilio, que se tornou um bom amigo, assim como toda a sua família, para a comemoração de seu aniversário de 85 anos. Diante da esposa e dos filhos, da família e dos amigos, ele falou, comovido, sobre sua vida e contou a história de como havia transformado o conflito com Jean-Charles. Declarou que os últimos nove anos tinham sido os mais felizes de sua vida. Foi capaz de desfrutar sua liberdade, conquistada com tanto esforço. Falou sobre o tempo que passava com a família, levando os filhos para a escola todas as manhãs e pegando-os à tarde. E falou sobre os novos negócios que havia feito nos últimos anos.

Isso me fez refletir.

Abilio teria desfrutado essa liberdade sem o aprendizado e o crescimento estimulados pelo conflito? Seria esta a *dádiva oculta* do conflito: o fato de entrar em contato com nossas necessidades mais profundas e poder satisfazê-las de uma forma que não teríamos conseguido sem ele?

Peço que você reflita sobre seus próprios conflitos e responda às seguintes perguntas:

O que você *realmente* quer? Qual é o seu equivalente de liberdade e dignidade? O que é mais importante para você? Continue se perguntando o *porquê* mágico até atingir o alicerce. Escute suas emoções e sensações e use-as como pistas. Concentre-se em suas necessidades humanas básicas. Seja curioso. Talvez você descubra possibilidades que ainda não imaginou. Esse é o grande poder do *foco* – um poder disponível para qualquer um de nós, a qualquer momento.

Mantenha o foco no que importa.

CAPÍTULO 5

RECUE

Das viseiras de burro ao panorama geral

*O jardim do mundo não tem limites,
exceto na sua mente.*[1]
– JALĀL AL-DĪN RŪMĪ

Foi meu primeiro grande fracasso como mediador.
   Tudo começou com um convite dos sonhos.
   – Tenho uma proposta interessante para você – disse-me Stephen Goldberg, professor visitante da Faculdade de Direito de Harvard, certa noite, durante um jantar no Faculty Club. – Acabei de falar ao telefone com um dirigente do Sindicato Nacional dos Mineiros e com um executivo da Associação das Empresas de Carvão. Eles estão no meio de um conflito bem complicado numa mina de carvão no leste do Kentucky.
   – Do que se trata? – perguntei, curioso.
   – Tudo que sei é que os mineiros vêm fazendo greves selvagens. A administração reagiu demitindo um terço da força de trabalho. A situação ficou bem feia. Ambos os representantes temem que a greve se espalhe para outras minas de carvão. Estão com medo de que isso possa até desencadear uma greve nacional dos carvoeiros, que poderia paralisar toda a economia.
   – O que eles querem que você faça?
   – Estão me pedindo para *mediar* – explicou Steve. – É aí que está o pro-

blema: eu sou um arbitrador. Ouço os fatos e tomo a decisão. Não tenho nenhuma experiência em mediar um acordo entre partes. Quer se juntar a mim e me ajudar a descobrir o que fazer?

Eu era um estudante de pós-graduação em busca de qualquer chance de sair da biblioteca e ir a campo praticar a mediação. Dizia a meus amigos: "Preciso sujar as mãos." Mal imaginava que receberia a oportunidade de literalmente sujar as mãos numa mina de carvão.

– Eu topo – respondi.

Steve e eu pegamos um voo para o Kentucky na semana seguinte. No aeroporto local, ele alugou um helicóptero para nos levar direto à mina. Fiquei entusiasmado, não só porque era minha primeira viagem de helicóptero, mas porque enfim estava envolvido em uma grande mediação na vida real.

Enquanto sobrevoávamos as bucólicas colinas verdejantes dos Apalaches, olhei para baixo e vi a paisagem com rasgos nas colinas e enormes pilhas de resíduos, evidências da mineração de carvão.

Quando chegamos à mina, fomos direto ao escritório, onde nos encontramos com o gerente e seu capataz.

– Nós administramos esta mina de acordo com o contrato: com firmeza e justiça. O encrenqueiro é o presidente do sindicato – relatou Mike Johnson,[2] gerente da mina, um engenheiro brilhante e sério de 30 e poucos anos. – Se conseguirmos nos livrar dele e de algumas outras maçãs podres, o problema estará resolvido. Garanto!

Em seguida, nos reunimos com o líder sindical, Bill Blount – um mineiro ambicioso e inteligente, de cerca de 40 anos, novo em seu cargo de liderança –, e seus colegas diretores do sindicato.

– Os patrões nos tratam como lixo. Eles nos espionam e tentam nos meter medo. Vou lhe dizer uma coisa: é só demitir o capataz e mais alguns outros, e a situação vai melhorar muito, garanto! – disse Bill.

Os outros dirigentes sindicais assentiram.

– Que tal todos nós nos sentarmos juntos? – sugeriu Steve, que tinha o porte de um ex-fuzileiro naval e irradiava autoridade.

– Sem chance. Não vamos nos sentar com eles. Não adianta conversar. Eles só entendem uma coisa: poder – respondeu o líder sindical.

Descobrimos que o problema era o seguinte: quando um mineiro sentia que tinha sido tratado injustamente, pegava o cantil de água e o virava para baixo, entornando a água. Isso era um sinal para os outros mineiros de que ele estava voltando para casa. Para impedir que o mineiro descontente fosse demitido, os colegas esvaziavam seus cantis e voltavam para casa também, imaginando que a empresa não iria demitir todos eles.

A greve era chamada de *selvagem* porque violava o contrato. Os incidentes foram se multiplicando, e a administração da mina levou o sindicato local à justiça para obter uma liminar contra as greves. Os mineiros não se importaram e continuaram de braços cruzados, até que o juiz, em sua infinita sabedoria, decidiu encarcerar toda a força de trabalho por uma noite.

Como era de se esperar, a medida enfureceu os mineiros e suas famílias. Eles começaram a levar armas para o trabalho. A operadora de telefonia da mina começou a receber ameaças de bomba anônimas. Uma bomba em uma mina de carvão cheia de gás metano poderia incendiar toda a mina. Bastava uma simples ameaça de bomba para a mina inteira ser fechada e haver uma busca cuidadosa.

Steve e eu tínhamos muito trabalho pela frente. Nas seis semanas seguintes, nós nos alternamos, conversando ora com os oito líderes sindicais, ora com a administração da mina. Fizemos várias reuniões com os dois lados e passamos a conhecê-los um pouco melhor. Ouvimos com atenção, tentando entender o que exatamente estava desencadeando as greves selvagens e o que poderia ajudar a acabar com elas. Fiquei fascinado, tanto como um mediador iniciante quanto como um antropólogo em formação.

Com base nas sugestões que ouvimos, Steve e eu elaboramos um conjunto de propostas de alterações do contrato. Nosso foco era melhorar o procedimento que lidava com reclamações. Achamos que, se os mineradores encontrassem uma boa maneira de *expor* suas queixas, parariam de *abandonar* o trabalho.

Com base nisso, ambos os lados enfim concordaram em realizar um encontro de dois dias para acertar os detalhes. O sindicato e a administração enviaram oito representantes cada. Steve presidiu a reunião. Para surpresa de todos, eles chegaram a um acordo. Os líderes ficaram entusiasmados. Cada negociador caminhou até a cabeceira da mesa e assinou seu nome no documento, como se estivesse assinando um tratado de paz entre nações em guerra.

– Uau – comentou Steve. – Conseguimos!

Fui às alturas com o primeiro grande sucesso da minha carreira de mediador, ainda mais porque as chances pareciam pequenas.

Recebemos telefonemas de parabéns do sindicato nacional e da associação patronal, inclusive dos dois funcionários que haviam pedido ajuda a Steve. Todos ficaram aliviados com o resultado e impressionados com o sucesso improvável do nosso esforço de mediação.

Só havia um pequeno procedimento a ser concluído: os mineiros precisavam ratificar o acordo. Todos esperavam que esse passo seria uma mera formalidade, dado o apoio da direção sindical.

E, de fato, a votação dos mineiros foi quase unânime – em *rejeitar* o acordo que a própria liderança tinha acabado de negociar.

Minha primeira grande mediação fora um fracasso total. Perdi o ar. Toda a minha empolgação inicial se transformou numa sensação incômoda de decepção.

O que tinha acontecido?

Conforme soubemos tempos depois,[3] os mineiros rejeitaram o acordo simplesmente porque acreditavam que qualquer coisa que a administração tivesse assinado provavelmente era um truque. Eles não *confiavam* no acordo. Mesmo que o acordo resolvesse grande parte das queixas dos mineiros, parecia mais seguro – e muito mais satisfatório – dizer um retumbante *não*.

Steve e eu – e os negociadores de ambos os lados – não conseguimos prever esse problema porque presumimos que o conflito era entre duas partes monolíticas: o sindicato e os gestores da empresa. Tínhamos presumido que a liderança sindical falava em nome dos seus eleitores – os mineiros comuns. Imaginávamos que tudo que a liderança acordasse seria apoiado. Estávamos equivocados.

Era como se estivéssemos usando *viseiras de burro* que nos impediam de ver o *panorama geral*. Não enxergamos a complexidade da situação. Havia muitas partes, não apenas duas, e a liderança era difusa, não se concentrava no topo. Tínhamos deixado de fora do processo os mais importantes stakeholders: os próprios mineiros. Eram eles, e não a liderança sindical, que decidiam entrar em greve quase toda semana. Se eles não ouviam os próprios líderes nas greves, *por que* os ouviriam nas negociações?

Ao refletir sobre esse fracasso, talvez a maior lição que eu tenha tirado seja a de entender a importância, em qualquer conflito, de *recuar*, se afastar para um lugar de onde você tenha uma visão panorâmica, de onde possa enxergar o contexto mais amplo e compreender o que realmente está acontecendo.

FOCO NO PANORAMA GERAL

Todos nós temos o poder de recuar – *expandir o foco para enxergar o panorama geral*. Ampliar a visão da sua câmera. Do camarote, você pode ver toda a peça se desenrolando à sua frente, com todos os personagens. Ao *recuar* você enxerga possibilidades que não tinha percebido.

Tenho uma lembrança nítida de uma experiência do tipo na minha infância. Faltava uma semana para meu aniversário de 6 anos. Minha família e eu estávamos hospedados em um vilarejo suíço na encosta de uma montanha alta. Era manhã de sábado, e eu havia acordado cedo. Meus pais gostavam de dormir até tarde no fim de semana. Senti um impulso de sair para passear e explorar o mundo.

Troquei de roupa e atravessei a porta que dava para uma alameda que subia a montanha e passava por chalés de madeira, com janelas pintadas de cores vivas e jardineiras com flores vermelhas. No fim da alameda, segui por uma trilha de terra que subia a encosta verdejante até chegar a alguns celeiros de madeira. As vacas pastavam, e ouvi seus sinos tocando num ritmo lento. O ar fresco tinha um leve cheiro de estrume.

Quanto mais eu subia, menor ficava o vilarejo. Lá do alto, virei, olhei para baixo e apreciei a vista ampla e abrangente do vale e das montanhas ao redor, com seus picos escarpados. Eu podia ver todo o vilarejo abaixo: as casas, as ruas, o rio fluindo. De repente, perdi o fôlego – eu me senti minúsculo, porém eufórico. Desci de volta para a hospedaria, onde todos continuavam dormindo.

Nos conflitos em que trabalhei nas últimas cinco décadas, percebi como a nossa perspectiva pode ser restrita. Nossa visão pode se limitar a apenas um quarto de uma única casa do vilarejo, em vez de contemplarmos a vista mais ampla, que nos permite ver todas as casas e o vale inteiro.

O que limita a nossa perspectiva são os pressupostos de que partimos sobre negociação de conflitos: há *duas partes* sentadas à mesa. O objetivo é chegar a um *acordo*. O prazo é *curto*. É uma questão de *soma zero*: mais para um significa menos para o outro.

Assim, as possibilidades de avançar são bastante limitadas.

Porém, quando conseguimos enxergar o panorama geral, novas possibilidades começam a se abrir. Passamos a ver *muitas partes* que não percebíamos. Vemos *alternativas ao acordo* que não havíamos considerado. Enxergamos cenários de *longo prazo* nos quais não havíamos pensado. E podemos ver que a questão não é de soma zero, e sim de *soma positiva*: pode haver mais para todos.

Esse é o grande poder de *recuar*, uma habilidade natural disponível para todos nós.

INCLUA TODAS AS MESAS

Do meu fracasso na mina de carvão, aprendi uma lição que me foi muito útil nos quarenta anos seguintes. Comece recuando e perguntando quais stakeholders estão *faltando* à mesa. Quem estou deixando de fora? Quem mais pode influenciar o resultado? Quem pode inviabilizar um possível acordo? De quem é a voz que não está sendo ouvida?

Muitas vezes, vi conflitos familiares crescerem porque um membro da família foi deixado de fora do processo de tomada de decisão. Vi empresas correrem para construir uma fábrica e se esquecerem de consultar a comunidade local, fazendo-a se organizar e entrar na justiça, o que atrasava o projeto e, muitas vezes, chegava a inviabilizá-lo para sempre. Conforme aprendi na mina de carvão, às vezes deixamos de fora partes importantes, que mais tarde nos surpreendem e sabotam o acordo.

Numa negociação de conflitos, é natural atentarmos para o arranjo da mesa, literal ou metafórica, à qual as partes se sentam. Essa pode ser a mesa *principal*, mas não é a *única*. Quando estamos no camarote e recuamos, enxergamos pelo menos *três* mesas, dependendo de quantas partes existem. Além da mesa principal, existem outras, de stakeholders internos. No caso da liderança sindical, os mineiros devem estar à mesa. No caso da administradora da mina, os stakeholders são o conselho e a associação patronal.

Conforme aprendi ao longo dos anos, a verdadeira dificuldade em chegar ao *sim* não reside apenas na negociação *externa* entre as duas partes, mas também na negociação *interna,* dentro de cada parte.

Em meus workshops, costumo perguntar:

– Considerando que existem dois tipos de negociação, as *externas*, com pessoas de fora da organização ou da família, e as *internas*, dentro da organização ou da família, que tipo você considera mais desafiador? Quantos diriam que as negociações *externas* são mais difíceis?

Algumas mãos se levantam.

– E quantos diriam que são as *internas*?

A grande maioria das mãos se levanta.

As pessoas olham em volta, surpresas com a diferença.

– Vejam que interessante. É claro que ambos os tipos podem ser desafiadores, mas a maioria parece achar que as negociações mais difíceis são aquelas com pessoas mais próximas de nós: parentes, colegas, pessoas que teoricamente estão do nosso lado.

Não se engane: uma negociação externa pode ser difícil, mas o fato é que muitas vezes uma negociação interna pode ser ainda mais complicada. Um dos motivos é que não tratamos a negociação interna com o mesmo cuidado e preparação com que tratamos a externa. Costumamos improvisar, presumindo que os membros da nossa equipe estão do nosso lado, como fizeram os dirigentes sindicais no caso dos mineiros de carvão. Ignorar os stakeholders internos é um convite ao fracasso.

Ao lidar com um conflito, aprendi a começar fazendo um diagrama que inclui todos os stakeholders, começando pelas três mesas. Antes de tudo eu pergunto a mim mesmo e aos outros:

– Quem está sentado à mesa principal de negociações? Quem está sentado às duas mesas internas? Quando há mais de duas partes na disputa, quem está sentado às outras mesas internas?

E continuo:

– Quais são os outros stakeholders? Quem é afetado pelo conflito? Quem pode emperrar o acordo e precisa ser consultado? Quem pode influenciar as partes a se comportarem de forma construtiva e precisa ser recrutado?

O diagrama começa a ganhar stakeholders. A tarefa de compreender as complexidades pode parecer assustadora à primeira vista, mas, na minha experiência, também pode revelar obstáculos inesperados e abrir novas possibilidades de transformar um conflito difícil. Essa é a grande vantagem de recuar no camarote e enxergar o palco inteiro, com todos os personagens da peça.

IDENTIFIQUE A SUA BATNA

Recuar pode nos ajudar de outra forma muito importante em situações de conflito: mostrando como satisfazer nossas necessidades, mesmo que *não* consigamos chegar a um acordo com a outra parte.

Nos meus workshops eu gosto de fazer uma pergunta simples:

– Qual é o *objetivo* da negociação? *Por que* negociamos?

– Para chegar a um acordo – é a resposta que os participantes costumam dar.

– Isso é o que nós pressupomos. Mas é verdade? – questiono.

O objetivo da negociação não é *necessariamente* chegar a um acordo, e sim *descobrir* se negociar pode satisfazer mais suas próprias necessidades do que *não* negociar – em outras palavras, se é melhor negociar do que usar sua Batna.

Batna é o acrônimo de *Best Alternative To a Negotiated Agreement*, em inglês, ou Melhor Alternativa a um Acordo Negociado. É um termo que meus coautores e eu cunhamos há mais de quarenta anos, em *Como chegar ao sim*. A Batna é a sua melhor opção para satisfazer seus interesses, caso você *não* consiga chegar a um acordo.

Imagine uma bifurcação na estrada. Um lado leva a um acordo. O outro leva à melhor alternativa. Pense na sua Batna como a sua alternativa de "abandono", seu Plano B.

Ao desenvolver sua Batna, você passa a ter a confiança de que, não importa o que aconteça na negociação, terá uma boa alternativa. Com isso você se torna menos dependente do outro lado para satisfazer suas necessidades.

Lembro-me do meu amigo Abilio Diniz, que estava imerso numa disputa acirrada pelo controle da cadeia de supermercados que construíra com o pai. Quando Abilio me disse que o que queria *mesmo* era liberdade, perguntei:

– Existe alguma coisa que você possa fazer, *independentemente* do que aconteça com Jean-Charles, para se dar a liberdade que tanto deseja?

Essa é a pergunta Batna.

Por um momento Abilio me encarou, impassível. Então tentei ser mais objetivo:

– Quando eu perguntei o que liberdade significa para você, você respondeu que significa poder passar mais tempo com sua família e buscar novos negócios. Minha pergunta é: você precisa mesmo esperar o fim da disputa para fazer essas coisas? Ou pode começar *agora*?

Olhei em seus olhos e vi uma luz começando a surgir.

– A questão mais profunda é: *quem* pode lhe dar a liberdade que você deseja? É Jean-Charles? Ou, no fim das contas, só *você* pode se dar essa liberdade?

Isso acabou sendo uma grande descoberta para Abilio – e para mim. Ele percebeu que o poder de satisfazer sua necessidade mais profunda estava em suas próprias mãos. Não *dependia* de nenhuma outra pessoa nem de qualquer resultado específico. Abilio não precisava esperar pela resolução da disputa.

Em poucos dias, Abilio planejou férias num barco com a família. Em poucas semanas, tornou-se presidente do conselho de outra empresa na qual estava interessado. Também encontrou um novo espaço para seu escritório, separado da sede da empresa, onde podia conduzir seus negócios por conta própria. Em suma, Abilio recuperou o livre-arbítrio, o poder, a escolha.

Ficou nítido que essas ações o libertaram da dependência psicológica em relação ao oponente e da necessidade de fazê-lo se comportar de determinada maneira. A sensação de liberdade que Abilio conquistou criou o espaço emocional para ele se libertar. Por incrível que pareça, seu desapego facilitou a negociação do acordo, que, por sua vez, lhe permitiu viver a vida como realmente queria.

Muitas vezes evitamos pensar na nossa Batna porque parece um pensamento *negativo*. Mas, conforme descobriu Abilio Diniz, a Batna oferece liberdade e confiança. Pode tornar o acordo mais provável, nunca menos. É mais fácil enxergá-la como um pensamento *positivo alternativo*. Ela abre novas possibilidades.

Aprendi essa lição após o desastre da negociação na mina de carvão. Após o choque inicial da rejeição do acordo por parte dos mineiros, meu colega Steve e eu nos reunimos e tentamos descobrir o que fazer a seguir. Seríamos capazes de nos recuperar do golpe da homologação fracassada?

– Podemos tentar renegociar o acordo? – perguntou Steve.

– Perguntei isso ao Bill, o líder sindical – respondi. – Ele acha que não há a mínima chance de funcionar. Percebi que ele e os outros dirigentes sindicais estão muito desanimados.

– Alguma outra ideia? Ou é o fim da linha?

Parei por um momento. Perguntei-me se tínhamos uma Batna – um curso de ação independente de um acordo.

– Vou fazer uma pergunta maluca: nós *realmente* precisamos que o acordo seja ratificado pelos mineiros?

– Como assim?

– Bem, nós presumimos que todos precisam concordar antes mesmo de começarmos a implementar o novo processo. Porém, dado o total clima de desconfiança, por que não experimentamos as coisas pouco a pouco para ver se funcionam?

– Mas não precisamos da aprovação dos mineiros? Esse não foi o problema que deu início a tudo? – rebateu Steve.

– Certo. Mas, pelo que sei, os mineiros não estão se opondo ao conteúdo do acordo, que é favorável a eles. Duvido que muitos sequer tenham lido o texto. O problema parece ser mais emocional. Eles estão com raiva e ressentidos. E não confiam nem um pouco na gestão. E por que confiariam?

– O que você sugere, então?

– Pegar as propostas pensadas para lidar com as queixas e tentar implementá-las *informalmente*. Vamos pedir à administração que faça a sua parte e ver se os mineiros reagem bem às mudanças.

– Não vai ser fácil. *Como* você faria isso? – perguntou Steve, cético.

– Bem, você e eu teríamos que passar mais tempo na mina, ouvindo os mineiros e descobrindo as queixas que fizeram antes de entrarem em greve. Depois, teríamos que fazer a administração dar atenção às queixas e lidar com elas de forma satisfatória, para não haver motivos para uma paralisação.

Steve parecia hesitante. E não era o único. A administração da mina e o sindicato dos mineiros se sentiam prejudicados pelo fracasso da votação de ratificação, mas não se opuseram à minha tentativa. Afinal, até ali nada havia funcionado. E os dirigentes do sindicato nacional e da associação patronal ainda temiam a possibilidade de a disputa se transformar numa crise nacional.

– Fique à vontade – disse Steve. – Semana que vem viajo para a França de férias com a família.

E foi assim que eu passei o verão de 1980 numa mina de carvão no Kentucky.

Mais para a frente contarei minhas aventuras arrepiantes trabalhando com os mineiros, mas por ora o importante a perceber é que, nesse momento, eu me lembrei de *recuar*, e isso me permitiu questionar pressupostos básicos, como a necessidade de chegar a um acordo antes de tentar implementar um novo processo. Ao recuar, enxerguei uma nova opção – uma Batna – que não era evidente para os outros.

Em qualquer conflito, é fundamental se fazer a pergunta-chave da Batna: "Como satisfazer minhas necessidades se *não* conseguir chegar a um acordo com a outra parte? Qual é o meu Plano B? Como aprimorá-lo?"

ENFRENTE A SUA WATNA

Certo dia, conversando com um grande empresário, ele me disse:

– Eu gosto de olhar não só para a minha Batna, mas também para a minha Watna, minha pior alternativa a um acordo negociado (do inglês, *Worst Alternative To a Negotiated Agreement*). Nos momentos em que parece que o acordo vai dar errado, eu gosto de pensar na pior coisa que pode acontecer comigo. Digo a mim mesmo que, se o outro lado não me *matar*, *provavelmente* vou sobreviver. Isso me tranquiliza, me acalma.

É um bom argumento. Muitas vezes, ficamos tão envolvidos numa situação que ela parece questão de vida ou morte. Paradoxalmente, recuar e observar o pior cenário nos proporciona uma nova e necessária perspectiva.

Às vezes, porém, o cenário negativo *é* uma questão de vida ou morte.

Passei a maior parte da década de 1980 trabalhando para evitar uma guerra nuclear acidental. Com base no Programa de Negociação da Faculdade de Direito de Harvard, a pedido do governo americano meu colega Richard Smoke e eu escrevemos um relatório com foco na redução do risco de uma guerra nuclear acidental entre Estados Unidos e União Soviética.[4]

Numa das muitas entrevistas que conduzimos, Benjamin Read, um ex-

-diplomata de alto escalão, nos contou sobre um acidente do qual o mundo não chegou a saber, mas que o assombrou durante anos:

– Num sábado de manhã, eu estava de serviço no Departamento de Estado e recebi um telefonema urgente do Centro Nacional de Comando Militar informando que um míssil nuclear americano tinha sido disparado por acidente e atingiria Cuba. Corri até o escritório de Dean Rusk, o secretário de Estado, para dar a notícia.

– O míssil está armado? – indagou Rusk, nervoso.

– Sinto muito, mas não sabemos, senhor.

Rusk encarou Read.

– Ligue agora mesmo para o embaixador soviético e o informe.

Read ligou para a embaixada soviética, mas foi informado de que o embaixador havia saído para almoçar e não podia ser contatado. Read contou a Rusk, que disse:

– Então ligue para os suíços em Havana. Eles sempre passam mensagens por nós. Peça para avisarem os cubanos.

Read telefonou para os suíços, mas a ligação estava ruim, e a pessoa do outro lado da linha não conseguiu entender a mensagem.

A tentativa de comunicação fracassou. Por sorte, o míssil nuclear, que estava desarmado, ultrapassou Cuba e caiu no mar. O que poderia ter se tornado um desastre humanitário e uma crise nuclear de uma superpotência – ou algo pior – foi evitado por pura sorte.

– O governo alguma vez investigou esse incidente e descobriu como evitar que isso volte a acontecer? – perguntei a Read.

– Não – respondeu ele. – Acho que todo mundo apenas seguiu em frente e esqueceu o assunto.

O erro no disparo de um míssil nuclear foi apenas um dos muitos riscos que Richard e eu incluímos em nosso relatório ao governo americano, que serviu de base para um livro posterior, *Beyond the Hotline: How Crisis Control Can Prevent Nuclear War* ("Além da linha direta: Como o controle de crises pode evitar a guerra nuclear").[5]

Longe de me fazer erguer as mãos em desespero, enfrentar as terríveis possibilidades negativas do conflito entre superpotências – a Watna, nesse caso – me motivou a mergulhar mais fundo e buscar formas de evitá-las. Enxerguei isso como uma oportunidade.

Foi uma boa lição para mim. Desde criança, crescendo à sombra da bomba atômica, eu me preocupava com a ameaça nuclear. O fato de poder tomar medidas concretas para evitá-la me fez adquirir uma boa dose de imunidade. Não só dissipou minha ansiedade, como me trouxe uma sensação de aventura e alegria por lutar por uma causa justa.

Ao recuar e observar os cenários negativos, descobrimos possibilidades positivas: o que fazer na prática para reduzir o risco de uma guerra nuclear acidental?

Richard e eu nos deparamos com uma ideia nova, que parecia promissora: que tal estabelecer centros de redução de risco nuclear, com funcionários 24 horas por dia, nos quais especialistas americanos e soviéticos estariam prontos para se comunicar e reduzir a tensão se, por exemplo, um míssil fosse disparado por acidente?

Fui além: ajudei a organizar intercâmbios entre especialistas políticos americanos e soviéticos sobre como evitar a guerra nuclear entre nossos países. Fiz muitas viagens a Washington, e também a Moscou, ao lado de meu amigo Bruce Allyn, um jovem estudioso e talentoso que era fluente em russo.

O clima estava tenso entre Estados Unidos e União Soviética. Em março de 1983, o presidente Ronald Reagan chamou publicamente a União Soviética de "império do mal" e "o foco do mal no mundo moderno."[6] Seis meses depois, um míssil soviético abateu um avião da Korean Air Lines que voava de Nova York para Seul e sem querer saiu da rota e invadiu o espaço aéreo da União Soviética. Todos os 269 passageiros morreram.[7]

Na nossa primeira viagem de três semanas a Moscou, Bruce e eu fomos seguidos pela KGB, mas, mesmo assim, conseguimos ter reuniões com especialistas em política e funcionários do governo. Eles receberam a ideia de centros de redução de risco nuclear com ceticismo. E se os centros virassem um ninho de espiões? E se fossem mal utilizados, com o objetivo de espalhar desinformação? A existência desses centros não tornaria os líderes mais imprudentes em situações de crise?

Meus colegas e eu nos deparamos com muitas das mesmas perguntas em Washington, mas persistimos, trabalhando com dois senadores que defendiam a ideia: Sam Nunn, um democrata da Geórgia, e John Warner, um republicano da Virgínia.

Além de trabalhar nos canais internos, decidimos angariar apoio público para a ideia. A revista *Parade* me convidou para escrever um artigo sobre os centros de redução de risco nuclear, e um artista desenhou uma imagem vívida e dramatizada de oficiais americanos e soviéticos trabalhando lado a lado para evitar uma guerra nuclear acidental. A ilustração foi a capa da revista, enviada aos seus 40 milhões de leitores.[8]

As possibilidades negativas também motivaram os líderes políticos. No início de sua presidência, Ronald Reagan assinou uma ordem executiva instando os Estados Unidos a desenvolver a capacidade de "vencer" uma guerra nuclear. Segundo ele, era uma opção que não podia ser descartada. Mas, quase três anos após o início do mandato, ele mudou de ideia. Assistiu a uma versão prévia de *O dia seguinte*, um filme feito para a TV sobre a guerra nuclear em todos os seus aspectos aterrorizantes, retratando a vida de pessoas comuns em uma cidade do Kansas.

O filme, que teve cem milhões de espectadores americanos na estreia, deixou claro, com grande realismo, a insensatez total da guerra nuclear.[9] Depois de assistir ao filme, Reagan escreveu em seu diário: "É muito eficaz e me deixou bastante deprimido",[10] acrescentando que "jamais poderá haver uma guerra nuclear".

Em novembro de 1985, Reagan se encontrou pela primeira vez com o líder soviético Mikhail Gorbachev, em Genebra. Juntos, os líderes emitiram uma declaração curta, mas memorável, que permanece até hoje em acordos internacionais:

"A guerra nuclear não pode ser vencida e nunca deve ser travada."[11]

Durante a reunião de cúpula, uma das várias medidas práticas que Reagan e Gorbachev concordaram em implementar foi explorar a possibilidade de criar centros de redução de risco nuclear em Washington e Moscou. Reconhecendo as possibilidades negativas da guerra nuclear, os líderes discutiram uma possibilidade positiva para evitá-la. Meses depois, fui convidado para servir como conselheiro do Centro de Crise da Casa Branca. Meu trabalho era redigir uma proposta detalhada para a criação dos centros.

Um ano depois, eu estava no Rose Garden, atrás da Casa Branca, num lindo dia de sol, o perfume das rosas no ar. Ao ver o presidente Reagan anunciar o acordo para a criação de centros de redução de risco nuclear ao lado do ministro de Assuntos Exteriores soviético, Eduard Shevardnadze, tive vontade de me beliscar. Ali estava a evidência do que era possível.[12]

Foi um passo pequeno, porém concreto, no processo que levou ao fim da Guerra Fria, reduzindo drasticamente o risco nuclear.

A lição que aprendi foi: encare as possibilidades *negativas* e use o impulso de criar possibilidades *positivas* que impeçam a pior alternativa de se concretizar.

TORNE-SE UM ARQUEÓLOGO DO FUTURO

– Imagine que estamos vinte anos no futuro. Se a paz fosse alcançada e durasse até lá, o que você veria? Se você fosse um arqueólogo do futuro e fizesse uma escavação, que artefatos encontraria?

Essas perguntas foram feitas pelo meu amigo Rob Evans, um mediador de criatividade coletiva extremamente qualificado. A ocasião era um workshop de uma semana no Colorado, que meus colegas e eu organizamos, sobre o sempre desafiador conflito entre Israel e Palestina.

Em conflitos onde a solução pode parecer impossível no curto prazo, podemos *recuar* do presente, nos afastar para enxergar um futuro positivo. Assim libertamos a mente dos pressupostos que restringem nossa imaginação e abrimos novas possibilidades de longo prazo.

Trabalhando em equipes mistas, os participantes de Israel, Palestina e Egito tinham uma hora e meia para discutir e registrar suas ideias em flipcharts. Em seguida, os grupos exibiram orgulhosamente seus trabalhos. Um deles apresentou a ilustração de um trem de alta velocidade entre Tel Aviv e Gaza. Outro mostrou um crachá de um campus de alta tecnologia da Google em Gaza.

Na manhã seguinte, um de nossos colegas palestinos entrou na sala e viu as paredes cobertas de ideias para o futuro. Ao sentir o aroma rico e delicioso de um prato típico do Oriente Médio chamado *shakshuka* sendo preparado em conjunto por um palestino e um israelense, ele anunciou com alegria:

– Este é um museu de esperança!

As conversas criativas nos dias seguintes ativaram uma sensação de possibilidade nos participantes, que, segundo os próprios, continua a motivá-los até hoje.

Isso me faz pensar no que um exercício sobre o *arqueólogo do futuro* poderia nos revelar sobre os muitos outros desafios aparentemente insolúveis que enfrentamos hoje – neutralizar a polarização política, evitar guerras catastróficas e fazer a transição para a energia limpa. Vamos supor, por exemplo, que a humanidade conseguiu reduzir em grande medida o risco de fenômenos meteorológicos extremos e outras mudanças climáticas nocivas.[13] Que artefatos os arqueólogos do futuro encontrariam em suas escavações?

Será que encontrariam, por exemplo, usinas de energia solar e eólica abandonadas? Encontrariam os restos das redes de corrente contínua de alta tensão (CCAT) que ligam todo o planeta e fomentam uma enorme eficiência energética? Em outras palavras, encontrariam provas de que obtínhamos nossa energia a partir de recursos ilimitados, como o sol e o vento? Olhando para trás, eles concluiriam que havíamos enfrentado o problema em toda a sua magnitude, resolvido corajosamente nossas diferenças e utilizado nossa criatividade e colaboração inata para concretizar as possibilidades positivas de fartura de energia limpa?

Experimentos mentais como esses podem trazer esperança genuína e inspirar ações.

MUDE O JOGO

Por fim, quando recuamos para ver o panorama geral, somos capazes de considerar aquela que talvez seja a questão mais importante de todas. Se entendemos o conflito como uma espécie de jogo, com jogadores, regras e objetivos, podemos nos perguntar:

– Estamos jogando o jogo certo?

Nestes tempos de divisão, costumamos reduzir o conflito a uma luta ganha-perde, uma luta de soma zero entre "nós" e "eles". Mas será que essa é a forma mais útil de alcançar o que realmente queremos?

Para esclarecer a questão, gosto de oferecer um desafio aos participantes dos meus seminários:

– Encontre um parceiro e prepare-se para uma queda de braço.

Todos colocam o cotovelo na mesa e apertam a mão do parceiro com vigor, prontos para fazer força.

– O objetivo do jogo é vencer fazendo o máximo de pontos. Cada vez que abaixa o braço da outra pessoa, você ganha mil pontos. Todos prontos? Preparem-se. *Já!*

Olho para a sala e vejo as pessoas se esforçando para derrubar a mão do parceiro. Depois de um minuto, eu digo:

– Ok, podem parar. Observei vocês e vi muitos empates. Zero ponto para um e zero ponto para outro. Também vi pessoas conseguindo abaixar a mão de outras. Elas ganharam mil pontos para cada vez que derrubaram o braço do adversário. Mas também vi alguns tentando uma abordagem diferente. Os braços dos dois subiam e desciam como um limpador de para-brisa. Quem gostaria de explicar?

Um participante arrisca:

– Acho que essas pessoas tentaram forçar o braço do outro para baixo, mas não conseguiram e perceberam que a melhor maneira de vencer era cooperar. Então, um relaxa o braço, e o outro marca mil pontos. Depois o outro relaxa, e o primeiro faz mil pontos. Assim, ambos ganham pontos.

– Quantos pontos você fez durante esse minuto?

– Dezenas de milhares.

Todos riem – é a risada de quem entendeu a questão.

Esse é o segredo. É o momento de recuar, de perceber que *o maior poder que temos no conflito é o poder de mudar o jogo.*

Quantas vezes na vida encaramos os conflitos como uma queda de braço na qual temos que derrotar o adversário? Esse exercício deixa claro que podemos *escolher* jogar um jogo muito melhor, em que todos podemos nos beneficiar muito mais do que teríamos conseguido se ganhássemos um jogo de ganha-perde.

Ganhar ou perder pode ser divertido em esportes ou jogos de cartas, mas, nas relações humanas – seja na família, no trabalho ou na comunidade em geral –, pode levar a um resultado em que todos perdem. Se você se pergunta "Quem está vencendo nesse casamento?", é porque provavelmente o casamento está com sérios problemas.

Costumamos pensar que os conflitos têm *soma zero* – mais para um significa menos para o outro. Entretanto, quase *nenhum* conflito do mundo real em que trabalhei até hoje foi desse tipo. Com um pouco de criatividade, como no exercício da queda de braço, muitas vezes o resultado pode ser uma *soma positiva* – com mais para todos. E assim como acontece nas rixas familiares, batalhas empresariais e guerras, o resultado pode ser uma *soma negativa* – com menos para todos. Nem sempre é possível que os dois lados vençam, mas sempre é possível que ambos os lados percam, junto com todos os que os rodeiam.

Para mim, a oportunidade de mudar o jogo nunca foi ilustrada de forma tão vívida quanto na luta contra o apartheid na África do Sul. No início de 1995, tive a oportunidade de ouvir o presidente recém-eleito, Nelson Mandela, e seu antigo adversário político, o ex-presidente F. W. de Klerk, descreverem sua jornada da guerra à paz.

Mandela comentou que acreditava que com o tempo seu lado prevaleceria, mas se perguntava que tipo de país herdaria após décadas de guerra civil e ruína econômica. De Klerk comentou que talvez seu lado fosse capaz de manter o poder por mais uma geração, mas em algum momento teria que ceder à realidade demográfica e também ao aumento da pressão financeira e política dos outros países.

Em outras palavras, ambos os líderes recuaram, refletiram sobre o longo prazo e perceberam que derrotar o outro para vencer resultaria numa perda gigantesca para ambos os lados. Este foi o primeiro insight: do ponto de vista estratégico, o conflito estava num impasse.

Depois, veio o segundo insight: se ambos os lados podiam entrar numa espiral de violência e perder, talvez ambos os lados pudessem se beneficiar numa espiral inversa, de diálogo e negociação. Eles poderiam entrar em acordo.

E por fim veio o terceiro insight: a possibilidade de *transformação*. Como Roelf Meyer, negociador do governo do Partido Nacional, me explicou na época, aos poucos os dois lados passaram a acreditar na possibilidade de um terceiro resultado, que não fosse uma vitória desigual para uma das partes ou um meio-termo entre as duas propostas.

Conforme declarou Mandela:

Eu nunca procurei enfraquecer o Sr. De Klerk, pela razão prática de que, quanto mais fraco ele estivesse, mais fraco seria o processo de negociação. Para fazer a paz com um inimigo, é preciso trabalhar com o inimigo, e ele precisa se tornar nosso parceiro.[14]

O novo resultado imaginado pelos líderes dos dois lados foi uma vitória com transformações genuínas para ambos – uma África do Sul pacífica, democrática, multirracial, inclusiva e próspera, com espaço para todos.

As negociações foram difíceis e marcadas por episódios de violência política, mas, no final, os sul-africanos fizeram história ao irem às urnas para as primeiras eleições democráticas inclusivas. Talvez o sinal mais revelador da transformação tenha sido o fato de Mandela ter convidado seu antigo inimigo para o cargo de vice-presidente executivo e De Klerk ter aceitado. Com isso, os dois líderes tranquilizaram o povo da África do Sul e mostraram ao mundo que um novo relacionamento era possível. Quando eu os ouvi naquele dia de janeiro de 1995, ambos estavam em suas novas funções.

Conforme declarou Mandela:

> Havia uma expectativa de que destruíssemos um ao outro e a nós mesmos, na pior das conflagrações raciais. Em vez disso, nós, como povo, escolhemos o caminho da negociação, do compromisso e da solução pacífica. Em vez do ódio e da vingança, escolhemos a reconciliação e a construção do país.[15]

Quando recuamos para ver o panorama geral, podemos identificar e, com isso, mudar o jogo fundamental do conflito. Não precisamos ficar presos a um jogo de ganha-perde em que na prática todos perdem. Podemos escolher jogar um jogo em que todos se beneficiam. É isso que fazem os *possibilistas*.

ENXERGUE AS POSSIBILIDADES

Neste mundo profundamente dividido, talvez nosso poder mais importante seja o de recuar para enxergar o panorama geral. Se quisermos enfrentar os desafios atuais com a curiosidade, a criatividade e a colaboração que eles exigem, precisaremos nos libertar dos nossos pressupostos limitantes sobre o que *é* e o que *não é* possível.

Quando olho para o céu noturno de uma cidade, vejo poucas estrelas, por causa da dispersão da luz elétrica na atmosfera. Nas montanhas, onde estou escrevendo neste momento, longe das luzes da cidade, fico maravilhado com o céu escuro, repleto de estrelas cintilantes. Tal como as estrelas, as possibilidades de resolução de conflito existem. A questão é: *conseguimos enxergá-las*?

Quero convidar você a refletir sobre um conflito de sua própria vida. Por um momento, recue e identifique os diversos stakeholders, tanto as pessoas que são afetadas de forma direta quanto indireta. Pergunte-se: de quem estou me esquecendo? Quem estou deixando de fora? Quem devo incluir? Quem pode me atrapalhar – e como? E quem pode me ajudar – e como?

Recue e pergunte-se: qual é a minha Batna? Como posso atender às minhas necessidades se não chegar a um acordo? Como posso melhorar minha Batna? Qual é a minha Watna – minha pior alternativa a um acordo negociado? Como evitar o pior e buscar o melhor?

Recue e pense no futuro – daqui a vinte, cinquenta ou até cem anos. Caso os *possibilistas* tivessem trabalhado arduamente e você fosse um arqueólogo do futuro, que artefatos encontraria? Ao imaginar esse futuro, que próximos passos você pode dar para avançar nessa direção?

Por fim, recue e reflita sobre o jogo que você está jogando. Talvez essa seja a melhor oportunidade. O que você pode fazer para transformá-lo, de uma batalha de ganha-perde para um jogo de conflito construtivo e cooperação?

Ao recuar e considerar todas essas questões, você provavelmente descobrirá possibilidades que não havia imaginado.

Recuar é o movimento culminante de ir ao camarote, nossa primeira vitória no caminho do possível. Do camarote, começamos a ver o contorno da ponte dourada. Essa é a nossa próxima vitória a alcançar – uma vitória com o outro.

SEGUNDA VITÓRIA

CONSTRUA UMA PONTE DOURADA

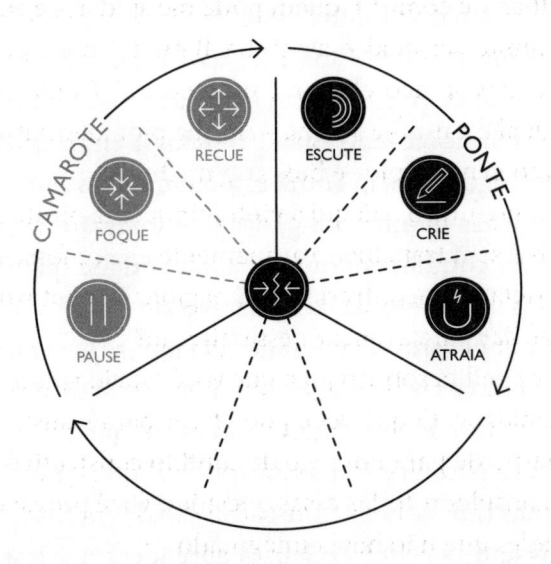

— Meu olho direito será arrancado e minha mão direita será decepada antes que eu concorde com a derrubada de um único assentamento judaico.[1]

O primeiro-ministro israelense, Menachem Begin, não estava deixando muito espaço para negociação.

Era setembro de 1978. O presidente Jimmy Carter convidara Begin para um encontro com o presidente egípcio Anwar Sadat em Camp David, o retiro presidencial situado nas belas colinas arborizadas de Maryland, a uma hora e meia de carro de Washington, D.C.

Carter esperava que, num ambiente descontraído e informal, os dois líderes pudessem chegar a um acordo para pôr fim às hostilidades entre os dois países, que tinham travado quatro guerras devastadoras em trinta anos. Mas após três dias de conversas duras, as partes chegaram a um impasse.

Begin insistia em manter os assentamentos judaicos na Península do Sinai, as terras egípcias que Israel ocupara em 1967, durante a Terceira Guerra Árabe-Israelense, também conhecida como Guerra dos Seis Dias.

À exigência de Begin, Sadat respondeu, sem se abalar:

— Nunca! Se não concordarem em evacuar os assentamentos, não haverá paz.[2]

Ambos os líderes mandaram suas equipes fazerem as malas. Qualquer esperança de um acordo de paz no Oriente Médio parecia perdida.

Assim como o resto do mundo, fiquei estupefato quando, treze dias depois, o presidente Jimmy Carter apareceu na TV, ladeado por Sadat e Begin, assinando um acordo de paz histórico no Salão Leste da Casa Branca.[3]

Na época, eu fazia doutorado em antropologia em Harvard e trabalhava com o professor Roger Fisher. Tinha estudado o conflito árabe-israelense e acabado de retornar de uma longa viagem à região. Estava por dentro daquele lamentável conflito sobre terra e identidade que durava décadas e que aos olhos do mundo tinha se tornado o símbolo da impossibilidade.

Qual é a história por trás de um resultado tão surpreendente?, perguntei a mim mesmo. Como os líderes conseguiram construir uma ponte sobre o abismo daquele conflito tão profundo? Em outras palavras, como eles chegaram a um acordo para pôr fim a uma guerra interminável? E que lições todos nós podemos tirar sobre a transformação de conflitos aparentemente insolúveis? Se os árabes e os israelenses aprenderam a transformar o seu conflito, talvez houvesse esperança para o resto de nós.

Eu vinha prestando muita atenção à cúpula. Semanas antes, Roger Fisher me chamara a seu escritório logo após voltar de um período de férias na ilha de Martha's Vineyard. Parecia animado:

— No fim de semana passado, joguei tênis com Cy Vance, que por acaso estava hospedado na casa do meu vizinho. Depois da partida, Cy me perguntou se eu tinha alguma ideia de negociação para Camp David. Então eu o convidei para ir à minha casa e lhe dei um exemplar do nosso livrinho. Chamei a atenção dele para a parte que descreve o procedimento de texto único e sugeri que ele usasse esse processo para chegar a um acordo com Sadat e Begin na semana seguinte. Você pode marcar uma reunião imediatamente com Louis Sohn e outros para discutir a ideia? O objetivo é escrever um memorando de aconselhamento para Vance até sexta-feira.

Cyrus, ou "Cy", Vance era o secretário de Estado americano. O "livrinho", *International Mediation: A Working Guide* ("Mediação internacional: Um guia de trabalho"), na verdade era um livro de ideias práticas para negociadores que eu tinha escrito no ano anterior com Roger. Embora nunca tenha sido publicado oficialmente, o guia foi o antecessor e a inspiração de *Como chegar ao sim*. Nele, Roger e eu tratamos do *procedimento de texto único*, processo de negociação utilizado com sucesso durante a convenção multilateral da ONU sobre o Direito do Mar. Tínhamos ouvido falar do assunto pela primeira vez com Louis Sohn, professor da Faculdade de Direito de Harvard que havia feito parte da delegação de negociadores dos Estados Unidos.

O procedimento de texto único é uma alternativa engenhosamente simples à habitual negociação de posições opostas. Em vez de pressionar por concessões, uma terceira parte elabora um possível acordo e pede a ambas as partes para apresentar comentários. A terceira parte altera o texto à medida que as partes fazem comentários, até alcançar um consenso. O procedimento de texto único é uma forma de construir uma ponte dourada.

Marquei um jantar no Harvard Faculty Club na noite seguinte – na prática, uma reunião do Seminário de Concepção. O seminário consistia numa série de reuniões organizadas por Roger, para as quais ele convidava professores e diplomatas visitantes no intuito de discutir algum conflito mundial e "conceber" soluções produtivas. Era um experimento, uma espécie de laboratório. Seríamos capazes de nos envolver num tipo diferente de conversa, um tipo de conversa que ajudasse a criar possibilidades de resolver conflitos que pareciam estagnados?

Conceber era uma palavra que Roger adorava porque implicava criatividade prática. No dicionário, "conceber" é "formar na mente, por meio de novas combinações ou aplicações de ideias ou princípios".[4] Uma boa descrição do que estávamos tentando fazer.

– Qual é o melhor aconselhamento que podemos oferecer a Cyrus Vance?

Roger fez essa pergunta às seis pessoas reunidas em torno da mesa de jantar. Registrei as ideias num flipchart. Com base nelas, Roger e eu redigimos um memorando de três páginas, com foco no *procedimento de texto único*, e o enviamos para Vance.

Nos três primeiros dias da reunião de cúpula, o memorando permaneceu na pasta de Vance. Então, quando as partes se preparavam para ir embora de Camp David sem acordo, o presidente Carter decidiu fazer uma última tentativa: chamou Vance à sua sala e pediu aconselhamento. Vance se lembrou do memorando e propôs usar o *procedimento de texto único*. Carter concordou e pediu que Vance preparasse uma proposta.

Num processo convencional, um terceiro propõe uma diretriz que é um meio-termo das duas posições. As partes costumam se opor com veemência à proposta e a rejeitam de imediato. Ninguém quer fazer a primeira concessão política, por temer que isso sinalize fraqueza e abra a porta para mais concessões.

Mas o procedimento de texto único adota uma abordagem bem distinta. Ninguém é solicitado a fazer concessões, pelo menos não de antemão. O foco não está nas posições concretas, e sim na criação de opções que satisfaçam aos interesses subjacentes.

Assim, os mediadores americanos se encontraram com israelenses e egípcios e disseram:

– Não estamos pedindo que vocês mudem de *posição*. Queremos apenas que nos falem mais sobre seus *interesses* e *necessidades*. O que cada um de vocês *realmente* quer? O que os deixa *mais* preocupados?

Os americanos ouviram as aspirações e os medos de ambos os lados.

Os egípcios enfatizaram o interesse em sua soberania. A terra era deles desde a época dos faraós, e eles a queriam de volta. Os israelenses se concentraram na segurança. Os tanques egípcios tinham atravessado a Península do Sinai três vezes para atacá-los, e os israelenses queriam ter a certeza de que isso nunca mais aconteceria.

Os egípcios haviam apresentado uma proposta criativa de desmilitarização de partes do Sinai. Os americanos decidiram incorporar a ideia ao primeiro rascunho do texto único, desmilitarizando a região e criando uma proteção para Israel. Resumindo, a bandeira egípcia tremularia, mas os tanques egípcios não poderiam ir a lugar algum. Era uma ideia engenhosa, que abordava a preocupação dos israelenses com a segurança e ao mesmo tempo mantinha a soberania egípcia.

Mas na negociação de conflitos não basta ter uma boa ideia. É preciso obter a adesão das partes. E as pessoas não costumam confiar em ideias que não são delas.

No procedimento de texto único, o rascunho da proposta é informal, fácil de alterar para incorporar ideias e sugestões das partes. O rascunho não é em papel timbrado, não há prerrogativas nem status. É um "não papel". Pode até ter manchas de café.

– Isto não é uma proposta americana – disseram os americanos às partes. – É só uma ideia. Não estamos pedindo uma decisão. Na verdade, não queremos uma decisão neste momento. Só queremos que vocês nos digam o que acham. Sintam-se à vontade para criticar. Quanto mais críticas, melhor. Em que parte o rascunho não aborda seus principais interesses? Onde ele é injusto?

Descobri que, em conflitos acalorados, *ninguém quer tomar uma decisão dolorosa, mas todo mundo adora criticar.*

Os israelenses criticaram fortemente o texto dos Estados Unidos. Os egípcios também. Os americanos reformularam a proposta, tentando melhorá-la para um lado sem piorá-la para o outro.

Para dirimir a preocupação israelense com um ataque-surpresa egípcio, o presidente Carter acrescentou ao texto a oferta de que militares e empreiteiros dos Estados Unidos participassem do monitoramento do processo de desmilitarização. A tecnologia mais recente era capaz de rastrear até mesmo uma cabra atravessando a imensidão do deserto.

Em seguida, os mediadores apresentaram outro rascunho.

– Trabalhamos mais no texto, levando em conta os seus apontamentos. Novamente, não queremos uma decisão neste momento, apenas mais críticas e sugestões para podermos melhorar.

Cada vez que o texto único melhorava, as partes viam não só que suas necessidades estavam sendo atendidas, mas que suas ideias e sua linguagem eram cada vez mais incorporadas ao rascunho. Começaram a aderir ao processo.

Por inúmeras vezes os mediadores repetiram o processo de alterar o rascunho e consultar as partes. Foi uma semana muito longa – eles produziram 23 rascunhos.

À medida que a paciência de todos começava a se esgotar e as partes começavam a reclamar que estavam se sentindo reféns, o presidente Carter apresentou o projeto final ao presidente Sadat e ao primeiro-ministro Begin separadamente.

– Eu sei que não é tudo que você quer, mas aqui está o melhor que conseguimos fazer. Neste momento, peço que decida o que é melhor para você.

Os dois antagonistas se viram diante de uma decisão muito mais simples e atrativa do que no convencional processo de negociação de posições. Em vez de ter que fazer múltiplas concessões dolorosas de antemão sem saber onde termina o processo, eles tiveram que tomar apenas *uma decisão*, e *no final*, quando podiam ver exatamente o que receberiam em troca.

O presidente Sadat percebeu que recuperaria toda a Península do Sinai para o Egito.

O primeiro-ministro Begin percebeu que conseguiria uma paz histórica, sem precedentes.

Separadamente, ambos os líderes disseram sim. Carter e seus colegas ficaram eufóricos. Todos se prepararam para ir a Washington para a assinatura formal na Casa Branca.

Então, como tantas vezes acontece em conflitos difíceis, uma bomba explodiu no último minuto. Uma ponte fora construída, mas as partes estavam com medo de pisar nela.

Begin ficou furioso ao saber de uma proposta de carta lateral que Carter havia prometido a Sadat. Na carta, Carter ratificava que os Estados Unidos manteriam a postura de neutralidade em relação a Jerusalém, um ponto nevrálgico para os israelenses. Begin interrompeu as negociações e ordenou a retirada de sua delegação.

Decepcionado, Carter foi até as acomodações de Begin para se despedir. Levou fotos autografadas dos três líderes juntos. No início da semana, Begin havia solicitado uma foto para cada um de seus oito netos. Carter assinou cada uma delas, mas, em vez de escrever apenas "Felicidades", escreveu "Com amor" e acrescentou o nome de cada neto. Carter havia prestado atenção e sabia o quanto Begin amava os netos.

– Sr. primeiro-ministro, vim trazer as fotografias que pediu.[5]

– Obrigado, senhor presidente.

Begin olhou friamente para Carter, mas, quando abaixou a cabeça e viu escrito "Para Ayelet" na foto de cima, congelou. Quando viu a seguinte, "Para

Osnat", seus lábios tremeram e seus olhos marejaram. Ele leu cada um dos oito nomes em voz alta – "Orit", "Meirav", "Michal" – e caiu em prantos.

Com a voz embargada, Carter falou:

– Eu queria ter podido escrever: "Isso foi quando seu avô e eu trouxemos a paz ao Oriente Médio."

Os dois começaram a conversar num tom diferente. Begin estava mais na dele, até amigável, mas se mantinha firme na decisão. Pediu que Carter retirasse a carta lateral, mas Carter explicou de forma gentil, porém firme, que preferia deixar as negociações fracassarem a quebrar a promessa pessoal que havia feito a Sadat.

Enquanto se preparava para ir embora, Carter mencionou discretamente a Begin que havia reescrito a carta, citando apenas a posição americana "conforme declarada pelo embaixador Goldberg na assembleia do Conselho Geral das Nações Unidas de 14 de julho de 1967".[6] Não mencionou que posição era essa. Pediu que Begin a lesse outra vez, com a mente aberta.

Pensativo e decepcionado, Carter voltou para suas acomodações, onde contou a má notícia a Sadat. Em poucas horas, o mundo inteiro saberia do fracasso em Camp David, com todas as prováveis consequências, como novas guerras. Então o telefone tocou. Era Begin.

– Vou aceitar a carta que você redigiu sobre Jerusalém.[7]

Lembro-me como se fosse hoje de ter ouvido essa história diretamente de Jimmy Carter anos mais tarde, quando o acompanhava numa missão para ajudar a pôr fim às guerras civis que assolavam o Sudão e a Etiópia. Esse relato me tocou e me deu uma noção real de como mesmo negociações complexas de alto nível como essa podem se resumir a seres humanos lutando com sentimentos humanos e enxergando a humanidade uns nos outros.

A histórica assinatura dos Acordos de Camp David surpreendeu o mundo inteiro.

Era apenas um começo, claro. O conflito árabe-israelense estava longe de uma resolução. O acordo não atendia às necessidades legítimas do povo palestino. Poucos anos depois o próprio Sadat foi morto a tiros. Mas a paz forjada durante esses treze dias já dura mais de quarenta anos, atravessando revoluções, golpes de Estado e outras guerras na região. Contra todas as probabilidades, as negociações ocorridas em Camp David *transformaram* o confronto destrutivo em uma coexistência pacífica.

O conflito não terminou, mas a guerra, sim. E isso fez toda a diferença.

A dramática história de Camp David me influenciou desde o início da minha vida dedicada às negociações de conflitos. Demonstrando que mesmo as disputas aparentemente mais insolúveis podem ter um resultado transformador, os acordos confirmaram minha crença no potencial humano e cimentaram meu compromisso de me tornar um *possibilista* praticante.

CONSTRUA UMA PONTE DOURADA

Quando eu tinha 6 anos, minha família e eu viajamos da Europa para São Francisco de navio. Ao passar por baixo do enorme vão da ponte Golden Gate, observando de perto as torres gigantescas e os cabos extensos, fiquei maravilhado. Tínhamos nos mudado para uma casa não muito longe dali. Cruzei a ponte inúmeras vezes quando menino, de carro e às vezes a pé e de bicicleta. Passei a adorar a Golden Gate – é a imagem dela que muitas vezes me vem à mente em meu trabalho.

Construir uma ponte pode ser a metáfora mais comum para o processo de chegar a um acordo e promover um relacionamento entre adversários. Em conflitos insolúveis, como o egípcio-israelense, os lados são separados por um abismo cheio de insatisfações e desconfianças, necessidades não satisfeitas e inseguranças. Como construir uma ponte *tão longa*?

No conflito, nossa tendência é pressionar para defender nossa posição. Afinal, ela nos parece razoável. Mas o que o outro lado costuma fazer quando pressionamos? Pressionar de volta. O resultado é um impasse, como aconteceu nos primeiros dias em Camp David.

Como sair dessa armadilha? Há muito tempo vejo que negociadores bem-sucedidos fazem o oposto: em vez de pressionar, *atraem*. Em vez de dificultar para o outro lado, facilitam, tornam atraente dizer *sim* para a decisão que você quer que ele tome.

Em *A arte da guerra*,[8] um brilhante tratado sobre estratégia militar escrito há 2.500 anos, o general e filósofo chinês Sun Tzu enfatiza a importância de sempre deixar uma saída para o inimigo. Essa frase tem sido traduzida como "Construa uma ponte dourada para o seu oponente recuar". No meu livro *Supere o não*, escrito há décadas, reformulei esse princípio como "construa uma ponte dourada para a outra parte *atravessar*". Tenho ensinado esse preceito desde então.

Uma ponte dourada é uma forma convidativa para as partes atravessarem o abismo do conflito.

A história de Camp David contém uma lição importante para todos nós ao enfrentar os conflitos aparentemente insolúveis da atualidade. Embora o contexto seja diferente, as semelhanças são reveladoras. Assim como no passado, hoje o medo, a raiva e o orgulho influenciam a negociação. As partes estão entrincheiradas em posições ideológicas rígidas, recusando-se a ceder, como Begin, quando declarou que preferia perder o olho direito e a mão direita a mudar de posição. Parece que a única saída é recorrer a combates destrutivos.

Perante tais desafios, seria fácil diminuir nossas expectativas. Porém, ao transformar conflitos difíceis, a lição que aprendi é que devemos ser *audaciosos*. Se não atingimos o alvo, não é porque estamos mirando muito alto, e sim porque estamos mirando muito baixo. Precisamos melhorar nosso jogo. Precisamos construir não uma simples ponte, mas uma ponte *dourada*.

Para alcançar o sucesso, precisamos libertar *todo* o potencial que existe *entre* as partes. Uma ponte dourada é muito mais do que um mero compromisso. Em Camp David, os Estados Unidos poderiam se limitar a apresentar uma proposta de acordo que fosse um meio-termo entre as posições iniciais israelenses e egípcias, mas isso deixaria ambas as partes insatisfeitas. Uma ponte dourada é um resultado que atende às necessidades essenciais de todas as partes. Como ambas as partes ficaram satisfeitas, o acordo se revelou muito mais sustentável do que teria sido um acordo frágil.

Por mais contraintuitivo que possa parecer, minha experiência me mostra que muitas vezes uma ponte *dourada* é mais viável e robusta do que uma ponte comum.

Uma ponte dourada vai muito além de um clássico acordo ganha-ganha. O objetivo é *transformar o relacionamento*. Os acordos de Camp David não foram apenas resoluções para resolver uma disputa; provocaram uma transformação notável na relação entre Egito e Israel. Os adversários não se tornaram amigos íntimos – longe disso –, mas deixaram de ser inimigos mortais. Tornaram-se vizinhos pacíficos, cooperando para garantir a segurança mútua.

Quando o objetivo é mais audacioso, os meios para alcançá-lo também precisam ser. Isso me leva a uma lição importante deste livro. Tenho uma lembrança do momento em que passei pela primeira vez sob as duas enormes torres que sustentam a Golden Gate, uma em cada lado da ampla entrada da baía. Da mesma forma, *uma ponte dourada precisa ser sustentada por dois grandes pilares: o camarote e a terceira parte*. Esses três elementos estruturais são necessários para preencher o vão entre as partes.

Na história da paz entre Egito e Israel, o *camarote* era o retiro em Camp David, o mais longe possível do Oriente Médio. Quem teve a ideia de reunir os líderes nesse cenário cercado de natureza foi Rosalynn Carter.[9] Um mês antes, ela e Jimmy Carter haviam passado um fim de semana relaxante sozinhos em Camp David. Ela partilhava o sonho do marido de estabelecer a paz no Oriente Médio e sabia da frustração que ele sentia por não realizá-lo. Propôs ao marido que fizesse uma última tentativa. Sugeriu que um lugar simples, rústico e bucólico como Camp David – longe dos holofotes – proporcionaria a atmosfera certa na qual as partes poderiam chegar a um grande avanço. Estava certa.

Tão importante quanto o camarote era a *terceira parte*. Sem uma terceira parte determinada, qualificada e influente, como Jimmy Carter, muito provavelmente Sadat e Begin nunca teriam chegado a um acordo.

Eis a lição paradoxal que aprendi sobre como construir uma ponte que cruze um grande abismo: *se quiser facilitar, comece dificultando*. Busque um resultado audacioso e utilize meios igualmente audaciosos. Muitas vezes, somos capazes de realizar muito mais do que imaginamos ser possível. Não construa uma ponte qualquer; construa uma ponte *dourada*. Apoie a ponte no camarote e na terceira parte. É a sinergia dos três elementos que torna possível o que parece impossível.

DESBLOQUEIE O POTENCIAL *ENTRE* AS PARTES

Utilizando três poderes naturais, construímos uma ponte dourada. Cada poder é uma capacidade humana inata, algo que talvez já saibamos fazer, mas precisamos desenvolver e fortalecer.

O primeiro é o poder de *escutar* profundamente: ouvir o que querem aqueles que estão do outro lado. Saia do lugar onde está a *sua* mente e comece a conversa no lugar onde está a *deles*. Procure entender as necessidades do outro lado. Em Camp David, Carter e a sua equipe escutaram ambas as partes durante 13 dias para compreender suas necessidades mais profundas em termos de soberania e segurança. Quando você escuta, transmite respeito e gera confiança.

O segundo é o poder de *criar*: inventar opções que levem a ganhos mútuos. Após compreender as percepções e necessidades do outro, comece a conceber maneiras criativas de preencher a lacuna. Em Camp David, Carter e a sua equipe desenvolveram uma solução criativa e satisfatória para todos: uma Península do Sinai desmilitarizada.

O terceiro é o poder de *atrair*: facilitar o sim. Em geral, criar boas opções não basta para convencer as pessoas. Há obstáculos no caminho. Em Camp David, as partes chegaram a um duro impasse e estavam prestes a se retirar. Carter utilizou o procedimento de texto único para acabar com o impasse, simplificando o processo de tomada de decisão e aumentando a adesão das partes.

Os três poderes têm uma sequência lógica. O poder de *escutar* tem foco nas *pessoas*; produz um ambiente psicológico propício para *criar* opções, com foco no *problema*. O poder de *atrair* facilita que as partes aceitem as opções; concentra-se no *processo*. Após ativarmos um poder, continuamos a usá-lo. Escutamos, criamos e atraímos a todo momento, conforme necessário.

Os três poderes se combinam para transformar posições opostas inflexíveis em possibilidades criativas. Implementados em conjunto, os poderes nos permitem construir uma ponte dourada, que liberta todo o potencial *entre* as partes.

A ponte é a nossa *segunda* vitória no caminho para o possível.

CAPÍTULO 6

ESCUTE

Do seu lugar ao lugar do outro

Se pudéssemos ler a história secreta dos nossos inimigos, encontraríamos na vida de cada um tristeza e sofrimento suficientes para desarmar toda a hostilidade.
– Henry Wadsworth Longfellow[1]

– Péssimo dia, cara. Péssimo dia! – rosnou Dennis Rodman, falando comigo ao telefone.

– Quero lhe fazer umas perguntas sobre Kim Jong-un – expliquei. – Você é o único americano que parece conhecê-lo.

– O que exatamente você quer saber?

– Estou bastante preocupado com a situação com a Coreia do Norte. Acredito que a sua visão possa ajudar a evitar uma guerra catastrófica.

– Vou ver o que posso fazer – disse ele, num tom irritado, e desligou.

Eu suspirei. Tinha sido um longo dia, e comecei a me sentir como se estivesse me enfiando numa missão inútil. Um amigo de Rodman combinara de nos apresentar durante um jantar em sua casa, em Los Angeles. Eu tinha pegado um voo até lá para o tal jantar, mas Rodman não apareceu. Daí o telefonema.

Era maio de 2017. Como contei anteriormente, os Estados Unidos e a Coreia do Norte estavam em rota de colisão. O líder norte-coreano, Kim

Jong-un, estava testando mísseis nucleares com capacidade de atingir os Estados Unidos, e o presidente Donald Trump estava determinado a detê-lo.² Ninguém sabia como a crise terminaria. A pergunta que pairava no ar era: quem vai recuar? Especialistas afirmavam que a chance de guerra estava em torno de 50%.

Muito se sabia sobre Trump, mas Kim era quase um desconhecido, retratado na imprensa americana como "irracional", "implacável" e "paranoico". Navegando na internet em busca de pistas, semanas antes encontrei um detalhe tentador. Havia uma pessoa que conhecia Kim: o ex-jogador de basquete Dennis Rodman.

Estrela do Chicago Bulls campeão da NBA em meados da década de 1990, Rodman viajou quatro vezes à Coreia do Norte e iniciou uma amizade improvável com Kim, que se revelou um fã de basquete, torcedor dos Bulls quando criança.³ Apesar de ter sofrido fortes críticas e ser ridicularizado por parte da imprensa, Rodman parecia defender sua ligação com Kim.

Quais eram as intenções de Kim?, ponderei. O que ele realmente queria? O que seria necessário para que ele interrompesse o caminho perigoso que estava traçando? Pensei que, se tivesse a oportunidade de me encontrar com Rodman e *escutar* suas histórias sobre Kim, talvez tivesse acesso à mente do líder norte-coreano e conseguisse uma pista sobre como neutralizar essa crise nuclear.

O primeiro passo para construir uma ponte sobre o abismo do conflito é *escutar*.

A CORAGEM DE ESCUTAR

Escutar é o ato mais básico da conexão humana. Associamos negociações a conversas. Nossa tendência é pensar que um negociador eficaz fala com persuasão. Na minha experiência, porém, uma negociação eficaz tem muito mais a ver com escutar do que com falar. Negociadores competentes são ouvintes persuasivos. Ouvem mais do que falam.

Se eu tivesse que escolher uma habilidade humana essencial para construir uma ponte dourada, seria a *empatia* – a capacidade de deixar o *nosso lugar* por um momento e nos colocar no *lugar do outro*. Quando escutamos o outro lado, criamos empatia e compreendemos seus desejos e necessidades, seus sonhos e medos. Como é o mundo através dos olhos da outra pessoa? Qual é a sensação de ser ela? Se vivêssemos a vida dela, como agiríamos e reagiríamos? Nunca compreenderemos o outro em sua totalidade, mas sempre me surpreendo ao constatar como esse exercício é poderoso se utilizarmos a nossa capacidade inata de sentir empatia.

Muita gente confunde empatia com simpatia, mas são sentimentos diferentes. Simpatia significa "sentir *com*". Significa sentir pena da situação difícil pela qual a pessoa está passando, mas sem necessariamente compreendê-la. Empatia significa "sentir *de dentro*". Significa entender como é estar na situação do outro.

Se você não consegue sentir empatia real pela outra parte, uma alternativa é a *empatia estratégica*: compreender o outro para que você possa viabilizar seus próprios interesses.

Nos tempos polarizados em que vivemos hoje, às vezes a última coisa que temos vontade de fazer é ouvir pessoas de quem não gostamos e coisas que não queremos escutar. É preciso ter paciência e autocontrole para domar nossas reações naturais.

É possível que pessoas do seu lado queiram criticar você apenas por escutar a outra parte.

– Por que deveríamos escutá-los? – perguntam eles. – Eles não nos escutam!

Mas como esperar que *eles* nos escutem se *nós* não fazemos o mesmo? Alguém precisa dar o primeiro passo.

Escutar não é uma tarefa fácil, mas, pela minha experiência, pode fazer toda a diferença. Estamos tentando mudar a opinião dos outros, mas como podemos mudar a mente e o coração se não as conhecemos? Mesmo que você considere o outro um inimigo mortal, lembre-se de que a primeira regra da guerra é conhecer seu inimigo.

Quando Nelson Mandela estava na prisão, um dos primeiros assuntos que estudou foi o africâner, o idioma do seu inimigo.[4] Seus companheiros de prisão ficaram surpresos, e até chocados, mas ele estudou a língua e incentivou outros a fazerem o mesmo.

Mandela mergulhou na história do povo africâner e em seus traumas durante a Guerra dos Bôeres, quando milhares de seus filhos, mulheres e idosos foram presos em campos de concentração britânicos. Nesse processo, desenvolveu um profundo respeito pelo espírito de independência desse povo, sua devoção religiosa e sua coragem nas batalhas. Essa compreensão se revelou muito útil mais tarde, quando Mandela tentou persuadir seus adversários políticos a concordar com o fim do sistema cruel e injusto do apartheid.

Mais que tudo, hoje precisamos praticar uma *escuta corajosa*, da qual Mandela foi um exemplo. O ex-presidente da África do Sul demonstrou que escutar o outro tem o poder de mudar corações e mentes. Não existe prática mais importante no processo de transformar os conflitos destrutivos que ameaçam nossa família, nosso trabalho, nossa comunidade, nosso mundo.

Escutar o outro é a chave de ouro que abre a porta do relacionamento humano, e ela está à nossa disposição. Mas no dia a dia muitas vezes nos esquecemos de usar essa preciosa aptidão. Eu me lembro de como me sentia mal por praticar a escuta no trabalho, mas depois chegar em casa e ouvir minha filha dizer:

– Papai, você não está me *ouvindo*!

Era um lembrete valioso de que escutar o outro é uma prática para toda a vida.

Eu me propus a escutar Dennis Rodman. Com isso, esperava sondar a mente de Kim Jong-un.

ESCUTE O SONHO DO OUTRO

Não foi fácil chegar a Rodman. Quando percebi que ele era o único americano que conhecia Kim, perguntei aos meus amigos se alguém tinha ideia de como me aproximar dele. Um amigo conhecia alguém que conhecia Phil Jackson, ex-técnico do Chicago Bulls. Mas a tentativa não deu em nada.

Então, certo dia, durante uma caminhada pelas montanhas, lembrei que meu tio Burt, de 90 anos, morava em Chicago e tinha uma antiga parceria comercial com os Bulls. Liguei para Burt, e ele sugeriu que eu falasse com minha prima Karen, que certa vez conhecera um amigo de Rodman numa festa – um colecionador de moedas de Los Angeles. Com a ajuda de Karen, liguei para Dwight, expliquei meu pedido e a urgência da situação. Generosamente, ele concordou em ajudar.

– Às vezes Dennis vem a Los Angeles e fica na minha casa. Vai estar aqui no mês que vem. Por que não vem jantar com a gente?

Concordei na hora e comprei uma passagem para Los Angeles.

Quando cheguei à casa de Dwight – uma típica mansão hollywoodiana nas colinas, com portões de ferro –, Blanca, uma governanta gentil, me atendeu. Nem Dwight nem Dennis estavam lá. Dwight tinha inúmeros pôsteres de filmes da era do cinema mudo espalhados por quase todas as cadeiras e sofás, deixando pouco espaço para eu me sentar. Uma TV enorme estava ligada no noticiário.

Dwight apareceu meia hora depois com pizzas.

– Dennis não está aqui? Bem, ele não é a pessoa mais confiável do mundo. Vive indo a bares e muitas vezes só volta tarde.

Dwight ligou para Rodman para lembrá-lo de que tinha um convidado.

– Talvez ele volte, vamos ver – disse, num tom de incerteza.

Então, Dwight sumiu na casa. Depois de um tempo Blanca me perguntou:

– Por que não come a pizza?

– Não se preocupe. Vou esperar pelo Dwight.

– Ele prefere comer sozinho lá em cima.

– Ah...

Depois de um tempo, Blanca ligou para Dennis para lembrá-lo da visita e me colocou na linha. Foi quando falei com ele e ele desligou na minha cara.

Eu estava começando a me sentir num beco sem saída. Pensei em voltar ao hotel do aeroporto e antecipar meu voo de volta quando Dwight reapareceu de repente. Falei da conversa por telefone – ou falta de conversa – com Rodman. Ele disse:

– Por que não passa a noite aqui? Você pode ficar na casa de hóspedes, no quarto logo acima do dele. Às vezes ele volta às três ou quatro da manhã. Talvez consiga encontrá-lo e falar com ele.

Não parecia muito promissor, mas havia muito em jogo. Suspirei e aceitei a gentil oferta de Dwight. Liguei para o hotel, mudei o horário do voo e cancelei meus compromissos em casa no dia seguinte.

Tive dificuldade para dormir. Fiquei acordado, prestando atenção para saber se Rodman havia retornado, mas não ouvi nada. Por fim adormeci, e acordei por volta das seis da manhã com o som de um carro saindo.

– Droga, perdi minha chance.

Porém, quando entrei na casa principal, Blanca disse:

– Era o Dwight indo embora. O senhor está com sorte. Dennis deve ter voltado para cá ontem à noite, porque o carro dele está aqui. O problema é que costuma dormir dois ou três dias seguidos.

Enquanto eu digeria a informação, Blanca viu a decepção no meu rosto e perguntou:

– O senhor quer que eu o acorde?

Hesitei, lembrei-me da conversa irritada da noite anterior, mas pensei em tudo que estava em jogo.

– Acho que quero, sim. Obrigado.

Ela saiu e voltou minutos depois.

– Ele disse que já está vindo.

Em seguida, Blanca saiu para uma consulta médica. Fiquei sozinho, esperando.

Quarenta e cinco minutos depois, a porta da frente se abriu. Dennis Rodman entrou com seus dois metros de altura, braços e pernas cobertos de tatuagens, argolas nas orelhas e no nariz, repetindo a frase da conversa telefônica da noite anterior:

– Péssimo dia, cara.

– Eu sei. Desculpe incomodá-lo assim, mas há muita coisa em jogo. Se quisermos evitar uma guerra nuclear, é fundamental compreendermos Kim. Você é o único que parece conhecê-lo. Eu adoraria ouvir seus insights sobre ele.

Rodman pegou uma garrafa de água na geladeira, e nos sentamos à beira da piscina.

Ele começou a descrever sua primeira visita à Coreia do Norte. Contou como ficou surpreso ao encontrar Kim, de repente, sentado ao seu lado, durante uma partida de basquete, e como eles saíram para jantar naquela noite e depois para beber. Foi assim que eles se aproximaram.

– Certo dia, Kim me levou à casa dele, eu segurei a filha dele no colo – disse Rodman, com emoção na voz.

Rodman prometeu que voltaria à Coreia do Norte para o aniversário de Kim e levaria alguns astros do basquete. Quando Rodman cumpriu sua promessa, Kim disse: "Você é a única pessoa que cumpriu uma promessa feita a mim. Você é um amigo para toda a vida."

– Ninguém vai acreditar no que estou dizendo, mas Kim me contou que não quer guerra – disse Rodman. – Acho que ele fala sério quando afirma que quer paz.

Fiquei impressionado com a convicção de Rodman. Ele continuou:

– Uma vez ele me contou que tinha um grande sonho: caminhar pela Quinta Avenida e ir ao Madison Square Garden assistir a uma partida entre Bulls e Knicks, sentado ao lado da quadra comigo. Você acredita nisso?

Aquela pequena pepita de ouro sobre o sonho de Kim fez toda a viagem a Los Angeles valer a pena. Um sininho tocou em minha mente, como o que ouvi quando Abilio Diniz me contou sobre seu sonho de liberdade. Eu tive um breve vislumbre do ser humano por trás da caricatura, da criança torcedora do Chicago Bulls. Usando a imaginação, me perguntei o que seria necessário para realizar o sonho de Kim.

Por que não descobrir? Tendo em vista que as possibilidades negativas eram tão sombrias, precisávamos nos apegar a qualquer fio de possibilidade positiva. As conversas de Rodman com Kim me fizeram enxergar uma pequena possibilidade de o líder norte-coreano estar aberto a dialogar com os Estados Unidos e o Ocidente. Se ele e Trump conseguissem se encontrar – o que parecia quase impossível na época –, talvez, apenas talvez, a crise imediata perdesse força e a guerra nuclear fosse evitada.

Enquanto escutava Rodman, pensei numa possível explicação para ele ter desenvolvido uma conexão tão grande com Kim: ambos pareciam compartilhar o mesmo sentimento de "eu contra o mundo". Pareciam se sentir incompreendidos, subestimados, estigmatizados e tratados como estranhos. Eram rebeldes que queriam provar que seus detratores estavam errados.

Até onde eu sabia, Donald Trump compartilhava algumas dessas características de personalidade. Assim como Kim e Rodman, adorava provar que o mundo estava errado. Psicologicamente os três se pareciam.

Ouvir Dennis Rodman me encorajou a trabalhar os dois anos seguintes no conflito com a Coreia do Norte. Meses depois da conversa, numa reunião com um dos principais especialistas da Casa Branca, perguntei se alguém do governo alguma vez tinha falado com Rodman, o único americano que conheceu Kim. A resposta foi não. Ele não era considerado uma pessoa séria, embora eu tivesse achado nossa conversa reveladora e elucidativa do ponto de vista psicológico.

Donald Trump e Kim Jong-un trocaram insultos diversas vezes ao longo do segundo semestre de 2017. Trump apelidou Kim de "Pequeno Homem-Foguete" e ameaçou a Coreia do Norte com "fogo e fúria como o mundo nunca viu".[5] Em troca, Kim declarou: "E eu usarei fogo para domar esse americano senil e mentalmente perturbado."[6] Mas, para surpresa de quase todos – exceto talvez Dennis Rodman –, os dois adversários se tornaram amigos um ano mais tarde, no seu primeiro e histórico encontro em Singapura.

As três reuniões de cúpula entre os líderes não resultaram num acordo de paz, mas mudaram a psicologia do conflito.[7] Embora estivesse longe de ser *resolvido*, o conflito foi *transformado*. O risco de guerra nuclear diminuiu drasticamente, de cerca de 50%, segundo a opinião de especialistas, para menos de 1%. Passei a dormir à noite com mais tranquilidade.

Minha experiência com Dennis Rodman me lembrou do valor da persistência na busca por compreender as necessidades e os sonhos do outro. Quem poderia ter previsto a amizade improvável que surgiu entre Trump e Kim? Trump foi ridicularizado quando falou sobre as "cartas de amor" que recebeu de seu novo amigo Kim.[8] Mas graças à conversa que tive com Rodman, para mim elas até que faziam certo sentido do ponto de vista psicológico.

Esse tipo de escuta é um pouco como um trabalho de detetive. Queremos chegar ao fundo da história. Continue cavando e escutando até encontrar o ouro – os sonhos e medos do outro. É assim que você começa a construir a ponte *dourada*.

ESCUTE PARA SE CONECTAR

No conflito, é natural começarmos pela *nossa* mente, pela *nossa* posição, pelo que *nós* achamos que é certo. Praticar a escuta profunda é sair de onde nossa mente está e iniciar a conversa onde está a *do outro*. É escutar o outro estando dentro do quadro de referência *do outro*, não só do nosso.

Na escuta profunda, ouvimos não só o que está sendo dito, mas também o que *não* está sendo dito. Ouvimos não só as palavras, mas também o que está por *trás* delas. Ouvimos os sentimentos e as percepções do outro.

Ouvimos seus desejos e necessidades, medos e sonhos. Estamos genuinamente curiosos para saber. *Queremos nos conectar.*

Aprendi essa lição a duras penas durante meu primeiro encontro com o presidente venezuelano Hugo Chávez, oito meses antes da tumultuada conversa à meia-noite que descrevi anteriormente.

Era março de 2003. Havia um medo generalizado de guerra civil na Venezuela. O ex-presidente Jimmy Carter pediu que eu me reunisse com Chávez para explorar formas de evitar a violência. Eu estava ansioso para não perder a preciosa oportunidade de influenciar o líder venezuelano. Disse a mim mesmo que talvez só tivesse uma chance e que provavelmente teria apenas alguns minutos do tempo dele. Qual seria o melhor aconselhamento que eu poderia oferecer? Comecei a pensar muito e a ensaiar o que diria.

Uma semana antes da reunião, eu estava visitando a floresta amazônica, no interior do Brasil, quando ouvi alguém cantar uma música antiga com um verso que me atingiu como um raio:

"Não dê conselhos a quem não quer ouvir."

Quanto mais eu refletia sobre aquela sabedoria indígena, mais ela ressoava em mim: só ofereça conselhos se o outro pedir. Deixe sua pauta de lado e entre na reunião pronto para escutar. Esteja presente e escute com atenção, para descobrir onde estão a mente e o coração de Chávez. Escute as possibilidades que podem surgir apenas no momento. Aceite o risco de perder a única chance que teria de transmitir ideias pré-elaboradas.

Deixar a pauta de lado não significava *não* me preparar. Na verdade, era o oposto. Para estar atento a todas as possibilidades do momento, precisei pesquisar sobre Chávez. Li muito a respeito do líder venezuelano, mergulhei em seus discursos para aprender com sua história de vida, buscando identificar suas motivações e sonhos. Compreender Chávez tanto quanto possível me ajudaria a encontrá-lo no local onde estava a mente dele.

Na manhã do encontro, reservei um momento para me sentar no jardim da pousada onde estava hospedado. A beleza natural do lugar acalmou minha mente ansiosa com sua tagarelice incessante.

Uma hora depois, quando meu táxi se aproximava dos portões do palácio presidencial, manifestantes bloquearam a passagem e bateram com força no capô. Tomei um susto. A raiva e o medo dominavam a multidão, mas, depois de algum tempo, o táxi foi liberado.

Entrei no palácio com Francisco Diez – meu amigo e colega do Carter Center –, e chegamos a um corredor com uma longa fila de peticionários, cidadãos à espera de um momento com *el presidente*. Parecia que nossa reunião seria apenas uma rápida visita de cortesia, que terminaria antes de começar. Enquanto Francisco e eu esperávamos, fiz mais uma pausa para desanuviar a mente. Queria estar pronto para praticar a escuta profunda e me concentrar ao máximo para aproveitar o momento.

Após uma espera de cerca de uma hora, Francisco e eu fomos conduzidos a uma ampla sala de estar ornamentada, onde o presidente estava recebendo os visitantes. Ele nos cumprimentou com um grande sorriso e um aperto de mão firme, nos indicou as poltronas a seu lado e me encarou com expectativa.

– O presidente Carter mandou cumprimentos calorosos – falei.

– *Gracias*. Por favor, transmita os meus para ele.

– Eu o farei, com todo o prazer.

Fiz uma pausa e olhei para ele.

– Pelo que sei, nós dois temos filhas de cinco anos.

– Ah, sim, Rosinés. – Ele sorriu ao dizer o nome dela. – Qual o nome da sua filha?

– Gabriela. Nós a chamamos de Gabi. Elas são uma enorme alegria nessa idade, não acha?

– *Sí* – concordou ele. – Uma grande alegria.

– Quando entrei – prossegui –, vi muitas pinturas de Simón Bolívar. Estou lendo uma excelente biografia sobre ele. Que líder visionário e corajoso!

Chávez se animou. Eu tinha lido a respeito dele e sabia que seu ídolo era o grande libertador das colônias espanholas na América Latina no século XIX, o líder que ele mais mencionava com admiração. Senti que o sonho de Chávez era ser um Bolívar moderno.

– Minha pintura favorita dele é esta aqui! – exclamou ele, animado, enquanto apontava para o retrato gigante de Bolívar olhando para nós. – Sabia que é *por ele* que estou aqui? Em 1992, quando eu era coronel, recebi ordens de usar força total para esmagar os protestos do povo contra o aumento dos preços dos alimentos. Mas Simón Bolívar tinha advertido: "Nunca abra fogo contra o seu próprio povo." Então, organizei uma revolta e acabei preso. E quando fui libertado por demanda popular, concorri à presidência.

Chávez começou a me contar histórias de sua vida militar, as repreensões que recebeu no quartel por ler livros sobre economia e política, o tempo que passou na prisão e a campanha para a presidência. Quase uma hora se passou.

Quando ele terminou a história, finalmente se virou para mim e me perguntou com curiosidade:

– E então, professor Ury? O que acha do nosso conflito aqui na Venezuela?

Foi a minha deixa. Eu *só* ofereceria conselhos se solicitado.

– *Señor* presidente, eu trabalhei como terceira parte em muitas guerras civis. Quando o derramamento de sangue começa, é difícil estancá-lo. Acredito que, como líder deste país, o senhor tem uma grande oportunidade. Talvez *só o senhor* possa evitar uma guerra civil antes que ela aconteça.

– Como eu faria isso?

– Que tal iniciar um diálogo com a oposição?

– *Conversar* com eles? – perguntou ele num tom de voz estridente, o rosto vermelho, os olhos brilhando com uma raiva visível. – Eles são traidores, tentaram armar um golpe contra mim e me matar há menos de um ano, aqui mesmo nesta sala!

Ele apontou para o canto da sala onde havia sido detido. Fiz uma pausa e respirei fundo, sem saber bem como responder. Em vez de tentar convencê-lo, refleti sobre o que tinha ouvido.

– Entendo perfeitamente. Se não é possível confiar neles, do que adianta conversar?

– Exato!

Então, uma ideia começou a se formar em minha mente.

– Se o senhor não confia nem um pouco neles, permita-me perguntar: existe alguma atitude que eles poderiam tomar agora que serviria como um sinal confiável de que estariam prontos para mudar?

– *Señales*? (sinais) – repetiu ele, enquanto fazia uma pausa para refletir sobre a pergunta inesperada.

– *Sí* – respondi, assentindo.

– Bem, para começar, eles poderiam parar de me chamar de *mono* (macaco) em suas emissoras de TV.

Ele deu uma risada amarga e fez uma careta ao pronunciar a palavra *mono*. Claramente a interpretava como uma alusão racista à sua ascendência indígena.

Fiquei com as orelhas em pé. Tinha visto em outros lugares que o sentimento de humilhação aumenta bem as chances de escalada da violência.

– Isso é totalmente inaceitável – comentei. – Eles têm que parar, é claro. Existe outro sinal que eles possam enviar?

– Eles poderiam parar de colocar generais fardados na TV pedindo a derrubada do governo. Isso é traição!

Chávez começou a gostar da ideia dos sinais. Ao fim da conversa, designou o ministro do Interior, que estava sentado na sala, para trabalhar comigo e com Francisco no desenvolvimento de uma lista de ações práticas que cada parte poderia executar para estabelecer confiança e diminuir a intensidade da crise. Pediu que voltássemos no dia seguinte e relatássemos nosso progresso.

Uma janela de possibilidades se abrira inesperadamente.

Ao me despedir do presidente, olhei para o relógio. Duas horas e meia haviam se passado. Estou convencido de que se tivesse seguido minha ideia inicial de começar a reunião apresentando minhas recomendações, ele a teria interrompido em minutos. Em vez disso, como primeiro eu o ouvi para formar uma *conexão* com ele, a reunião acabou sendo produtiva e se tornou a primeira de muitas. Desenvolvemos um relacionamento. A aposta valera a pena.

Tempos depois, o presidente Carter me telefonou para relatar que Chávez havia adorado a nossa reunião. Carter estava surpreso – assim como eu. Afinal, eu era um *yanqui*, e Chávez era conhecido por ter um pé atrás com estadunidenses. Eu era um acadêmico sem qualquer poder, e ele era um poderoso líder político. Era uma conexão improvável.

Foi uma grande lição para mim. Antes da reunião, cometi o erro muito comum de me concentrar no que poderia *dizer* a ele, e não em como poderia *escutá-lo*. Essa é a armadilha do conflito na qual caímos com frequência, sobretudo na atualidade.

A sabedoria da canção amazônica me lembrou de como é inútil aconselhar quem não quer ouvir. Isso não é assumir uma postura passiva – pelo contrário, eu teria que trabalhar para preparar a outra pessoa para *querer* receber meu aconselhamento. Para fazer Chávez me escutar, eu teria que começar escutando o que ele tinha a dizer.

Talvez mais do que qualquer outra, essa experiência me ensinou a correr riscos e a abrir mão da minha pauta preconcebida, por mais difícil que seja. Com ela, aprendi que só assim poderia esperar algum grande avanço.

ABANDONE SEUS PRECONCEITOS

Uma das maiores barreiras que nos impedem de compreender o outro lado são os nossos preconceitos. Em situações de conflito nos sentimos ameaçados e naturalmente adotamos uma postura defensiva. Nosso pensamento torna-se limitado, e caímos em estereótipos. Julgamos o outro.

Para nos colocar no lugar do outro, precisamos deixar de lado nosso julgamento e nos libertar de ideias preconcebidas. Mesmo sendo um mediador experiente, essa é uma lição que preciso aprender o tempo todo.

Em 2012, comecei a trabalhar na guerra civil síria com meu colega David Lesch, um ilustre historiador americano especialista na política do Oriente Médio. Ele havia escrito uma biografia abrangente do presidente sírio, Bashar al-Assad. A guerra já durava um ano, e David estava se lamentando comigo sobre a total ausência de diálogo entre as partes beligerantes. Elas não tinham praticamente nenhuma ideia sobre como o outro lado enxergava a situação e nem sobre o que todos de fato queriam. David havia tentado organizar um diálogo informal e confidencial entre as partes, mas o medo, a suspeita e a animosidade atrapalharam.

Então, propus a ele um exercício de escuta *indireta*. Ele e eu – e outros colegas – ouviríamos líderes bem informados e bem relacionados de ambos os lados do conflito. Faríamos a eles as mesmas perguntas: por que o conflito havia começado? Quais eram suas preocupações e medos? Quais eram seus sonhos e aspirações para o futuro? Recolheríamos as respostas e transmitiríamos aos líderes o que havíamos aprendido. Sabíamos que o exercício não substituiria o diálogo direto entre as partes, mas nossa expectativa era a de aumentar a compreensão mútua, como um prelúdio para futuras negociações.

Como parte do exercício, David, seus colegas e eu nos reunimos durante uma semana, pouco antes do Natal de 2012, nos arredores da cidade turca de Gaziantep, a poucos quilômetros da fronteira com a Síria.⁹ A guerra estava em curso, com milhares de pessoas morrendo e milhões de refugiados fugindo em todas as direções.

Tínhamos combinado de entrevistar alguns comandantes rebeldes sírios e líderes políticos da oposição. Eles literalmente saíam do conflito para serem entrevistados e, em seguida, voltavam para aquele inferno. A atmosfera estava pesada com a perda diária de vidas. Um comandante rebelde com quem falamos tinha acabado de perder a mulher e os filhos. Senti um aperto no peito e um peso no estômago enquanto ouvia os relatos de derramamento de sangue e violência.

No último dia, nosso entrevistado era um homem corpulento e barbudo de quase 30 anos. Comandante de mais de três mil homens, ele nos foi apresentado como um jihadista salafista.

Enquanto me lembrava da tragédia e do trauma causados pelos ataques do 11 de Setembro, observei meus próprios estereótipos entrando em ação. Ao olhar para ele, decidi me desviar das perguntas-padrão e tentar uma abordagem mais pessoal, para ir além da superfície:

– Qual era a sua ocupação antes da guerra?

– Eu era universitário.

– Ah. Estudava o quê?

– Poesia.

– Poesia? – repeti, surpreso.

– Sim, poesia. Venho de uma família de poetas. Na verdade, já ganhei um concurso nacional de poesia.

Ele recitou, meio que cantarolando, alguns versos de poesia em árabe clássico. Parecia linda, e fiquei emocionado.

– E como você acabou lutando nessa guerra?

– Quando eu tinha 16 anos, escrevi um poema que fazia a referência à situação política daqui. As autoridades descobriram e me levaram para ser interrogado. Na prisão, fui torturado.

– Torturado? – repeti, em choque.

– Sim. Fui torturado três vezes. No ano passado, quando a revolução começou, ela era pacífica. Mas então as forças de segurança abriram fogo, e vi meus amigos e colegas manifestantes serem mortos diante dos meus olhos. Não tive escolha senão me juntar aos rebeldes.

Não pude deixar de sentir uma instintiva onda de empatia.

– Entendo. Se me permite, gostaria de lhe fazer outra pergunta. Estou curioso sobre o seu sonho pessoal. Depois da guerra, o que você gostaria de fazer?

– Bem, provavelmente não vou sobreviver. Mas, se isso acontecer, conheci uma moça no Egito e gostaria de me casar com ela e constituir família. É o meu sonho.

Ele falou isso com um brilho nos olhos. Em seguida, conversamos sobre seus medos e esperanças.

– Com o que você mais se preocupa quando pensa no futuro do seu país?

Imaginei que ele citaria seus inimigos políticos – dentro e fora do país. Em vez disso, ele respondeu:

– O que mais me preocupa são os extremistas.

Fiquei surpreso. Eu o considerava um deles.

– Por quê? – indaguei.

– Eu sou a favor da lei da Sharia, claro, mas sou contra a imposição pela força. Fico preocupado porque o inimigo quer impor a lei pela força. Isso realmente dividiria o nosso país.

Por fim, perguntei:

– Diga-me, há alguma mensagem pessoal que você gostaria que levássemos às pessoas do Ocidente?

Ele parou por um momento.

– Sim. Quando as pessoas assistem às notícias da Síria na TV, nos enxergam como números. Peço que eles imaginem o próprio filho ou a própria esposa como um desses números. Cada um de nós tem uma vida e uma alma. Todos nós temos almas. Diga isso a eles.

Por um momento fiquei sem palavras, me sentindo pequeno. As noções negativas preconcebidas que eu havia levado para a conversa se dissolveram. Ao ouvir com curiosidade e empatia, saí do meu lugar e me coloquei no dele. Isso não significava concordar com seus pontos de vista; significava entendê-lo como ser humano.

Será que se eu tivesse nascido no lugar dele e estivesse na mesma situação angustiante, teria seguido o caminho que ele seguiu? Quem poderia dizer, com honestidade?

Na despedida, o jovem comandante disse algo revelador:

– Sabe, outros ocidentais... jornalistas e diplomatas... vieram falar conosco. Mas vocês foram os primeiros que realmente nos *escutaram*.

Foi uma lição importante para mim, sublinhando a importância de abandonar meus preconceitos para ouvir de verdade. É difícil fazer isso em situações de conflito, mas uma postura de curiosidade e mente aberta ajuda. Nessa conversa improvável, a cada pergunta que fazia e resposta que recebia, eu compreendia melhor aquele rapaz, e minha empatia se aprofundava.

Lembrei-me de um velho ditado: a maior distância do mundo é a distância entre a cabeça e o coração. Isso não significa abrir mão da racionalidade. Significa usar a cabeça e o coração para explorar todo o nosso potencial.

OUVIR É RESPEITAR

Às vezes eu faço a seguinte pergunta às pessoas em situação de conflito:
– Você se lembra de um momento em que alguém importante para você não *escutou* o que você disse? Como você se sentiu?

Ouço respostas como:
– Desrespeitado.
– Invisível.
– Zangado.
– Diminuído.
– Sem confiança.
– Excluído.
– Agora, lembre-se de um momento em que você se sentiu verdadeiramente ouvido. Como se sentiu?

As pessoas respondem:
– Valorizado.
– Tive uma sensação de pertencimento.
– Incluído.
– *Respeitado*.

Na minha experiência com conflitos, há muito percebi que a concessão mais barata que podemos fazer, aquela que custa menos e rende mais, é escutar e, com isso, fazer o outro se sentir respeitado.

Em conflitos, muitas vezes a última coisa que temos vontade de oferecer é o respeito. Sentimos que o outro lado não merece. Mas lembre-se: *respeito humano básico não significa aprovar o comportamento do outro nem gostar dele.*

No sentido que uso aqui, respeito não é algo que se conquista com bom comportamento. Todo ser humano merece respeito pelo simples fato de ser um humano. Mesmo guerreiros inimigos, em circunstâncias extremas, são capazes de demonstrar esse tipo de respeito humano básico.

Esse respeito não vem da fraqueza ou da insegurança, e sim da força e da confiança. O respeito pela outra pessoa nasce do respeito por si próprio. Você respeita o outro não por quem *ele* é, mas por quem *você* é.

Respeitar é dar valor ao outro como ser humano e prestar atenção positiva nele. A palavra *respeito* vem do latim: *re* significa "de novo" (como em "*refazer*"), e *spectare* significa "olhar" (como em "*espectador*"). Significa olhar de novo – reconhecer o ser humano por trás do mau comportamento.

Respeitar é tratar o outro com a mesma dignidade com que gostaríamos de ser tratados. A dignidade é um direito inato de todo ser humano. Quando respeitamos o outro, honramos a mesma humanidade que existe dentro de nós. A dignidade, nesse sentido, é indivisível.

Certa vez, quando eu estava mediando uma conferência num momento acirrado do conflito venezuelano, o padre Luís Ugalde, reitor da Universidade Católica Andrés Bello, interveio para fazer uma declaração clara e poderosa:

– Vamos começar esclarecendo três coisas.[10] *Primeiro, o outro existe. Segundo, o outro tem interesses. Terceiro, o outro tem poder.*

Essa intervenção acertou em cheio porque a falta de respeito de lado a lado era um grande obstáculo ao progresso no conflito. Os três pontos do reitor são um bom lembrete nestes dias de conflitos polarizados.

A maneira mais simples de demonstrar o respeito humano básico é escutar o outro.

COMECE ESCUTANDO A SI MESMO

Nem sempre é fácil escutar.

Em conflitos acalorados, é natural que a nossa mente se agite com pensamentos e emoções como medo e raiva. Temos pouco espaço mental ou emocional para escutar e entender o que o outro está dizendo. Quando somos confrontados com ataques e ameaças, reagimos sem pensar e passamos a nos defender e culpar o outro. Muitas vezes, por mais que queiramos escutar, não conseguimos.

Descobri que o segredo para escutar bem o *outro é me* escutar primeiro. É começar indo ao camarote. Se eu não consigo fazer uma *pausa* e me ajudar, como vou encontrar a capacidade de escutar o outro? Se não *focar* no que *eu* realmente quero, como vou escutar o que *o outro* realmente quer? Se eu não *recuar* para ver o panorama geral, que incentivo terei para escutar? *O camarote é um pré-requisito para a ponte.*

Quando eu estava começando a escrever este capítulo, quis o destino que surgisse um sério conflito entre mim e minha filha, Gabi. O problema começou quando eu prometi fazer uma viagem com ela, mas precisei adiá-la diversas vezes por conta da pandemia de Covid. Quando a viagem foi remarcada, percebi que não poderia ir e tentei explicar o porquê. Mas o que eu via como uma razão compreensível Gabi via como uma promessa quebrada. Ela se sentiu extremamente magoada e parou de falar comigo.

Eu também fiquei magoado; era como se houvesse um buraco no meu coração. Gabi morava longe, então escrevi várias vezes pedindo desculpas e tentando fazer as pazes, mas ela achou que minha iniciativa era insuficiente e a rejeitou. O conselho profissional que recebi foi dar um tempo, mas percebi que a distância emocional entre nós só aumentava. Fiquei profundamente triste e me senti travado.

Olhando para esse episódio doloroso, vejo que na época não escutei verdadeiramente a minha filha – seus sentimentos e percepções. *Achei* que estava escutando, mas agora percebo que foi mais com a cabeça do que com o coração. Eu estava protegendo meus próprios sentimentos, em vez de escutar os dela.

Antes de conseguir escutar minha filha, primeiro eu precisava escutar a mim mesmo e ver onde não estava totalmente presente. Precisava fazer uma pausa e ir ao camarote. Para entender os sentimentos dela, eu precisava estar mais consciente dos meus próprios padrões psicológicos. Em vez de culpá-la pelo problema, eu precisava assumir total responsabilidade. Tive que abandonar o impulso de querer estar certo. Tive que demonstrar mais humildade e vulnerabilidade.

Escutar a mim mesmo me ajudou a escutar Gabi. Eu achava que a compreendia, mas, ao reler as mensagens que ela me enviou, descobri que minha compreensão era incompleta e superficial. Tive que me colocar no lugar dela. Mesmo que meu ponto de vista me parecesse válido, eu precisava começar pelo lado dela.

Decidi mandar uma mensagem de áudio a Gabi, para que ela ouvisse minha voz. Ponto a ponto, comecei a validar cuidadosamente o que ela vinha dizendo. Assumi total responsabilidade pelo problema, me desculpei com toda a humildade e pedi perdão a ela. Ela respondeu. Nós nos encontramos na semana seguinte e passamos o dia juntos. Um dia inteiro, só nós dois, escutando um ao outro e respondendo a todas as perguntas. Nosso relacionamento começou a se recuperar.

Foi uma grande lição de humildade para mim. Mostrou-me, mais uma vez, como é difícil praticar a verdadeira escuta. Por mais difícil que seja meu trabalho de mediação em guerras e batalhas políticas, para mim os conflitos mais desafiadores são aqueles dentro da família. A escuta é mais gratificante quando cura uma ferida de alguém que você ama.

O simples poder da escuta – profunda, de coração aberto, com curiosidade, empatia e respeito – é a chave para escapar da armadilha do conflito e abrir possibilidades criativas.

CAPÍTULO 7

CRIE

De "ou isto ou aquilo" para "tanto este quanto aquele"

> *Nunca devemos nos permitir ser intimidados por ter que escolher "ou isto ou aquilo". Muitas vezes, existe a possibilidade de escolher algo melhor que as duas alternativas apresentadas.*
> – MARY PARKER FOLLETT[1]

– O que será preciso para convencer esses guerrilheiros, que lutam há cinquenta anos, a depor suas armas?

Esse foi o gigantesco desafio que o presidente colombiano Juan Manuel Santos lançou à pequena equipe de negociadores de paz e conselheiros que ele próprio havia montado para iniciar as conversas exploratórias secretas com as Forças Armadas Revolucionárias da Colômbia (FARC) em fevereiro de 2012.[2]

Para ajudar a si mesmo e a equipe de negociação, Santos reuniu um grupo incomum de assessores internacionais.

Durante 14 anos Jonathan Powell servira como chefe de gabinete do primeiro-ministro britânico Tony Blair. Jonathan tinha sido o principal negociador na Irlanda do Norte, ajudando a pôr fim a uma guerra de trinta anos.

Shlomo Ben-Ami tinha sido ministro das Relações Exteriores de Israel e negociado com os palestinos durante o processo de paz de Oslo, que havia se mostrado muito promissor no início, mas fracassara.

Joaquín Villalobos servira como comandante da FMLN, grupo guerrilheiro de El Salvador, durante vinte anos. Foi o principal negociador do acordo de paz que pôs fim a uma longa guerra civil que havia destruído o país.

Dudley Ankerson era um ex-oficial britânico especialista em política e segurança na América Latina.

Em todos os meus anos de atividade eu nunca havia trabalhado numa equipe como aquela. Cada indivíduo trazia diferentes pontos fortes e experiências práticas de nível mundial para uma "missão impossível" como a guerra civil colombiana. Eu me senti honrado e prestigiado por trabalhar com eles. Foi como ser convidado para me juntar aos Vingadores.

Não havia conflito no mundo que parecesse mais insolúvel do que a guerra civil que assolava a Colômbia havia quase meio século. Poucas pessoas se lembravam de como era viver em paz. Nesses cinquenta anos, a guerra havia ceifado 450 mil vidas e produzido 8 milhões de vítimas.[3]

O maior grupo guerrilheiro colombiano, as FARC, era guarnecido por um suprimento infinito de fundos provenientes do tráfico de drogas e de sequestros. Os combatentes e seus líderes se refugiavam na selva durante a década de 1960, e a mentalidade do grupo quase não havia mudado desde então. Nos cinquenta anos que se seguiram, houve muitas tentativas fracassadas de negociação. A mais recente ocorrera uma década antes, mas ruíra de forma desastrosa.[4] Com isso, o governo e o presidente foram humilhados aos olhos do público.

Desde então, os guerrilheiros foram oficialmente rotulados como um grupo terrorista. Negociar com o grupo parecia uma tarefa inútil e um provável suicídio político para qualquer líder que tentasse fazê-lo.

Mas Santos, o novo presidente e ex-ministro da Defesa, queria tentar o que parecia impossível. Que maior legado ele deixaria para seu país do que a paz, por mais impossível que ela parecesse? Duas décadas antes, ele havia passado um ano em Harvard, onde fora professor assistente no workshop de negociação de Roger Fisher. Havia aprendido sobre as possibilidades criativas que a negociação é capaz de oferecer.

A pedido do presidente Santos, em junho de 2011 peguei um voo para Bogotá. O plano era ter ideias de negociação em uma única reunião. Conversando com Santos no palácio presidencial, fiquei impressionado com seu profundo comprometimento. Com base em meu trabalho em outros locais, tive uma boa noção de como seria difícil transformar um conflito tão complexo e enraizado. Mas Santos parecia disposto a investir a boa vontade política de que gozava – e a credibilidade que construíra como ministro da Defesa –, arriscando tudo para tentar alcançar a paz. O sofrimento sem sentido me comoveu, e me senti inspirado pela possibilidade de acabar com ele, por menor que ela fosse. Quando o presidente me pediu ajuda, respondi *sim* na mesma hora.

Mal sabia eu que viajaria para a Colômbia 25 vezes nos sete anos seguintes. Pelas minhas experiências anteriores com conflitos espinhosos e insolúveis como esse, eu tinha uma certeza: qualquer resultado sustentável não poderia vir de *ou isto ou aquilo*. Ou isto ou aquilo significava *ou* uma vitória unilateral para um lado *ou* uma vitória unilateral para o outro. Tínhamos que procurar uma saída *tanto este quanto aquele*: um resultado que *ambos* os lados considerassem um avanço, ou até uma verdadeira vitória. Precisava ser uma vitória compartilhada por todos os colombianos. E, para enfrentar esse desafio, precisaríamos libertar nosso poder natural de criar.

CRIAR É HUMANO

A criatividade é uma capacidade humana inata. Toda criança nasce com ela. Devemos quase todas as conquistas humanas – da ciência à arte e à música – ao desenvolvimento prático da nossa inteligência criativa, tanto individual como coletiva.

Criar significa *gerar opções concretas que atendam aos interesses das partes*. O ato de criatividade transforma um dilema *ou-ou* em um resultado *tanto este quanto aquele*. Nas minhas aulas, gosto de apresentar aos alunos um desafio simples:

– Imagine o seguinte cenário cotidiano: certa manhã, um funcionário entra no seu escritório e pede um aumento. Você diz a ele que lamenta, mas não há dinheiro no orçamento. Ele sai do escritório visivelmente desapontado. Você começa a se preocupar porque ele é muito bom e pode ficar desmotivado e procurar outro emprego. O desafio é: quero que vocês imaginem quais possíveis *interesses* o funcionário pode ter para querer o aumento, além de apenas dinheiro. Se o aumento é a posição dele, quais são as possíveis motivações por trás dela?

As ideias vão chegando:
- Reconhecimento.
- Desejo de progredir na carreira.
- Autoconfiança.
- Desigualdade em relação a colegas com o mesmo cargo.
- Mais responsabilidades.
- Aumento do custo de vida.
- Mensalidade da escola dos filhos.
- Ajudar os pais idosos.
- Casamento.
- Divórcio.

– Excelente – digo aos participantes. – Agora quero que vocês usem a criatividade para gerar uma lista de pelo menos dez *opções* concretas. Um aumento é apenas uma opção. Dado que não há dinheiro no orçamento, o que mais vocês podem oferecer ao seu funcionário para satisfazer um ou mais de seus interesses?

As ideias vêm à tona:
- Uma nomeação.
- Uma promoção sem aumento.
- Viajar para representar a organização.
- Horário de trabalho flexível para ajudar a cuidar dos pais idosos.
- Possibilidade de trabalhar de casa.
- Um prêmio.
- Convidá-lo para fazer uma apresentação ao conselho.
- Um plano de carreira.
- Um projeto com alta visibilidade.
- Explicar a justiça das faixas salariais.
- Um empréstimo para mensalidades escolares dos filhos.
- Uma promessa de aumento no próximo ano.
- Perguntar diretamente ao funcionário.

Fico surpreso ao ver como nossa criatividade desabrocha quando temos permissão para deixar as ideias fluírem. Elas surgem de repente. Cada pessoa apresenta ideias individualmente, mas em grupo o número é bem maior.

– Esse exercício levou apenas cinco minutos – digo aos participantes. – Talvez a maioria dos interesses e opções que vocês citaram não seja viável, mas bastam *um* interesse e *uma* opção, e você terá um funcionário mais satisfeito. O tempo que você investe é pequeno, e a recompensa é enorme.

Ao nos aprofundarmos no que as pessoas realmente querem, podemos descobrir que, embora as *posições* das partes sejam opostas, talvez seus *interesses* não sejam. Isso nos dá a oportunidade de *deixar o bolo crescer antes de dividi-lo*. Com criatividade, pode haver mais para todos.

Esse exercício é uma simples demonstração do poder da criatividade para resolver um problema difícil. Vemos a criatividade ser aplicada nas maravilhosas novas tecnologias que estão surgindo e ficando à nossa disposição. A questão é: podemos aplicar a mesma criatividade individual e coletiva para transformar os complexos conflitos atuais?

APLIQUE A CRIATIVIDADE COLETIVA

Um dia antes de eu viajar para a Colômbia para me encontrar pela primeira vez com outros conselheiros internacionais, Sergio Jaramillo, o alto-comissário para a paz, me ligou e perguntou:

– Do que você precisa para facilitar a nossa sessão de estratégia de negociação?

– De dois flipcharts e algumas canetas pilot – respondi.

As conversas exploratórias com as FARC estavam prestes a começar. O presidente Santos pediu que elaborássemos uma estratégia de negociação. Ele sabia que corria grande risco político e que seria alvo de críticas se as conversas viessem a público, por isso as reuniões deveriam ser mantidas em segredo, para as partes tentarem alcançar um acordo inicial de princípios. O envolvimento de consultores internacionais também deveria ser mantido em sigilo. A equipe de segurança do presidente nos levava para dentro e para fora do país e nos mantinha isolados enquanto estávamos lá.

Sergio encontrou um lugar tranquilo e recluso para nos encontrarmos, um casarão no meio da floresta, a quatro horas de carro de Bogotá, descendo as montanhas. Enrique Santos, irmão mais velho do presidente, me levou até lá. O presidente Santos pediu ao irmão que se juntasse à delegação para as conversas exploratórias, sinalizando para o outro lado que a proposta era séria.

Quando jovem, Enrique havia fundado um jornal de esquerda chamado *Alternativa* em parceria com o célebre escritor Gabriel García Márquez. Nessa época, conheceu muitos dos líderes das FARC que, mais tarde, passariam à clandestinidade para lutar.

Quando cheguei ao casarão encontrei os flipcharts montados do lado de fora, perto de uma piscina. Fazia um calor sufocante.

A missão do presidente era um verdadeiro desafio. Como convencer a guerrilha a se desarmar?

Os militares colombianos pressionavam as guerrilhas diariamente. Mas onde estava a ponte dourada que os guerrilheiros poderiam ser convidados a atravessar? Para construí-la, precisaríamos de muita criatividade.

Enquanto nós dez – cinco conselheiros e cinco negociadores de paz – nos reuníamos, decidi estimular nossa imaginação começando com meu exercício *possibilista* favorito: escrever o discurso de vitória da outra parte. Conforme descrevi anteriormente, o discurso da vitória é um experimento mental criativo que nos convida a imaginar o sucesso e trabalhar de trás para a frente. Pedi ao grupo:

– Imaginem por um momento que as FARC aceitaram a proposta do governo. Por incrível que pareça, eles concordaram em se desarmar e se desmobilizar no contexto de um acordo de paz. Será a primeira vez em cinquenta anos de guerra que eles vão concordar até mesmo em *dialogar* sobre o tema. Agora, imaginem que o chefe deles, Timochenko, precise se colocar diante dos combatentes e explicar por que a liderança das FARC decidiu aceitar a proposta do governo. O que ele poderia dizer? Enrique, sei que não é fácil, mas imagine que você é Timochenko e que os outros aqui são guerrilheiros das FARC. O que você diria?

Enrique hesitou, mas todos o incentivaram a tentar. Então se levantou e nos encarou. Pedi a ele que falasse na primeira pessoa, como se fosse o líder das FARC.

– *Compañeros* – começou ele –, lutamos bravamente durante quase cinquenta anos pela causa sagrada da justiça social. Muitos tombaram ao longo desse tempo, e nos lembramos deles em nosso coração. Agora, temos a oportunidade de continuar a luta pelos direitos do povo de uma forma diferente: na mesa de negociações e nas urnas...

Enrique continuou por alguns minutos e terminou com:

– E nunca nos renderemos! A luta continuará até alcançarmos os nossos objetivos!

Todos se levantaram para aplaudi-lo de pé.

Assim que nos sentamos de volta, perguntei se havia alguma pergunta para Timochenko, representado por Enrique. A primeira veio de Joaquín, ex-comandante da guerrilha de El Salvador:

– Como vamos saber que isso não é um truque do governo?

– Estamos preparados – respondeu Enrique, como líder das FARC – e não baixaremos a guarda. Enquanto isso, continuaremos lutando, é claro.

As perguntas eram difíceis, mas Enrique respondeu bem. A essa altura os participantes estavam sorrindo e achando graça. Nossa criatividade estava fluindo. Estávamos aproveitando a capacidade humana inata de representar. A possibilidade de paz parecia viva.

Então, virei-me para o flipchart e perguntei ao grupo:

– Enquanto vocês ouviam "Timochenko" falar, quais foram os principais interesses que ele abordou? O que é mais importante para as FARC?

– Justiça social e reforma agrária – bradou Sergio. – Afinal, essa foi a causa original que os levou a pegar em armas na década de 1960.

– Poder político – disse Frank Pearl, ex-comissário para a paz. – Eles querem governar o país um dia para poderem executar seu programa político.

– Segurança pessoal – lembrou Enrique. – Vocês se lembram de todos aqueles assassinatos na década de 1980?

Trinta anos antes, o governo chegou a fazer um acordo com as FARC, no qual os guerrilheiros poderiam sair da selva e concorrer a cargos públicos. Mas, durante e depois das eleições, dezenas de seus líderes foram assassinados, e mais de 4 mil seguidores do grupo foram mortos.[5]

Anotei as respostas do grupo no outro flipchart.

A tentativa anterior de negociação, dez anos antes, tinha gerado uma pauta que incluía mais de cem questões a serem abordadas.[6] A situação parecia não ter jeito. Dessa vez, queríamos mantê-la o mais simples que desse para chegarmos à maior chance possível à paz. Então, perguntei ao grupo:

– Podem citar quatro ou cinco pontos que entrem na pauta de negociações, de modo a atender aos interesses das FARC e possibilitar que Timochenko faça esse discurso?

Eu estava perguntando qual era o cerne do acordo.[7] Que *fórmula* – para usar um termo do meu colega de negociação William Zartman – conteria a essência do acordo? O que as FARC receberiam em troca da desmobilização e do desarmamento?

Fui para o segundo flipchart e comecei a registrar as respostas dos participantes. Todos concordamos que fazia sentido começar pela reforma agrária: facilitar o acesso à terra para aqueles que não a possuíam, reduzir a pobreza rural e estender os serviços públicos ao campo.

– Isso permitirá que a liderança das FARC mostre aos apoiadores e combatentes que eles conseguiram algo por meio de sua longa luta – destacou Enrique. – Também os ajudará a justificar por que estão depondo as armas e permitirá que eles mantenham o senso de honra.

– Isso funciona porque o nosso governo também quer a reforma agrária – explicou Sergio. – Reconhecemos que é uma questão importante no país, que precisa ser abordada. Na verdade, estamos prestes a apresentar um grande projeto de lei sobre o assunto no Congresso. Temos muitas propostas tangíveis, portanto será fácil discutir o assunto.

– Por que não adiamos a apresentação desse projeto de lei para que as FARC recebam parte do crédito? – perguntou Frank.

– Certo – falei. – Depois da reforma agrária, qual poderia ser o segundo item?

– Podemos sugerir que eles tenham participação política, para que vejam que poderão concorrer a cargos públicos – propôs Lucía Jaramillo, conselheira próxima do presidente Santos.

– Dessa vez, teremos que trabalhar em estreita colaboração com as FARC, para garantir a segurança pessoal deles. Isso será importante para o grupo – acrescentou Enrique.

A conversa continuou. O último item da pauta proposta era a *dejación de armas* – a deposição das armas. O governo só pediria que as FARC começassem as tratativas sobre desmobilização e desarmamento quando eles vissem progressos nos outros itens.

O rascunho da pauta de negociações foi fruto dos esforços criativos do grupo, que começou imaginando o discurso de vitória do outro lado. Ao fazer uma profunda investigação sobre os interesses e as necessidades de cada parte, o grupo desenvolveu uma fórmula criativa em que ambos os lados teriam a ganhar. Essa fórmula serviria como núcleo de um acordo final – e foi isso o que se tornou.

Os negociadores do governo levaram o rascunho da pauta numa viagem secreta a Havana semanas depois. Inspirado pela experiência anterior, Sergio providenciou um flipchart na capital cubana, onde os itens da proposta de pauta foram apresentados aos negociadores das FARC. Os dois lados discutiram longamente cada item e fizeram modificações, mas a essência permaneceu. A pauta se transformou num acordo de cinco páginas, assinado por ambas as partes após seis meses de negociações.[8]

Na noite de 4 de setembro de 2012, o presidente Santos fez um discurso televisionado à nação, anunciando os resultados das conversas secretas e o início das negociações formais de paz:

> Tenho certeza de que estamos diante de uma oportunidade real de colocar um ponto-final definitivo no conflito armado interno. [...] Se alcançarmos o sucesso, teremos dado fim a uma noite escura de meio século de violência. [...] Não podemos permitir que novas gerações continuem nascendo sem saber o que é um único dia de paz, como aconteceu com a minha.[9]

O acordo-quadro se tornou o esboço organizador para mais quatro anos de duras negociações sobre os detalhes. O resultado foi um acordo de paz histórico que pôs fim a um dos conflitos mais duradouros do mundo.[10]

Tempos depois, quando me reencontrei com Sergio Jaramillo para participar de outras negociações, ele me fez lembrar do flipchart à beira da piscina, na selva sufocante:

– Tudo começou ali, naquele flipchart. Ele foi a essência do acordo.

Foi uma experiência extraordinária, que ilustra o poder de aproveitar a inteligência e a criatividade coletivas para transformar um conflito aparentemente insolúvel.

"QUEM PODE FAZER O QUÊ AMANHÃ DE MANHÃ?"

Na minha mente, sou capaz de voltar 35 anos a partir do dia do flipchart à beira da piscina no interior da Colômbia, em fevereiro de 2012, para fevereiro de 1977. Eu estava diante de outro flipchart, este no Faculty Club de Harvard. Foi nos Seminários de Concepção organizados por Roger Fisher que descobri o poder de estimular a criatividade diante de um conflito desafiador.

Na época eu estava na pós-graduação em antropologia social. Roger havia pedido que eu coordenasse uma reunião quinzenal regular sobre conflitos internacionais com membros do corpo docente, diplomatas e formuladores de políticas. Durante a reunião, meu trabalho era facilitar o fluxo de ideias e registrá-las num flipchart.

Uma das sessões teria como foco a disputa árabe-israelense; outra, os conflitos violentos na Irlanda do Norte; outra, o fim do apartheid na África do Sul; e outra, a Guerra Fria entre Estados Unidos e União Soviética.

A primeira coisa que notei nos seminários foi que a pergunta feita era radicalmente diferente. Em geral, nessas discussões acadêmicas, os participantes perguntavam *o que* estava acontecendo e *por quê*. Às vezes especulavam: o que vai acontecer *daqui para a frente*?

Mas a principal pergunta que Roger fazia era: *Quem pode fazer o quê amanhã de manhã?* Em outras palavras, que líder pode tomar qual decisão capaz de amenizar um conflito ou interromper uma guerra?

Em vez de apenas fazer uma *análise*, nosso foco era o *aconselhamento*. O objetivo era apresentar conselhos práticos, fundamentados em análises. Em vez de mera *previsão*, o foco era *prescrição* e *prevenção*. Em vez de apenas avisar que uma situação iria se agravar, o objetivo era descobrir *como* mitigá-la.

Nas discussões acadêmicas, presumia-se que não tínhamos nenhum arbítrio, nenhum poder para alterar a situação. O conflito era insolúvel, e não tínhamos poder para fazer nada, exceto falar sobre ele e analisá-lo. Não tínhamos mais nenhuma função.

Por trás da pergunta *Quem pode fazer o quê amanhã de manhã?* estava a suposição de que podíamos administrar o conflito e influenciá-lo positivamente. *Essa era a nossa função.*

Achei a pergunta de Roger revolucionária. Um conflito pode parecer impossível, mas, se você parte desse pressuposto, provavelmente não evoluirá. Quando partimos do pressuposto de que algo é impossível estamos cumprindo uma profecia autorrealizável. Por outro lado, se você parte do pressuposto de que é possível, talvez encontre uma possibilidade útil e prática. As suposições iniciais que fazemos – ou seja, nosso ponto de partida – são fundamentais.

"*Quem* pode fazer *o quê* amanhã de manhã?" Essa pergunta simples, mas poderosa, permaneceu comigo durante todos esses anos. É a questão icônica do *possibilista*.

O objetivo do Seminário de Concepção era oferecer propostas operacionais concretas, como um projeto de acordo de cessar-fogo, um esboço de um discurso presidencial ou uma resolução do Conselho de Segurança da ONU.

Eu anotava os resultados do seminário e depois ajudava Roger a transformá-los num memorando ambicioso destinado a um tomador de decisões importante, capaz de exercer um impacto positivo no conflito. Roger queria oferecer ao tomador de decisões o que chamava de *proposta aceitável*, uma proposta concreta e acionável que, caso aceita, viabilizasse a mudança. Ao mesmo tempo que se mostrava aberto à criatividade, Roger enfatizava o rigor ao pensar nos aspectos práticos.

Para estimular ideias criativas no Seminário de Concepção, Roger estabeleceu um nível de viabilidade baixo. Para ele, isso significava pelo menos 5% de chance de o tomador de decisões dizer *sim*. Segundo Roger, o risco de perda de vidas humanas e recursos era tão elevado que, se conseguíssemos apresentar uma proposta com pelo menos 5% de probabilidade de sucesso, valeria a pena nos empenharmos e apresentar ideias.

INVENTE PRIMEIRO, AVALIE DEPOIS

A redefinição radical da questão levou a uma reformulação das regras básicas de conversação.

Antes, nos seminários acadêmicos, eu percebia que o padrão era a crítica de ideias. O problema é que as críticas até ajudavam a testar e aprimorar ideias, mas ao mesmo tempo diminuíam a criatividade. Ideias malucas e inovadoras recebiam críticas fulminantes e eram ridicularizadas. Eu e meus colegas estudantes aprendemos a guardar os pensamentos mais criativos para nós mesmos.

No Seminário de Concepção, contudo, adotamos uma regra básica do campo da inovação que estimulava a criatividade.

– Queremos as suas melhores ideias – disse Roger. – Ideias malucas são bem-vindas. Muitas das melhores ideias nasceram como ideias malucas. Para incentivar a criatividade, adotaremos a regra de ouro do brainstorming. Portanto, durante a primeira metade do jantar, é proibido criticar. Guardem as críticas para mais tarde.

Minha tarefa era lembrar o tempo todo aos participantes a regra básica de *não criticar* – e no início precisei fazer isso com frequência. Por incrível que pareça, os professores e diplomatas tinham mais facilidade para receber feedback de mim, um estudante de pós-graduação, do que de Roger, um colega que tinha o mesmo nível hierárquico deles. Comigo eles não se sentiam constrangidos.

Em pouco tempo as ideias se proliferavam no flipchart. Eu arrancava a folha cheia e a pendurava num local à vista de todos. Não podíamos colar as folhas nas paredes, que eram cobertas por um papel de parede elaborado e sedoso e por retratos de professores falecidos com moldura dourada. Então, usei fita adesiva para prender as folhas nas portas e janelas. Passei a mais de um flipchart. Um desavisado que entrasse naquela sala formal ficaria surpreso com o caos de folhas de papel espalhadas pela sala. Alguns prendiam a risada.

Os resultados foram surpreendentes. Em vez de se fecharem, todos competiam para ser criativos e estimulavam uns aos outros. As ideias foram ficando cada vez melhores e mais originais.

Pense em tudo que interrompe o fluxo da criatividade em nossa vida diária, no trabalho ou em casa. O maior obstáculo que enfrentamos é aquela voz crítica que ouvimos nas reuniões – muitas vezes na nossa própria cabeça – sempre que surge uma ideia criativa:

– Isso nunca vai funcionar.

– Fala sério.

– Já tentamos isso antes.

– Nunca tentamos isso antes.

– Ridículo.

Eu penso nelas como "frases assassinas", que matam ideias potencialmente criativas.

A partir da minha experiência no Seminário de Concepção, aprendi que o segredo é *separar* o processo de geração de ideias do processo de avaliação. A avaliação é fundamental, mas melhora quando é feita *após* a apresentação das ideias criativas.

Depois de os participantes gerarem uma lista inicial de ideias, pedíamos a eles que fizessem críticas construtivas. Em vez de atacar a sugestão criativa, sugeríamos que eles começassem encontrando algo positivo nela:

– Uma coisa que gosto nessa ideia é... Uma preocupação que tenho é... Uma forma de melhorar a ideia é...

As ideias malucas começavam a tomar forma. Algumas naturalmente atraíam nosso interesse, e nós as desenvolvíamos em grupo.

As ideias eram anônimas, algo revolucionário num ambiente acadêmico, onde os nomes têm tanta importância. O flipchart registrava a inteligência coletiva do grupo. Era um exercício de resolução coletiva de problemas, e não de ideação individual, ao qual eu estava acostumado.

Ao entrar no Faculty Club, os participantes guardavam o sobretudo junto à porta antes de entrar na sala de jantar. Percebi que de certa forma estávamos pedindo que eles deixassem seus egos na entrada.

Os participantes desenvolviam ideias uns dos outros, por isso as propostas melhoravam à medida que aproveitávamos a inteligência coletiva do grupo. Em outros seminários acadêmicos, era comum ver os participantes destruírem as ideias uns dos outros. Ali, as ideias eram construídas. A inteligência do grupo excedia a de qualquer indivíduo.

No fim, todos podiam olhar para o flipchart e ver como as ideias que ofereceram faziam parte do processo. Ninguém seria capaz de dizer que era o único dono da ideia. Percebi que esse detalhe foi um pouco perturbador para alguns, mas, no fim, foi mais satisfatório para todos. Estávamos trabalhando juntos pela causa comum da paz.

O fato de o encontro ser um jantar também ajudou. A atmosfera era muito diferente da de uma sala de reuniões. O ato de partir o pão em grupo estimulou a conexão entre estranhos que muitas vezes estavam em lados opostos de um conflito: palestinos e israelenses, paquistaneses e indianos, católicos e protestantes da Irlanda do Norte. Em seus países de origem, esse encontro cara a cara poderia ser arriscado, mas ali, num contexto universitário apolítico, longe de casa, eles conseguiam se reunir e dialogar.

Sempre que possível, pedíamos que participantes de lados opostos do conflito se sentassem lado a lado, em vez de ficar frente a frente à mesa. Dessa forma, a própria posição incentivava uma perspectiva *lado a lado*. O problema que pedíamos que abordassem estava no flipchart, então todos literalmente encaravam um desafio comum.

Hoje em dia talvez reuniões como essa sejam mais frequentes, mas na época era algo revolucionário, sobretudo nos salões sagrados de uma instituição como Harvard. O fluxo contínuo de ideias criativas me deixava eletrizado.

CHAME OS MAGOS

Em 1983, o negociador americano para controle de armas, o general Edward Rowny, um dos nossos convidados no Seminário de Concepção, convidou Roger e a mim para assistir às Conversações sobre Redução de Armas Estratégicas (START, do inglês Strategic Arms Reduction Talks) entre Estados Unidos e União Soviética, em Genebra. Fiquei empolgado, pois o conflito entre superpotências nucleares era a questão existencial que me preocupava desde criança, numa escola não muito longe de onde as negociações estavam acontecendo.

Depois de um workshop matinal sobre negociação para os negociadores americanos, Roger e eu almoçamos com eles. Tive a oportunidade de perguntar:

– Estou curioso. Nos últimos anos não houve nenhum acordo sobre controle de armas. Mas antes eles proliferavam. Por que havia antes, mas agora não? Podem me ajudar a entender?

Assim que terminei de fazer a pergunta percebi que ela era indelicada. Os negociadores se entreolharam para ver quem responderia.

Um homem mais velho, que até então estava quieto, falou:

– Na época conseguimos fechar acordos por vários motivos, mas um deles foi o fato de termos um processo interessante que chamamos de "os magos".

– Ah – falei, com a curiosidade despertada. – Quem eram os magos?

– Eram dois americanos e dois russos que tinham quatro características em comum: eram *bilíngues* em inglês e russo, de modo que podiam se comunicar facilmente. Tinham *conhecimento técnico* sobre o assunto. Eram de *nível inferior* aos embaixadores. E, portanto, eram *descartáveis*.

Ao dizer a palavra "descartável", ele abriu um leve sorriso e continuou:

– Sempre que as negociações chegavam a um impasse, os quatro se reuniam em segredo, às vezes num restaurante para jantar, às vezes numa balsa no meio do lago Genebra. E apenas conversavam livre e informalmente. Faziam muitas perguntas hipotéticas: e se contássemos as ogivas dessa forma? E se contássemos dessa outra forma? E o engraçado é que eles nos forneciam melhores ideias para resolver impasses do que qualquer outra fonte. Os magos nunca recebiam nenhum crédito, e essa era a questão.

Alguns de seus colegas assentiram. Eu me perguntei se ele próprio era um mago.

– Isso é espantoso – comentei. – Mas o que você quer dizer com "eram descartáveis"?

– Se as conversas fossem longe demais, sempre era possível despachá-los de volta para Washington ou Moscou e dizer que elas nunca aconteceram. Os magos eram rejeitáveis.

Foi uma lição para mim. Tenho notado que ideias criativas e avanços possíveis raramente surgem nas conversações formais de negociação, onde as partes são cautelosas e desconfiadas. As boas ideias costumam brotar entre indivíduos que se conhecem pessoalmente e confiam uns nos outros. Elas acontecem nos corredores, nos intervalos para o café, durante o almoço – ou em lugares afastados, como a balsa no meio do lago.

É mais fácil surgirem ideias criativas quando as pessoas vão ao *camarote*, fazem uma *pausa*, *focam* no que realmente querem e *recuam* para ver o panorama geral. Elas acontecem quando as pessoas conseguem *escutar* profundamente umas às outras. As etapas anteriores à escuta geram as condições para a criatividade. *A ordem é importante.*

Os magos eram um "canal secundário", um meio não oficial de comunicação entre os lados. Estavam nos bastidores e fora dos holofotes, eram discretos e rejeitáveis. Essas são condições favoráveis para a exploração de ideias criativas capazes de resolver impasses em conflitos.

Tal como aconteceu nos diálogos sobre o controle de armas, em geral as ideias criativas surgem com mais frequência entre funcionários que não têm autoridade formal para tomar decisões. Em geral, os líderes são cerceados demais, por isso não conseguem usar a criatividade. Depois que formulam e testam as ideias, os magos podem apresentar sugestões a seus respectivos líderes, que vão analisá-las, tomar uma decisão e, claro, receber o crédito.

Durante as difíceis e tensas negociações para acabar com o apartheid na África do Sul, reparei como os dois líderes, Nelson Mandela e F. W. de Klerk, utilizaram um processo semelhante. Considerando que era difícil negociarem diretamente entre si, eles usaram a criatividade e selecionaram dois jovens deputados: Cyril Ramaphosa, então líder sindical no Congresso Nacional Africano (e que mais tarde se tornou presidente da África do Sul), e Roelf Meyer, vice-ministro do governo, do Partido Nacional.[11]

Ramaphosa e Meyer se conheceram quando foram convidados para pescar com suas famílias na casa de campo de um conhecido em comum. Em dado momento, Meyer, que não sabia pescar, ficou com um anzol preso no dedo. A esposa de Ramaphosa, que era enfermeira, tentou extraí-lo, mas não conseguiu. Depois de uma hora, com Meyer desmaiando de dor, Ramaphosa apareceu com um alicate.

– Se você nunca confiou numa pessoa do Congresso Nacional Africano antes, é melhor se preparar para começar a confiar agora – disse ele a Meyer.

Com alguns movimentos, Ramaphosa tirou o anzol do dedo de Meyer, que murmurou:

– Bem, Cyril, não diga que não confiei em você.

Essa interação deu início a uma relação pessoal de confiança mútua e respeito. Não muito tempo depois, Ramaphosa e Meyer foram autorizados por seus respectivos líderes a se reunirem discretamente e explorar formas criativas de superar impasses nas negociações políticas. Quando a violência irrompia nas ruas, os políticos costumavam interromper as conversas formais. Os diálogos discretos dos "magos" ajudavam a restabelecer as conversações, evitando um colapso que poderia levar a uma guerra civil.

Como Roelf Meyer me disse anos depois:

– Desenvolvemos a confiança de que, por mais insolúvel que fosse o problema, poderíamos encontrar uma maneira criativa de resolvê-lo.

Esse é o poder dos magos.

Portanto, sempre que me encontro no meio de um conflito difícil, gosto de perguntar:

Onde estão os magos?

Em outras palavras, onde estão as pessoas confiáveis e bem informadas, capazes de trabalhar juntas informalmente nos bastidores para superar impasses e explorar inovações?

E eis aqui uma ideia radical para quando você tiver que lidar com um conflito: você poderia ser um mago?

USE O ÚNICO RECURSO ILIMITADO

Conforme gostava de dizer minha colega antropóloga Angeles Arrien: "O conflito é um chamado para a criatividade."[12]

O conflito, na sua melhor forma, pode estimular uma busca criativa capaz de produzir ideias melhores e, em última análise, relacionamentos melhores. O conflito pode ser nosso amigo se liberarmos o poder da criatividade.

A transformação essencial é mudar uma mentalidade de *ou isto ou aquilo* para uma mentalidade de *tanto este quanto aquele*. É passar de uma mentalidade de escassez para uma mentalidade de suficiência – e até de fartura. É transformar posições opostas em opções criativas para ganho mútuo.

No mundo de hoje, parece que muitas coisas têm limite, mas existe um recurso que é ilimitado e que todos possuímos: nossa criatividade inata. É a criatividade que nos proporciona a maior chance de abrir possibilidades onde parece não haver nenhuma. A criatividade é a chave para tornar possível o impossível.

CAPÍTULO 8

ATRAIA

Do mais difícil ao mais fácil

Sempre parece impossível, até que seja feito.
— Nelson Mandela[1]

— O que ele está fazendo aqui? Vamos *acabar* com ele!

Eu estava no vestiário dos mineiros, me preparando para entrar pela primeira vez na mina de carvão. Estava vestindo meu macacão de trabalho e colocando a máscara de oxigênio quando ouvi um mineiro próximo falando sobre mim.

Engoli em seco.

— É duro lá embaixo, estou avisando — dissera o gerente da mina de carvão, Mike Johnson, no dia anterior, quando pedi permissão para entrar. — Não posso ser responsável pela sua segurança, seja contra máquinas ou acidentes. Ou homens — acrescentou ele, num tom ameaçador.

Mas eu insisti.

— Já entendi. Estou disposto a correr o risco. Se eles não falam comigo aqui em cima, talvez falem comigo lá embaixo.

Por dentro, eu não me sentia tão confiante quanto parecia, mas estava determinado a tentar.

Conforme contei anteriormente, essa mina no leste do Kentucky estava envolvida num conflito intenso, marcado por uma série de greves selvagens. Meu colega Steve Goldberg – um árbitro de renome – e eu tínhamos passado semanas indo de um lado para outro, falando com a liderança do sindicato e com a administração da mina para chegar a um acordo. Estávamos exultantes com o nosso sucesso, mas então, aparentemente do nada, a maioria esmagadora dos mineiros votou contra o acordo. Nossa euforia se transformou em tristeza. Os mineiros não tinham objeções ao *conteúdo* do acordo, pois o texto incluía coisas que eles desejavam, mas não confiavam em *nada* que a administração assinasse.

Em vez de desistir e voltar para casa, propus a Steve uma mudança de abordagem. Dessa vez, ouviríamos primeiro os mineiros para saber o que os preocupava, depois estimularíamos ambos os lados a discutir seus problemas, em vez de brigar. Tentaríamos construir confiança no *processo*. Steve parecia cético, mas me desejou sorte antes de partir de férias para a França.

Eu me mudei para o Kentucky durante o verão. Todos os dias ia até a mina para passear e conversar com quem quisesse falar comigo. Mas tive dificuldade para conseguir um momento sequer com os mineiros. Eles passavam todo o tempo dentro da mina e, quando saíam no fim do turno de trabalho, estavam com pressa para voltar para casa. Não era fácil iniciar conversas. Eles pareciam desconfiados. Para eles, eu era um jovem da distante cidade de Boston que mais parecia um gerente do que um mineiro, um alienígena. Não fui totalmente rejeitado, mas era assim que eu me sentia.

Os dias se transformaram em semanas. Comecei a me perguntar se não estaria perdendo tempo. Frustrado pela falta de progresso, decidi que, se os mineiros não vinham a mim, eu iria até eles – desceria na mina e conversaria com eles durante o expediente. Como a mina funcionava 24 horas por dia, eu precisaria visitá-la durante os três turnos, inclusive o da madrugada, apelidado de "coruja". Estava determinado a ouvir o maior número possível de mineiros.

Procurei Mike Johnson e pedi permissão para entrar na mina.

– Ok, a decisão é sua – disse Mike, concordando com relutância. – Você vai ter que assinar um formulário de liberação. Vou pedir ao Phil que prepare você.

Isso não me pareceu nada bom, pois Phil era o capataz da mina, um homem muito temido e odiado pelos mineiros. Ele me ofereceu um armário no vestiário da administração. Agradeci, mas neguei, afinal, estava tentando conquistar a confiança dos mineiros. Pedi que ele me designasse uma cesta de metal suspensa no alto do vestiário dos mineiros, um espaço cavernoso onde todos se preparavam para o trabalho.

Phil me deu um capacete. Notei que era branco como o dos dirigentes. Todos os mineiros usavam capacetes pretos. Decidi pintar o meu com spray de outra cor: verde. Phil também me entregou um cinto de couro com uma placa de metal com meu nome e número do Seguro Social gravados para identificar meu corpo em caso de acidente. Por fim, ele me entregou uma máscara de oxigênio e me ensinou a usá-la em caso de emergência.

Tudo parecia um pouco mais perigoso do que eu imaginara, mas eu estava determinado a seguir em frente com o plano.

Chegou o grande dia. Entrei no vestiário dos mineiros, puxei uma corrente que descia meu cesto de metal do teto, guardei minhas roupas normais e vesti o macacão de trabalho. Enquanto colocava o cinto de couro e a máscara de oxigênio, ouvi um mineiro falando de mim de forma ameaçadora.

– Vamos acabar com ele!

Olhei ao redor para ver se alguém estava prestando atenção, mas não notei nada.

Eu estava tenso, mas segui em frente. A mina ficava a 1.500 metros de profundidade e era acessada por um elevador aberto – um lugar frio, úmido e escuro como breu. Só dava para enxergar por causa da lanterna do capacete. O teto era baixo, e eu tinha que andar curvado. O barulho das máquinas de perfuração de carvão era infernal. E o pó de carvão era tão espesso que, quando eu assoava o nariz, o muco saía preto.

Mas lá embaixo os mineiros tinham tempo para conversar. Enquanto descansavam e mascavam tabaco, conversavam à vontade comigo sobre o que os incomodava. Eu estava no território deles, e eles se sentiam mais confortáveis para falar, sem os gerentes por perto, observando. Também ficaram curiosos a meu respeito e começaram a fazer perguntas sobre minha vida e minha origem.

Na terceira descida à mina, comecei a ficar mais relaxado. Meu plano parecia promissor.

Na quarta visita à mina, enquanto um mineiro fazia uma reclamação sobre a gerência e a forma como o tratavam, de repente, do nada, fui atacado por trás por quatro homens grandes e fortes. Eles me derrubaram e me imobilizaram na superfície fria e rochosa de carvão. Enquanto eu lutava em vão para me libertar, eles arrancaram minha calça de trabalho à força. De repente, um homem exibiu um facão com uma lâmina horrível e enferrujada brilhando à luz da lanterna do meu capacete.

O homem começou a cortar... um tufo dos meus pelos pubianos. Fiquei em choque, óbvio, mas me lembro da sensação de intenso alívio quando ele parou por ali. Os homens me soltaram, e eu me levantei. Para minha total surpresa, cada um deles deu um tapão forte nas minhas costas e me parabenizou, falando em voz alta para todos ao redor ouvirem:

– Agora você foi *despentelhado*! É um mineiro de carvão comum, como nós!

A notícia se espalhou pela mina.

Não era assim que eu imaginava que estabeleceria confiança (e espero que quem estiver lendo isto nunca tenha que passar por algo do tipo), mas devo dizer que esse rito de iniciação provocou uma mudança marcante na forma como eu era visto. Cada vez mais os mineiros se aproximavam de mim com suas queixas. Convenci a administração a começar a ouvir os problemas dos trabalhadores e a resolvê-los por meio do processo de negociação em várias etapas, que Steve e eu propusemos no acordo – o mesmo que havia sido rejeitado.

Pouco a pouco, à medida que conseguíamos resolver uma reclamação após a outra por meio da negociação, os mineiros começaram a confiar no processo.[2] A relação com a administração melhorou. E, para surpresa de todos, as greves selvagens praticamente acabaram. Com um passo de cada vez, acumulando pequenas conquistas, o conflito foi *transformado*. Não acabou, mas seu formato mudou. Em vez de as partes se *retirarem*, passaram a *conversar* sobre seus problemas.

Foi uma grande lição para mim. Aprendi que para se chegar a um acordo não basta ter ideias criativas e focar no *conteúdo*: as questões em disputa. Precisamos criar um *processo atraente*, um caminho que *atraia* as partes para um acordo e um relacionamento melhores.

FACILITE O SIM

Nas minhas aulas, gosto de relembrar a antiga fábula grega de Esopo sobre a persuasão.[3] No céu, o Vento Norte e o Sol começam a discutir sobre quem é mais poderoso. Em dado momento, as duas partes decidem resolver a questão com um teste. Olham para a Terra e avistam um jovem pastor. Decidem que quem conseguir arrancar o casaco do pastor vence.

O Vento Norte é o primeiro. Sopra, sopra, mas sem sucesso. Quanto mais sopra, mais o pastor fecha o casaco.

Depois é a vez do Sol, que, com toda a paciência, ilumina o pastor com sua luz quente. Depois de um tempo, o pastor comenta consigo mesmo:

– Que dia lindo! Acho que vou me deitar no gramado por um momento e aproveitar o sol.

Ao se deitar, ele tira o casaco, e o Sol vence a disputa.

Adoro a sabedoria por trás dessa fábula. O Vento Norte e o Sol representam duas formas de persuasão opostas. O Vento Norte usa a força e trata o pastor como um objeto inanimado, tentando arrancar o casaco à força. O Sol adota a abordagem oposta. Exerce seu poder natural de *atrair*. Respeita o pastor, entende que ele tem vontade própria e cria um ambiente propício no qual o jovem *escolhe* remover o casaco. O processo pode ser mais demorado, porém funciona.

Para ilustrar esse ponto, em sala de aula eu costumo pedir que um aluno se voluntarie e erga as mãos. Então, pressiono minhas mãos contra as dele e lentamente começo a empurrá-las.

O que ele faz? Como que por instinto, empurra as minhas mãos de volta.

– Eu pedi para você empurrar minha mão? – pergunto.

– Não.

Mas ele faz isso naturalmente.

Isso é o que vejo acontecer em conflitos o tempo todo. Acreditamos que a nossa posição é a correta, por isso pressionamos para que ela seja aceita. É natural. Quanto mais empurramos, mais o outro empurra de volta. A menos que sejamos muito mais fortes que o outro lado, vamos entrar num impasse. Não admira que tantos conflitos hoje em dia estejam estagnados.

Qual é a alternativa?

Bons negociadores costumam fazer exatamente o oposto de *empurrar*: eles *atraem*.

Num conflito, é normal sentirmos vontade de *dificultar* para o outro lado. É isso que o Vento Norte faz, tentando obrigar o pastor a tirar o casaco. O Sol, por outro lado, facilita a ação, estimula o pastor a tirar o casaco. Devemos aprender com o Sol: em situações difíceis, nosso trabalho é *facilitar – tornar mais atraente –* que o outro lado tome a decisão que queremos que tome.

USE A CONFIANÇA PARA ATRAIR

Não há nada mais atraente do que a confiança.

Aprendi essa lição sobre negociação de conflitos quando era estudante de graduação, durante um papo descontraído com o lorde Hugh Caradon, diplomata britânico aposentado que havia passado meio século no Serviço de Relações Exteriores britânico. Ele estava visitando Harvard, e eu fiquei responsável por recebê-lo. Tinha acabado de buscá-lo no aeroporto e estávamos indo para Cambridge.

Caradon servira como embaixador britânico nas Nações Unidas durante a Guerra dos Seis Dias, em 1967. Na época, a Grã-Bretanha presidia o Conselho de Segurança da ONU, por isso cabia a Caradon ajudar o conselho a chegar a um acordo sobre uma resolução para pôr fim à guerra.

O maior obstáculo de Caradon eram os soviéticos. E o voto deles era fundamental, pois eles tinham poder de veto. Após três semanas de árduas negociações para satisfazer todas as partes, o governo britânico começou a pressionar Caradon a concluir o processo, por isso ele convocou uma votação sobre a resolução proposta.

Dez minutos antes da votação, enquanto Caradon estava do lado de fora da câmara do Conselho de Segurança, o embaixador soviético, Vasily Kuznetsov, aproximou-se dele e disse:

– Embaixador Caradon, tenho um favor a lhe pedir. Quero que adie a votação por duas semanas.

– Embaixador Kuznetsov – respondeu Caradon –, sinto muito, mas já estamos conversando há três semanas. Acho que todos tiveram a oportunidade de opinar. É hora de votar.

Kuznetsov o encarou e disse:

– Embaixador Caradon, acho que o senhor não me entendeu bem. Estou lhe pedindo que adie a votação por duas semanas como um favor *pessoal*.

Nesse ponto, Caradon fez uma pausa na história.

– E o que o senhor fez? – perguntei a ele, curioso.

– Bem – disse-me Caradon –, quando Kuznetsov acrescentou a palavra "pessoal", eu sabia que tinha que atender ao pedido, mesmo sabendo que enfrentaria muita resistência de Londres e Washington.

– Por que o senhor fez isso?

– Por uma razão simples – respondeu Caradon. – Embora Kuznetsov representasse uma potência que não tinha reputação de ser honesta e de negociar de forma justa, ele *pessoalmente* tinha essa reputação entre nós, diplomatas. Havia construído essa reputação ao longo de anos. Kuznetsov estava me dando sua palavra pessoal. Eu sabia que ele não colocaria a própria reputação em jogo para sabotar a frágil coligação que eu havia construído para apoiar a minuta da resolução. Como esperado, a votação ocorreu duas semanas depois, na câmara do Conselho de Segurança da ONU. O último país a votar foi a União das Repúblicas Socialistas Soviéticas. Para surpresa de todos, menos a minha, Kuznetsov apoiou a proposta. Ele manteve a palavra: usou as duas semanas para voltar a Moscou e convencer os superiores a não se oporem à resolução.

A história de Caradon me marcou. Sem a reputação, construída ao longo de muitos anos, Kuznetsov nunca teria conseguido aquelas duas semanas. Sem a capacidade de inspirar confiança em seus adversários políticos, talvez não tivéssemos a Resolução 242 da ONU, provavelmente a mais importante sobre o conflito entre Israel e Palestina até então.[4]

Mesmo numa situação de desconfiança, Kuznetsov tinha o que se poderia chamar de *confiança de trabalho*. Sua palavra era respeitada. Seus colegas lhe revelavam informações confidenciais sabendo que ele não as utilizaria para prejudicá-los. Graças à sua reputação, Kuznetsov tinha mais chances de sucesso nas inúmeras negociações diplomáticas em que se envolvia.

A confiança atrai.

CONSTRUA UM CARDÁPIO DE CONFIANÇA

Mas eis a questão mais difícil: se nenhum dos lados confia no outro, como estabelecer a confiança?

Meu trabalho na Venezuela com o presidente Chávez me mostrou um caminho possível. Como relatei anteriormente, o presidente venezuelano aceitou minha proposta de desenvolver uma lista de sinais práticos que cada lado poderia enviar ao outro. O objetivo dos sinais era reduzir a desconfiança e aplacar a crise que ameaçava se transformar em violência generalizada. Ele enviou seu ministro do Interior, Diosdado Cabello, para fazer o acompanhamento.

Chávez tinha me revelado um primeiro sinal que consideraria positivo por parte dos seus adversários políticos, alguns dos quais eram donos de canais de televisão privados:

– Bem, para começar, eles poderiam parar de me chamar de *mono* (macaco) em suas emissoras de TV.

Acompanhado por Francisco Diez, meu colega do Carter Center, fui direto do encontro com Chávez para uma reunião com seus adversários políticos, cerca de 15 deles no total. Francisco e eu os informamos sobre a conversa com o presidente. Pensamos que eles ficariam satisfeitos em saber que havíamos aberto a porta para um possível diálogo. Mas estávamos errados.

– Não queremos nada com Chávez. Ele é dissimulado. Não é digno de confiança – disse Ricardo.

Os outros assentiram.

– Entendo que vocês não confiem nem um pouco em Chávez – respondi. – Esse é o ponto crucial do exercício: testar se ele é confiável ou não, antes mesmo de considerar a possibilidade de se sentar com ele ou com gente da equipe dele. Vocês decidem. Querem tentar? Não custa nada, além de um pouco de tempo. Caso não queiram, sem problema, vou apenas enviar a ele uma mensagem dizendo que não vai funcionar.

Houve uma longa pausa enquanto todos refletiam. Eles se entreolharam, e Ricardo falou novamente.

– Ok – disse e suspirou. – Vamos dar uma chance a ele. Quando você quer fazer isso?

– Não há melhor momento para começar do que agora – respondi.

Fui até o quadro com uma caneta pilot, pronto para escrever. Virei para o grupo e disse:

– Existe alguma coisa que o presidente Chávez possa fazer agora que envie um sinal crível de que talvez valha a pena iniciar um diálogo? Vamos fazer um brainstorming para montar uma lista de cinco ou dez atitudes possíveis que ele poderia tomar.

– Ele poderia renunciar! – gritou María Eugenia.

Todos riram.

– Claro, isso é o que você gostaria – falei –, mas estou perguntando outra coisa. Que passos pequenos, mas significativos, ele poderia *realisticamente* colocar em prática e que seriam sinais positivos?

– Ah, você quer dizer *besitos*? – perguntou Ricardo de repente, com um leve sorriso.

Todo mundo riu. *Besitos* significa "beijinhos" em espanhol, uma referência a como as crianças e os casais se reconciliam após uma briga.

– Exato – respondi. – *Besitos*.

Virei-me para o quadro-branco e perguntei:

– Vamos tentar elaborar uma lista de *besitos*?

– Ele poderia parar de nos insultar publicamente, nos chamando de "os Quatro Cavaleiros do Apocalipse" e nos rotulando como "inimigos do povo".

– Seria ótimo – acrescentou Juan, animado. – Todas as manhãs eu costumava ir a pé até a catedral para rezar. Não posso mais fazer isso porque as pessoas na rua me assediam e me chamam de "inimigo do povo", por causa *dele*.

– Seria bom mudar isso, Juan. O que mais Chávez poderia fazer?

– Poderia libertar um preso político.

– Ok, boa sugestão. Alguma outra?

Eles criaram uma lista de cerca de dez ideias. Ao fim, perguntei:

– Que tal levar essas ideias um passo adiante e desenvolvê-las num *cardápio de confiança*?

– O que é um *cardápio de confiança*?

– É uma linguagem de boa vontade pré-acordada. É uma lista de sinais positivos que cada lado pode enviar e que foram previamente verificados com a outra parte para garantir que serão ouvidos e valorizados. Não é uma lista de exigências. É um cardápio de opções. Um lado começa escolhendo um sinal para enviar, então o outro retribui escolhendo um sinal para enviar em troca. Depois é a vez do primeiro lado, e assim por diante. É como subir uma escada: um pé depois do outro. Passo a passo, aos poucos você estabelece a confiança e sai do poço da desconfiança.

– E agora? Qual é o próximo passo?

– Por que você não delega algumas pessoas para uma reunião comigo e com Francisco amanhã à noite? Nossa ideia é alternar entre vocês e o ministro Cabello, sem que vocês tenham que se encontrar, para desenvolver um cardápio com o qual ambos concordem. Ok?

– Mas não podemos ser vistos entrando no mesmo hotel que ele. Não queremos espalhar boatos que nos coloquem em uma situação delicada com o nosso próprio lado.

– Por que não nos encontramos na pousada onde estou hospedado? – sugeri. – Sou o único hóspede do local. É uma casa antiga, com uma área aberta grande e muro alto. Podemos nos encontrar à noite.

Todos concordaram. Às dez horas da noite seguinte, Ricardo, María Eugenia e dois outros líderes da oposição apareceram. Conversamos num pátio no meio do exuberante jardim da pousada, ao lado de uma pequena fonte. Uma hora depois, um carro preto do governo apareceu no portão com Diosdado Cabello e seus guarda-costas. Convidei-o a se sentar na varanda do meu quarto no segundo andar, com vista para o jardim.

O camarote e o jardim me pareceram locais adequados para os inimigos políticos realizarem um exercício de estabelecimento de confiança. Ali eles poderiam fazer uma *pausa, focar* no que queriam e *recuar* para enxergar o panorama geral.

Francisco e eu percorremos o trajeto de ida e volta da varanda para o jardim, das onze da noite até as cinco da manhã seguinte. Pedimos a cada lado que elaborasse uma lista de sinais que o adversário poderia enviar e outra com sinais que eles mesmos poderiam enviar em resposta. Não havia exigências nem compromissos, apenas opções. Cada item demandava esclarecimentos, para que os lados entendessem precisamente quais seriam os sinais. Ao amanhecer, nosso cardápio estava pronto.

Foi emblemático notar que dois dos itens tinham a ver com demonstração de respeito. Chávez concordou em parar de chamar os líderes da oposição de "golpistas, traidores, traficantes de drogas e terroristas", enquanto os líderes da oposição – que incluíam os proprietários da mídia privada – concordaram em parar de chamar Chávez de "assassino, tirano, animal, louco e demente".

Em sua transmissão pública seguinte, dias depois, Chávez enviou o primeiro sinal, pedindo que seus apoiadores não interferissem no trabalho – ou no equipamento – dos jornalistas que cobriam a crise. Os líderes da oposição retribuíram com um sinal da sua lista, uma declaração condenando a violência de qualquer lado. E assim começou. Era tudo uma questão de *besitos*, beijinhos, para reduzir a tensão.

O exercício do cardápio de confiança foi apenas uma pequena experiência no caminho da redução da ameaça de guerra civil, mas serviu como uma grande lição para mim. Ilustrou como é possível que, com pequenos passos, oponentes desconfiados iniciem um diálogo. Embora discordem em relação às questões principais, normalmente as partes concordam que a falta de confiança é um grande obstáculo. Mesmo quando a desconfiança é forte e as relações não vão bem, é possível fazer progressos. Um cardápio de confiança pode ser o primeiro passo para transformar um relacionamento tenso ou rompido.

COREOGRAFE A PEÇA

Vamos supor que o exercício do cardápio de confiança dê certo. Qual é a próxima etapa do processo?

Se o conflito é como uma peça de teatro, eu me imagino no camarote, olhando para o palco. Vejo os personagens travando uma batalha. Foco nos interesses e necessidades de cada um. Começo a perceber como eles ficaram presos numa armadilha. Então, conduzo um pequeno experimento mental e me pergunto: se eu fosse o dramaturgo dessa peça, que passos cada personagem poderia dar para se libertar da armadilha do conflito? O que poderia atraí-los para um lugar melhor? Como essa peça pode ter um final feliz?

Nunca o poder de uma coreografia atraente foi tão claro para mim quanto na Crise dos Mísseis Coreanos de 2017.

Conforme contei anteriormente, o presidente dos Estados Unidos, Donald Trump, e o líder norte-coreano, Kim Jong-un, entraram em rota de colisão desde o início do Governo Trump. A crise continuou se agravando perigosamente, à medida que a Coreia do Norte testava um míssil nuclear após o outro e depois ainda detonou uma bomba de hidrogênio. No fim de novembro de 2017, Kim Jong-un testou um terceiro míssil balístico intercontinental, confirmando sua capacidade de atingir o território continental dos Estados Unidos.[5]

Poucas semanas depois, numa conversa no Salão Oval, Trump perguntou ao seu futuro conselheiro de segurança nacional, John Bolton:
– Na sua opinião, qual é a chance de uma guerra com a Coreia do Norte? Cinquenta por cento?[6]
– Tudo depende da China, mas provavelmente é por aí – respondeu Bolton.
Trump virou para seu chefe de gabinete, o general John Kelly, e disse:
– Ele concorda com você.
Eu só tomei conhecimento dessa conversa preocupante quando Bolton a relatou em sua autobiografia, *The Room Where It Happened* ("A sala onde aconteceu"), mas ela confirmou o que meus colegas e eu temíamos na época. Estivemos perigosamente à beira de uma catástrofe inimaginável.
No último dia de 2017, buscando um camarote para ter uma perspectiva da situação, fiz uma caminhada solitária, atravessando neve e gelo até chegar a um lago no Parque Nacional das Montanhas Rochosas. Na descida, parei em um afloramento rochoso com uma bela vista do vale logo abaixo.
Num impulso, decidi ligar para meu amigo Robert Carlin.
Poucos americanos conheciam tão bem o secreto reino eremita da Coreia do Norte quanto Bob. Ele vinha estudando o assunto havia mais de quarenta anos, primeiro como analista de inteligência e depois no Departamento de Estado. Tinha visitado a Coreia do Norte mais de trinta vezes e acompanhado a secretária de Estado Madeleine Albright durante o encontro histórico com o líder norte-coreano Kim Jong-il, pai de Kim Jong-un. Aposentado do governo, mantève a observação diária da dinâmica política na Península da Coreia.
O dia seguinte, dia de Ano-Novo, era um momento-chave para os observadores da Coreia do Norte, pois se esperava que Kim Jong-un fizesse seu discurso habitual estabelecendo a pauta política e econômica do ano inteiro. Imaginei que Bob estaria atento.
Eu queria pedir a ele que me ajudasse a imaginar uma forma de interromper a perigosa escalada nuclear de ameaça e contra-ameaça. Como seria uma coreografia de passos – uma delicada dança diplomática – capaz de afastar os líderes de uma guerra catastrófica?
Uma das minhas formas favoritas de estimular a criatividade prática é fazer a pergunta da *varinha mágica*.
– Bob, eu sei que o cenário parece bem sombrio, mas, se você tivesse

uma varinha mágica, o que Kim poderia dizer em seu discurso amanhã que enviaria um sinal positivo ao presidente Trump e ao presidente sul-coreano, Moon Jae-in?

A questão da varinha mágica dá às pessoas permissão para suspender sua descrença e dar asas à imaginação. Essa perspectiva rompe o hábito mental de presumir que amanhã será como ontem. Abre novas possibilidades.

Bob fez uma pausa e refletiu.

– Bem, Kim poderia anunciar que a Coreia do Norte completou sua missão histórica de desenvolver um armamento nuclear. Ele declararia vitória. Então, anunciaria uma moratória sobre novos testes. Todos poderiam respirar um pouco mais aliviados.

– Isso é muito bom. Reduziria a tensão e começaria a construir um pouco de confiança – complementei. – O que mais?

– Ele também poderia aceitar o convite de Moon Jae-in e enviar atletas para os Jogos Olímpicos de Inverno no mês que vem.

– Boa ideia. Uma espécie de trégua olímpica, como as que aconteciam nas Olimpíadas da Grécia Antiga, quando as guerras paravam. Vamos continuar mais um pouco, Bob. Será que Kim enviaria uma delegação política de alto nível para participar de discussões paralelas sobre como acalmar a situação? Caso sim, quem ele enviaria?

– Sim. Acho que ele mesmo não iria, mas talvez enviasse a irmã, Kim Yo-jong. Ela é a pessoa mais próxima de Kim Jong-un, talvez a única em quem ele confia. E talvez Trump também pudesse enviar um representante pessoal. Quem sabe? Eles poderiam conversar.

– Talvez Trump pudesse enviar Ivanka. Ela é a pessoa mais próxima dele, a pessoa em quem ele mais parece confiar. Talvez as duas pudessem se encontrar.

– Por que não? Na Coreia, a família é muito importante. As duas dinastias familiares poderiam se encontrar.

– Os egos masculinos estão inflamados. Talvez as mulheres mais próximas a eles possam construir confiança e abrandar a situação.

– Você se lembra que Trump disse certa vez, durante a campanha, que convidaria Kim para comer um hambúrguer com ele, e que eles poderiam fechar um acordo? E se Kim aceitasse e enviasse uma mensagem por meio de sua irmã durante os Jogos Olímpicos?

– Não é impossível – disse Bob.

Parecia quase inconcebível na época, dado que Trump e Kim tinham trocado insultos e ameaças. Mas Bob e eu estávamos imaginando um cenário positivo.

– Se eles se reunissem e se conhecessem pessoalmente, o que diriam um ao outro?

A mente de Bob começou a trabalhar, e ele propôs algumas frases. Minhas perguntas continuaram a fluir.

– Onde eles se encontrariam? Poderia ser em Panmunjom, na fronteira entre as duas Coreias?

– Seriam apenas Trump e Kim? Ou eles poderiam fazer um trio com Moon?

– Que tipo de acordo acha que eles poderiam firmar? Seria possível emitirem uma declaração formal pondo fim à guerra?

Eu tinha em mente que a Guerra da Coreia terminara com um armistício temporário, em 1953, mas nunca tinha sido oficialmente encerrada, com a assinatura de um tratado de paz.

Na verdade, Bob e eu estávamos coreografando uma peça, usando a imaginação com base em tudo que Bob sabia sobre as comunicações anteriores entre os líderes dos Estados Unidos e da Coreia do Norte.

Mal sabíamos que muitos desses passos coreografados aconteceriam, de fato, nas semanas e meses subsequentes.

CONSTRUA UMA HISTÓRIA CONVINCENTE

Em seu discurso de Ano-Novo de 2018, Kim Jong-un ameaçou:

– O botão nuclear sempre está na minha mesa.[7]

Donald Trump foi rápido em responder, por tuíte:

– Alguém desse regime debilitado e faminto pode avisar a ele que eu também tenho um botão, mas que o meu é muito maior e mais poderoso, e que o meu botão funciona de verdade?[8]

Se o ano de 2018 começou com os dois líderes como inimigos mortais, com um ameaçando o país do outro de morte e destruição, terminou com Trump dizendo aos seus apoiadores, durante um comício:

– E então Kim Jong-un e eu nos apaixonamos, ok? Não, sério, ele me escreveu cartas lindas, cartas magníficas.⁹

Como se deu essa reviravolta surpreendente?

A meu ver, ela aconteceu em grande parte estimulada pelo poder atrativo de uma *história envolvente*. Como antropólogo, aprendi a valorizar o papel central das histórias na existência humana. Passamos a vida ouvindo e contando histórias. Elas moldam a forma como vemos a nós mesmos e aos outros. Somos criaturas de histórias.

Ambos os líderes começaram a acreditar na história de dois homens fortes, que se encontraram e desafiaram as expectativas do mundo para se tornar heróis inesperados da paz mundial. Dennis Rodman estava certo em sua avaliação intuitiva da psicologia dos dois líderes ao dizer que poderiam formar uma amizade improvável. Os egos não precisam necessariamente produzir uma escalada para a guerra, podem ser colocados a serviço da paz. Ambos os líderes puderam aparecer como heróis para as pessoas com quem se importavam.

Em março de 2018, fui convidado por Ivanka Trump, filha do presidente e sua conselheira próxima, a fazer uma palestra para os altos funcionários da Casa Branca sobre o tema "Como chegar ao sim". No encontro com ela, enfatizei a oportunidade que seu pai tinha de fazer história e confundir seus críticos, tornando-se um herói da paz. Na minha palestra seguinte, usei a Coreia do Norte como exemplo, expliquei o exercício do discurso de vitória e ressaltei a vitória pessoal que acreditava estar no horizonte do presidente Trump.

Entretanto, eu subestimei o poder e a atratividade de uma história envolvente. Havia imaginado os líderes fazendo discursos de vitória somente *depois* de chegarem a um acordo. Estava errado. Quando se encontraram para a histórica reunião de cúpula em Singapura, em junho de 2018, Trump e Kim surpreenderam o mundo. Em vez da frieza esperada, eles pareciam gostar genuinamente um do outro. Trump elogiou Kim, dizendo que era "um homem muito talentoso", com uma "grande personalidade".¹⁰

No final da reunião de dois dias, eles concordaram em quatro princípios gerais como base para as discussões em curso. Na conferência de imprensa de encerramento, diante de ansiosos jornalistas de todo o mundo, Trump, um mestre do espetáculo, não perdeu tempo à espera de um acordo. Proclamou a vitória ali mesmo:

O mundo deu um grande passo atrás numa possível catástrofe nuclear! Chega de lançamentos de foguetes, testes nucleares ou pesquisas! Os reféns estão de volta em casa, com suas famílias. Agradeço ao presidente Kim. Nosso dia juntos foi histórico![11]

No dia seguinte, de volta aos Estados Unidos, Trump tuitou:

Acabei de desembarcar. Foi uma longa viagem, mas agora todos podem se sentir muito mais seguros do que no dia em que assumi o cargo. A ameaça nuclear da Coreia do Norte não existe mais.[12]

A mídia norte-coreana divulgou imagens radiantes de Kim e Trump na TV e em todas as primeiras páginas de jornal, saudando o enorme triunfo de Kim, uma vitória capaz de "marcar época".[13] A "reunião do século" ajudaria a criar "uma mudança radical nas relações hostis entre Coreia do Norte e Estados Unidos".

Na realidade, nada de tangível mudara. Nenhuma bomba nuclear ou instalação de fabricação de bombas fora desativada. Nenhum tratado de paz fora assinado. Mas, da perspectiva da história, houvera uma mudança drástica. Quebrou-se o tabu de um presidente dos Estados Unidos se encontrar com um líder norte-coreano. Dois líderes que ameaçavam uma destruição impensável construíram uma relação amigável.

Do poder intangível da história surgiu um impacto tangível: o risco imediato de uma guerra nuclear, que chegava aos 50%, caiu para menos de 1%, segundo especialistas. E isso fez toda a diferença.

O poder de uma história envolvente prevaleceu, um lembrete vívido da importância do *enquadramento* – a forma de apresentar uma história.

Foi uma poderosa lição para mim. Enxergamos o conflito como uma peça de teatro extremamente séria na qual os personagens começam como inimigos mortais e terminam como amigos. O segredo é construir uma narrativa atraente em que ambos possam aparecer como heróis para as pessoas com quem se importam.

PROJETE UMA FOTO ICÔNICA

Como diz o velho ditado, uma imagem vale mais que mil palavras. Uma maneira que descobri de dar vida a uma história envolvente é usar o Photoshop para criar uma foto "icônica" da reunião, do acordo ou do discurso de vitória imaginados.

Pense nos grandes momentos em que conflitos aparentemente insolúveis começaram a ser transformados. Costumamos preservar esses momentos com fotos icônicas – líderes sorrindo, apertando as mãos, ou lado a lado, em algum cenário histórico. As imagens são inspiradoras.

Quando me encontrei com Ivanka Trump, entreguei-lhe duas fotografias icônicas, uma de Ronald Reagan em sua histórica reunião em Reykjavik com Mikhail Gorbachev, e outra de Menachem Begin e Anwar Sadat assinando os Acordos de Camp David, junto com Jimmy Carter. Ivanka pediu para ficar com elas. Um mês depois, quando nos reencontramos, percebi que elas continuavam em sua mesa. Isso me mostrou como fotos icônicas podem ser atraentes. A foto icônica é a ferramenta visual de um *possibilista*. Ela nos dá liberdade para imaginar possibilidades onde aparentemente elas não existem.

Inspirado pela conversa com Bob Carlin sobre a varinha mágica, pedi à minha colega Liza Hester que usasse o Photoshop para criar uma série de imagens de reuniões de cúpula imaginárias em Panmunjom entre Trump e Kim, além de uma acrescentando o presidente Moon, da Coreia do Sul.

Pouco tempo depois, viajei para a Coreia do Sul e conheci o principal negociador sul-coreano para assuntos nucleares. Entreguei a ele uma imagem editada com Trump, Kim e Moon lado a lado, em frente ao prédio da guarda azul em Panmunjom, o cenário icônico da Guerra da Coreia.

– Foto muito interessante – comentou ele, sorrindo. – Bem que eles poderiam se reunir lá. – No fim da reunião, perguntou: – Posso ficar com a foto?

Seis meses depois, tive uma reunião com o principal enviado dos Estados Unidos à Coreia do Norte.

– Acabei de voltar de Seul e me encontrei com minha contraparte de lá – disse ele, com um sorriso. – Ele emoldurou a imagem de Photoshop da reunião dos três líderes e pendurou na parede.

No início de junho de 2019, eu me encontrei com Jared Kushner, genro e conselheiro sênior do presidente Trump, na Casa Branca, e apresentei a ideia de uma reunião de cúpula rápida e informal com Kim em Panmunjom numa próxima viagem presidencial ao Japão. Entreguei a Kushner um memorando de uma página sobre a ideia, metade da qual era uma foto icônica da reunião.

– Vou subir esse memorando – disse ele, com o polegar para cima.

Duas semanas depois, para surpresa geral, Donald Trump teve um rápido encontro informal com Kim Jong-un em Panmunjom.[14] O presidente sul-coreano Moon juntou-se a eles após a reunião bilateral. A icônica imagem de Photoshop criada dezoito meses antes se tornou realidade.

Após a inesperada reunião de cúpula, recebi um e-mail do negociador nuclear sul-coreano, que acabara de voltar do local:

– Parabéns! Sua ideia se tornou realidade. Tenho diante de mim a foto que você me deu, dos três líderes em Panmunjom.

FAÇA COM QUE A PONTE SEJA DOURADA

A atração faz com que a ponte seja dourada.

Para compreender o poder de atração, aplique-o a um conflito pessoal. Pergunte-se:

Se os lados não confiam um no outro, que passos eu posso dar para estabelecer confiança – e que passos o outro lado pode dar? Como seria o *cardápio de confiança* para começar a transformar um relacionamento tenso?

Se você coreografasse a sua própria peça, qual seria a sequência? Se tivesse uma varinha mágica, o que faria acontecer?

Você consegue imaginar uma vitória compartilhada? Como seria uma foto icônica desse momento?

Ao se imaginar como um dramaturgo, você cria possibilidades que não havia concebido.

Isso nos leva à última das três vitórias a ser alcançada no caminho do possível. Para transformar os conflitos polarizados da atualidade, precisamos ir além do camarote e da ponte. Precisamos envolver a *terceira parte*.

TERCEIRA VITÓRIA

ENVOLVA A TERCEIRA PARTE

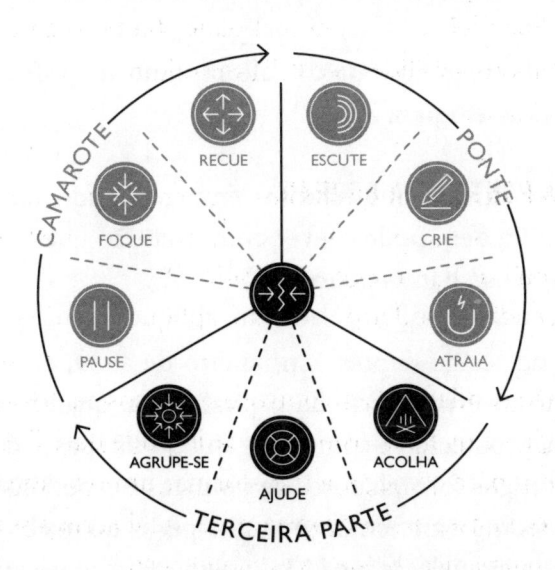

A Guerra entre Estados Unidos e União Soviética de outubro de 1962 foi a mais catastrófica das guerras que não aconteceram na história da humanidade.

Em outubro de 1962, eu tinha apenas 9 anos, mas me lembro das manchetes assustadoras, da inquietação e do pavor. No dia 22 daquele mês, o presidente John F. Kennedy proferiu um discurso fascinante:

Esse aumento secreto, rápido e extraordinário no número de mísseis comunistas [...] viola as garantias dadas pelos soviéticos [...] e não pode ser aceita por nosso país.[1]

Kennedy anunciou um bloqueio naval à ilha de Cuba para impedir que os navios soviéticos desembarcassem sua carga nuclear e instou o primeiro-ministro soviético Nikita Khrushchev a "tirar o mundo do abismo da destruição". E fez uma declaração ameaçadora:

Não nos arriscaremos prematura ou desnecessariamente a ter que lidar com os custos de uma guerra mundial nuclear, na qual até os frutos da vitória seriam cinzas em nossa boca – mas também não nos esquivaremos desse risco sempre que for preciso enfrentá-lo.

Terminou o discurso fazendo um alerta sombrio, pedindo que os americanos se preparassem para o pior:

Que ninguém duvide que estamos empreendendo um esforço difícil e perigoso. Ninguém pode prever com exatidão que rumo ele tomará, nem que custos ou baixas ocorrerão.

Um quarto de século depois, em janeiro de 1989, eu estava em Moscou, no auge do inverno gélido da capital russa, quando descobri o que realmente havia acontecido e como chegamos a um passo do Armagedom. Um grupo de antigos formuladores de políticas e especialistas soviéticos e americanos se reuniu para tentar juntar as peças do quebra-cabeça com a história completa daqueles tensos 13 dias em que a sobrevivência do mundo esteve em jogo. O que se passava a portas fechadas em Washington e Moscou enquanto os líderes refletiam sobre decisões de vida ou morte para suas nações e as demais?

Sentados ao meu redor, à mesa de reuniões, estavam os participantes sobreviventes da crise. Era difícil acreditar. Lá estavam eles: os principais conselheiros do presidente Kennedy e do primeiro-ministro Khrushchev. Robert McNamara, secretário de Defesa de Kennedy, estava sentado ao lado de McGeorge Bundy, conselheiro de segurança nacional. O ministro das Relações Exteriores de Khrushchev, Andrei Gromyko, estava sentado à mesa ao lado do ex-embaixador soviético em Washington, Anatoly Dobrynin. Sergei Khrushchev, filho e conselheiro próximo de Nikita Khrushchev, também estava presente. Por fim, havia Sergio del Valle, ex-comandante das Forças Armadas cubanas.

Se a crise tivesse evoluído para uma guerra, não haveria nem mesa nem gente.[2] Provavelmente todos os presentes, incluindo meus colegas de Harvard e eu, teríamos morrido incinerados pela explosão de uma bomba atômica, ou envenenados pela radiação posterior, juntando-nos a centenas de milhões de outras mortes nos Estados Unidos, na União Soviética, na Europa e em todo o mundo.

O que meus colegas de Harvard e eu sabíamos sobre a crise era o seguinte: em outubro de 1962, enquanto o presidente Kennedy fazia um discurso, as Forças Armadas dos Estados Unidos se preparavam para executar uma invasão total a Cuba com o objetivo de impedir que a Rússia instalasse ali seus mísseis nucleares. O sul da Flórida parecia um enorme estacionamento de equipamentos militares.[3] O governo americano havia tomado a decisão provisória de invadir Cuba caso houvesse qualquer interferência com o avião espião U-2 dos Estados Unidos, que sobrevoava a região diariamente para inspecionar o progresso da instalação dos mísseis nucleares.

Foi então que aconteceu. No sábado, dia 27 de outubro de 1962, no auge da crise, o avião espião foi abatido sobre Cuba por um míssil terra-ar soviético. A invasão parecia iminente.

O que meus colegas americanos e eu soubemos na reunião nos chocou. Secretamente, os soviéticos já haviam conseguido levar 162 armas nucleares para Cuba. Os mísseis tinham sido ativados e estavam prontos para uso.[4]

– Se o Exército americano tivesse invadido Cuba – disse Robert McNamara, com a voz embargada –, haveria 99% de chance de uma guerra nuclear.[5]

Como secretário de Defesa, McNamara sabia do que estava falando. Também sabia que a única coisa que havia impedido a invasão iminente e um Armagedom nuclear foi um acordo de última hora, negociado entre o irmão do presidente, Robert Kennedy, e Anatoly Dobrynin.[6] O primeiro-ministro Khrushchev concordou em retirar os mísseis soviéticos de Cuba; em troca, o presidente Kennedy prometeu não invadir Cuba e assumiu o compromisso secreto de retirar os mísseis nucleares americanos instalados na Turquia. Dobrynin leu em voz alta o telegrama que enviara a Moscou na época, detalhando o acordo secreto.

Durante a conferência, o próprio Sergei Khrushchev explicou que seu pai ficara surpreso ao saber que o avião americano tinha sido abatido. Ele não dera a ordem, como Washington presumira. Na verdade, dois generais soviéticos que estavam em Cuba tomaram a decisão independente de disparar, *sem* instruções de Moscou. À medida que recebíamos mais detalhes, compreendemos que aquela tinha sido apenas uma das muitas falhas de comunicação e erros de cálculo que quase provocaram uma inimaginável catástrofe mundial.

Saí da gelada Moscou assombrado ao perceber como estivemos perto da aniquilação mútua e profundamente grato pela sorte que tivemos de sobreviver à Guerra Fria. Tive dificuldades em digerir por completo a realidade do que quase acontecera.

Felizmente, como ficou claro a partir da troca franca de informações durante a reunião, na época da conversa a Guerra Fria estava terminando. Havíamos escapado por um triz. Mas, como antropólogo, preocupado com o futuro da humanidade, fiquei pensando em como nós e as gerações futuras poderíamos continuar vivendo neste planeta, considerando nossa extrema competência em conceber armas de destruição em massa e nossa propensão para a guerra. Senti uma enorme vontade de responder à pergunta que há muito me fazia: como podemos lidar com as nossas diferenças mais profundas sem destruir tudo que estimamos?

Em conflitos intensos, não é fácil ir ao camarote ou permanecer nele. Também não é fácil construir a ponte dourada. E se os líderes em crise não chegarem a um acordo? A guerra é a única opção? Existe alternativa?

Onde podemos conseguir ajuda?

NOSSO DIREITO INATO

Não precisei esperar muito por uma pista. Semanas após minha viagem a Moscou, parti numa pesquisa antropológica no deserto do Kalahari, no sul da África. Desde a faculdade eu queria visitar os povos nativos da região, uma das mais antigas culturas do mundo.

Até pouco tempo atrás, esses povos viviam como caçadores e coletores seminômades, da mesma forma que a humanidade viveu durante quase toda a sua história. Eu havia estudado a literatura antropológica sobre aquela cultura e estava ansioso para aprender em primeira mão sobre suas formas ancestrais de administrar conflitos. Tive o privilégio de visitar dois grupos – um em Botsuana, os kua, e outro na Namíbia, os ju/'hoansi.[7]

– É natural que os seres humanos tenham disputas – disse-me Korakoradue, ancião dos kua, enquanto estávamos sentados em volta da sua fogueira no meio do deserto. – Quando acontecem disputas, contatamos todos os amigos e parentes das partes e pedimos que ofereçam uma palavra tranquilizadora.

Assim como nós, os kua são perfeitamente capazes de cometer atos de violência. Na verdade, cada homem possui flechas de caça revestidas com um veneno mortal. Basta um kua ficar com raiva de outro para atirar uma flecha envenenada. Mas o veneno leva três dias para matar, então o ferido tem tempo de sobra para se vingar. As coisas podem piorar a partir daí.

Numa sociedade pequena, com cerca de 25 pessoas, sendo cinco caçadores, duas ou três mortes podem causar um grande estrago na capacidade de sobrevivência do grupo. O potencial de impacto de uma flecha envenenada equivale a uma bomba nuclear. Perguntei a mim mesmo: como esses grupos lidam com os conflitos tendo acesso imediato a armas de enorme poder de destruição?

Aprendi que quando os ânimos se exaltam e a violência parece iminente, pessoas próximas das partes em disputa recolhem as flechas envenenadas e as escondem num local distante, no meio do mato. Enquanto isso, outros membros do grupo tentam manter os antagonistas afastados.

Nesse ponto, os diálogos começam. Todos os homens e mulheres – e até mesmo as crianças – se reúnem em volta da fogueira e conversam, conversam... e conversam. Ninguém é excluído, e cada indivíduo tem a oportunidade de dar a sua opinião. Esse processo aberto, que os kua chamam de *kgotla*, pode levar dias, até que a disputa seja totalmente discutida. À noite, a comunidade se reúne ao redor da fogueira para cantar e dançar, pedindo aos deuses ajuda e discernimento para resolver a contenda.

Eles trabalham duro para descobrir quais regras sociais foram violadas e geraram a discórdia e o que é necessário para restaurar a harmonia social. Eles só descansam quando encontram uma solução boa para todos – não só para as partes, mas para o grupo inteiro. Enquadram o conflito como um problema de todos, pois qualquer conflito ameaça a comunidade.

Para os kua, não basta chegar a um acordo. Eles têm plena consciência de que, se o relacionamento entre as partes em conflito não for curado, é bem possível que voltem a entrar em disputa. É preciso que as partes se reconciliem por meio de reparação, pedido de desculpas e perdão.

Quando os ânimos ficam muito exaltados, os anciãos aconselham as partes em conflito a se afastar e passar um tempo com parentes em outro lugar. Reconheci a técnica; nos conflitos de gestão trabalhista em que atuei, chamávamos esse movimento de "período de reflexão".

Foi com os kua que comecei a entender e valorizar o poder e a influência da terceira parte. *O segredo dos kua para gerir conflitos é o envolvimento vigilante, ativo e construtivo dos membros da comunidade.*

A comunidade age em benefício do todo. O todo é o bem da comunidade, das crianças, do futuro. *A terceira parte é o lado do todo.*

A terceira parte não é apenas uma visão idealista; ela tem um poder genuíno. Por mais poderoso que seja, nenhum indivíduo tem mais poder do que a comunidade ao redor, unida. Em termos de negociação, a terceira parte funciona como a Batna, a melhor alternativa a um acordo negociado. A alternativa à violência e à guerra é a intervenção construtiva da comunidade.

A partir de minha pesquisa sobre a antropologia da guerra e da paz, entendi que a terceira parte é a nossa herança mais antiga para a transformação do conflito. É o nosso *direito inato*.

Suspeito que muitos dos nossos antepassados eram *possibilistas* praticantes. Foi assim que sobrevivemos e prosperamos.

Minhas visitas aos povos kua e ju/'hoansi me fizeram refletir sobre como a terceira parte funcionaria em sociedades urbanas altamente povoadas. Minha pista seguinte começou a surgir dias depois, quando viajei para a África do Sul.

ESPERANÇA PARA TODOS NÓS

Durante décadas, a África do Sul foi o principal símbolo de injustiça racial no mundo, sendo governada pelo apartheid, um sistema duro e cruel de discriminação e segregação baseado na cor da pele. Após décadas de uma paciente resistência não violenta, o Congresso Nacional Africano (CNA) recorreu a guerrilha, bombardeios e rebeliões, que o governo do Partido Nacional enfrentou com uma repressão violenta, causando a morte de milhares de pessoas.[8]

– Coisas terríveis estavam acontecendo em nosso país – explicou o arcebispo Desmond Tutu, descrevendo o momento. – As pessoas morriam como se fossem moscas. Muitos previam que um terrível confronto racial dominaria a nossa terra, que seríamos devastados por um banho de sangue racial. Parecíamos à beira da mais horrorosa catástrofe.[9]

– Quanto tempo isso pode durar? – perguntei a um embaixador estrangeiro que conheci na Cidade do Cabo, um dos observadores mais bem informados e perspicazes do conflito.

– Meu palpite mais otimista é que veremos o fim do apartheid daqui a uns trinta anos – arriscou ele.[10]

Eu tinha marcado um encontro com um colega antropólogo e professor universitário, David Webster, um oponente radical do apartheid.[11] Mas poucos dias antes da reunião ele fora assassinado na frente da própria casa, diante de sua mulher, por um esquadrão da morte a mando do governo.

O conflito parecia quase irreconciliável. No entanto, para surpresa geral, num período de cinco anos ele foi drasticamente transformado, e o sistema formal de apartheid chegou ao fim.

Quando voltei à África do Sul, em janeiro de 1995, tive a sensação de estar entrando em outro país. Tive que me beliscar para acreditar que era real. Nelson Mandela, que estava preso havia décadas quando visitei a África do Sul pela primeira vez, era agora presidente do país. F. W. de Klerk, que tinha sido presidente, agora servia como vice de Mandela. Num jantar em Joanesburgo, ouvi os dois líderes falarem de forma comovente sobre suas experiências.

Balas tinham dado lugar a pontes. As mudanças drásticas pareciam quase milagrosas para os sul-africanos e para a comunidade mundial, mas percebi que elas resultavam do mesmo fenômeno que tinha observado entre os kua: o envolvimento da comunidade, a terceira parte. Durante o jantar, o arcebispo Desmond Tutu declarou:

– Você pode ter certeza de que essa vitória espetacular sobre o apartheid jamais teria sido possível se não tivéssemos recebido um apoio tão extraordinário da comunidade internacional.[12]

Tutu estava certo. Nos anos anteriores, a comunidade mundial se unira para criar uma massa crítica de influência persuasiva. As Nações Unidas forneceram apoio político e econômico ao Congresso Nacional Africano. Estadistas proeminentes de muitos países deram conselhos e se ofereceram para mediar a negociação. Governos fizeram acordos sobre sanções financeiras, restringindo o comércio e o investimento na África do Sul dominada pelo apartheid.

As igrejas mobilizaram a consciência pública. Universitários de todo o mundo fizeram protestos, exigindo que empresas e universidades retirassem seus investimentos na África do Sul. As confederações desportivas continentais votaram pela exclusão de equipes sul-africanas que operavam num sistema racista.

Tão influente quanto o trabalho dos terceiros *externos* foi o trabalho dos terceiros *internos* – aqueles dentro da África do Sul. Sentindo a pressão financeira das sanções, os líderes empresariais convenceram o governo a negociar. Os líderes religiosos e os movimentos civis de mulheres e estudantes fizeram o mesmo, mobilizando-se para romper as fronteiras étnicas.

Sob todas essas condições, De Klerk foi convencido a libertar Mandela da prisão após 27 anos e iniciar as negociações com o Congresso Nacional Africano.

Contudo, as negociações não foram fáceis, e a violência política continuou. Líderes empresariais, trabalhistas, religiosos e civis trabalharam em parceira com o governo e com o CNA para criar o Acordo Nacional de Paz. O acordo formou uma rede sem precedentes de comitês pelo país, composta por cidadãos de todas as cores e classes sociais. Os comitês trabalharam em parceria com a polícia para interromper e reduzir a violência nas ruas, possibilitando o surgimento de uma democracia genuína e inclusiva. A terceira parte estava totalmente engajada.

Enquanto lutava com unhas e dentes por sua causa como líder do CNA,

Mandela se tornou um líder da terceira parte. O cerne do apartheid era a exclusão. Ironicamente, a ferida da exclusão também era sentida pelo povo branco africâner, que carregava traumas da guerra e da dominação britânica. A genialidade da liderança de Mandela foi incluir os africâneres e outros brancos nas conversas. Foi uma jogada ousada da terceira parte.

Para curar as feridas profundas deixadas pelo apartheid, Mandela apelou para o tradicional espírito africano do *ubuntu*. *Ubuntu* significa "Eu sou porque você é. Você é porque nós somos".

O *ubuntu* é a essência da terceira parte, o reconhecimento de que todos pertencemos a uma comunidade mais ampla.[13] *Todos estão incluídos; ninguém está excluído.*

No seu discurso inaugural, Mandela declarou:

Conseguimos plantar esperança no coração de milhões de pessoas. Estamos empenhados em construir uma sociedade na qual todos os sul-africanos, negros ou brancos, possam caminhar sem medo, com a certeza de seu direito inalienável à dignidade humana, uma nação arco-íris em paz consigo mesma e com o mundo.[14]

Na África do Sul, encontrei uma pista para a pergunta que eu havia me feito depois daquela preocupante reunião em Moscou. A violência e a guerra têm servido como o último – e por vezes o primeiro – recurso quando duas partes não conseguem chegar a um acordo. Haveria uma alternativa viável? O povo sul-africano e seus líderes recorreram à mais antiga herança do ser humano para lidar com conflitos – a terceira parte – e a recriaram numa sociedade em grande escala para lidar com um conflito profundo e que antes parecia insolúvel.

Um país inteiro assistiu, criou e agiu de acordo com novas possibilidades. Os cidadãos da África do Sul mostraram como, no âmbito da comunidade mais ampla, até o conflito mais difícil pode ser contido e, aos poucos, transformado. Eles demonstraram, da forma mais clara possível, como nós podemos optar por interromper o padrão de luta destrutiva que existe em nossas casas, no trabalho e no mundo.

No meio de um conflito acalorado, tendemos a pensar pequeno, reduzindo-o a dois lados: nós contra eles. Espera-se que todos os outros apoiem um lado ou o outro. Com esse pensamento bilateral, é muito fácil ficarmos presos numa luta cada vez mais destrutiva pelo poder.

Mas, conforme observei no deserto do Kalahari e na África do Sul, nunca há apenas dois lados num conflito, seja ele grande ou pequeno. Nunca é apenas "nós contra eles". Todo conflito ocorre dentro de um contexto social mais amplo. Assim, mesmo quando não percebemos, existe um "todos nós juntos". Sob o ponto de vista antropológico, estamos conectados por uma teia ininterrupta de sociabilidade, por mais rasgada que ela pareça.

Em conflitos aparentemente insolúveis, como os que enfrentamos hoje, é natural nos perguntarmos a quem podemos pedir ajuda. Em minhas experiências na África – e em outros lugares –, aprendi que a ajuda pode vir, como acontece há muito tempo, da comunidade engajada: a terceira parte. É a terceira parte que proporciona uma alternativa construtiva ao caminho da destruição, da violência e da guerra sem fim.

A terceira parte é um raio de esperança para a humanidade.

A TERCEIRA PARTE SOMOS NÓS

A terceira parte é o *poder das pessoas* – pessoas que usam o poder de pares, adotam a perspectiva do todo e apoiam um processo de transformação de conflitos.

Nos conflitos que nos rodeiam, cada um de nós é uma terceira parte em potencial – no papel de familiar, amigo, colega, vizinho ou cidadão. Quando os conflitos afetam a todos, é nossa responsabilidade ajudar. Transformar conflitos não é tarefa apenas de especialistas. É trabalho de todos.

A terceira parte somos nós – cada um de nós trabalhando juntos.

Antes das minhas experiências na África, minha imagem da terceira parte era a de um mediador, um indivíduo ou grupo neutro, capaz de ajudar as partes na negociação de um acordo benéfico para todos. Aprendi ao longo dos anos o ofício da mediação. Os mediadores têm um papel importante, mas hoje compreendo que existe uma forma muito mais ampla e, em última análise, poderosa de transformar conflitos: *uma comunidade que pode mediar suas próprias disputas.*

Uma analogia para a terceira parte é o sistema imunológico. Existem inúmeros microrganismos no nosso corpo. A grande maioria é benigna, mas o que mantém os elementos nocivos sob controle é o sistema imunológico. É a nossa resiliência natural. A terceira parte pode ser entendida como um *sistema imunológico* social, que ajuda a manter sob controle os vírus da violência e da destruição.

Não precisamos ser *neutros* para sermos da terceira parte. Muitas vezes, não somos. Entre os kua e os semai, os terceiros são parentes próximos que incentivam seus familiares a se acalmar e conversar. Até as próprias partes podem, por vezes, agir como terceiros – para isso basta adotarem a perspectiva do todo. Mandela se tornou um líder da terceira parte, embora continuasse sendo um defensor ferrenho de sua própria posição. Defendia o todo, mesmo comandando uma parte específica.

A terceira parte é motivada por algo além do altruísmo. Quer sejamos familiares, amigos ou vizinhos, somos afetados pelos conflitos que nos rodeiam. Estamos agindo por interesse próprio e coletivo, porque essa é a nossa comunidade.

Quando Roger Fisher, Bruce Patton e eu trabalhamos em *Como chegar ao sim*, nosso foco era no ganho mútuo – o clássico "ganha-ganha" –, um resultado bom para ambos os lados. Nas minhas experiências na África e em outros lugares, aprendi que, para mobilizar a terceira parte, precisamos dar um grande passo para além do ganha-ganha – precisamos passar para o *ganha-ganha-ganha*. Precisamos pensar em termos de uma *terceira vitória* – uma vitória para a comunidade em geral, para o futuro, para os nossos filhos. Essa terceira vitória catalisa e sustenta os esforços da terceira parte no longo prazo.

Ser um terceiro eficiente não é tarefa fácil. Se agimos de forma reativa e intrusiva, corremos o risco de piorar a situação. Como terceiros, só podemos ajudar os outros a ir ao camarote se nós mesmos tivermos ido ao camarote. Só podemos ajudar as partes a construir a ponte dourada se nós mesmos tivermos construído pontes de confiança com as partes. É por isso que, na sequência lógica do caminho para o possível, a terceira parte é a vitória final, fruto do trabalho tanto do camarote quanto da ponte.

A terceira parte é um recurso invisível que mal começamos a explorar, talvez nosso maior poder para transformar conflitos. Quando ativada, pode se tornar o tão necessário antídoto para a polarização, o extremismo e a demonização do outro.

DESBLOQUEIE O POTENCIAL AO REDOR

Se a ida ao camarote libera o potencial *dentro* de nós e a construção da ponte dourada abre o potencial *entre* nós, o envolvimento da terceira parte libera o potencial ao nosso *redor*.

Para ativar a terceira parte, utilizamos três poderes naturais. Cada um deles é uma capacidade inata, algo que talvez já saibamos fazer, mas precisamos desenvolver e aprimorar.

O primeiro é o poder de *acolher* – abrigar e conectar as partes. Quando fazem um círculo em torno da fogueira, os kua estão acolhendo o conflito e as partes. Ninguém fica de fora do círculo.

O segundo é o poder de *ajudar* – contribuir para que as partes possam ir ao camarote e construir uma ponte dourada no momento em que essa tarefa não for fácil. No povo kua, os amigos, parentes e idosos ajudam as partes, facilitando a resolução e a reconciliação.

O terceiro é o poder de *agrupar-se* – aplicar uma massa crítica de ideias e influências. Assim como as aves se agrupam para defender o ninho dos ataques de animais intrusos, a terceira parte pode se agrupar para transformar um conflito difícil. Na África do Sul, terceiros externos se aliaram a terceiros internos para criar uma intensa força de influência e persuasão.

Os três poderes têm uma sequência lógica. Começamos com o *acolhimento*, que cria uma atmosfera psicológica propícia. Intensificamos o engajamento com a *ajuda*, cujo foco é resolver os problemas do presente. O processo culmina no *agrupamento*, que traz toda a influência e alavancagem da comunidade. Juntos, esses três poderes desbloqueiam todo o potencial que existe ao nosso *redor*.

A terceira parte é um gigante adormecido. É um "superpoder" latente, que existe dentro de cada um de nós. O desafio é encontrar maneiras de despertá-lo.

CAPÍTULO 9

ACOLHA

Da exclusão à inclusão

Ele me excluiu com o círculo que traçou
A seus olhos eu era herege, rebelde, ele me desprezou.
Mas com amor e sagacidade ao final venci:
Tracei outro círculo e o incluí!
– Edwin Markham[1]

– Você é William Ury? Meu nome é María Elena Martínez. Viajei de ônibus a noite toda, durante 12 horas, e estou esperando aqui desde as seis da manhã só para encontrá-lo – disse a mulher que se aproximou de mim quando entrei pela porta do Teatro Ateneo de Caracas, na capital da Venezuela, em fevereiro de 2003.

Cinco guardas nacionais fortemente armados e um funcionário da embaixada dos Estados Unidos me escoltaram até o teatro. O funcionário da embaixada tentou afastar a mulher assim que a viu, explicando que estávamos ocupados, mas fiz questão de ouvi-la.

– Acabei de chegar de uma reunião de líderes indígenas no coração da selva – disse-me María Elena. – Ontem eles realizaram uma cerimônia, que durou o dia todo, pela paz do país. Os líderes abençoaram este colar e me enviaram aqui para oferecê-lo a você, para que abençoe esta conferência. Posso colocá-lo no seu pescoço?

Ela me ofereceu um colar lindo, feito de sementes vermelhas e brancas da selva, com um grande fruto seco marrom no centro.

Parei por um momento e olhei nos olhos dela.

– Por favor – respondi. – *Gracias*.

Baixei a cabeça para ela colocar o colar. Assim que entramos numa sala privada do teatro, o oficial da embaixada me disse:

– Sugiro que tire esse colar. Está ridículo no senhor.

Eu ri.

– Aposto que fica um pouco estranho com terno e gravata mesmo – respondi. – Ainda assim, os líderes indígenas e aquela mulher tiveram muito trabalho para trazê-lo aqui. Não quero decepcioná-los.

Preferi não acrescentar que sou antropólogo e que o colar não me parecia nada estranho. O oficial me olhou feio e se afastou.

A convite do Carter Center e das Nações Unidas, eu estava na Venezuela para oferecer ideias sobre como lidar com um conflito que vinha dilacerando o país. Entre reuniões com funcionários do governo e líderes da oposição, fui convidado por Francisco Diez, meu amigo e colega do Carter Center, para ajudar a organizar uma conferência para os cidadãos. O tema era *El Tercer Lado* – a terceira parte –, título de um livro de minha autoria lançado na época e recém-traduzido para o espanhol.

– Quantas pessoas você está esperando? – indaguei.

– Como é aberto ao público, não sei. Mas é uma reunião que dura o dia todo num dia de semana. Talvez apareçam 150 pessoas, 200, se tivermos sorte. Francamente, as coisas aqui estão tão polarizadas que não tenho certeza se há interesse em diálogo público. Mas, por precaução, alugamos um teatro com capacidade para 500 lugares. De qualquer forma, não se preocupe. Se vier pouca gente, todos podemos nos sentar na frente.

Entretanto, para nossa surpresa, quando Francisco e eu chegamos ao teatro, encontramos a rua lotada, com mais de mil pessoas pedindo para entrar no teatro e dezenas de soldados armados impedindo o acesso delas. Dado que os *chavistas* – apoiadores do presidente Hugo Chávez – e os *antichavistas* nunca tinham se reunido em tal número, exceto para protestar e lutar, a Guarda Nacional foi chamada para evitar que as partes entrassem em conflito. Não parecia um bom presságio para a discussão pública pacífica que Francisco pretendia conduzir.

– O que fazemos agora? – perguntei a Francisco no carro, observando a situação assustadora ao redor do teatro. – Existe um local maior que possa acomodar toda essa gente? Ou devemos adiar até encontrar um lugar?

– Neste momento, não temos outras opções. Acho melhor simplesmente prosseguir – respondeu ele. – Podemos fazer outra depois. Tudo foi planejado. O secretário-geral Gaviria está prestes a chegar.

– Ok – concordei, me sentindo um pouco inseguro por nunca ter mediado uma reunião de cidadãos irritados e polarizados tão grande como aquela. – Vamos dar nosso melhor.

Ao sair do carro em meio ao caos, lembrei-me da *kgotla* – a reunião que o povo kua faz ao redor da fogueira, no deserto do Kalahari. Era a terceira parte em ação, *acolhendo* um conflito: cuidando das partes, ouvindo-as e garantindo que todos se sentissem incluídos. Fiquei me perguntando se, de alguma forma, em outro contexto, seríamos capazes de criar uma versão moderna de acolhimento de um conflito. Como seria?

Quando entrei no hall, reconheci María Elena Martínez. Senti-me estranhamente fortalecido pelo presente inesperado do colar com as orações dos povos originários da Venezuela. O colar me fez lembrar das pessoas de todo o país que vinham sendo afetadas pelo perigoso conflito político. Isso me fez ter consciência do motivo de estar ali.

PERMITA QUE A TERCEIRA PARTE SEJA OUVIDA

Quando entrei, todos os assentos estavam ocupados, com pessoas de pé nos corredores ou sentadas nas escadas. Havia um burburinho geral, com muitos falando num tom agitado e assustado.

Como planejado, a conferência começou com breves comentários introdutórios de César Gaviria, secretário-geral da Organização dos Estados Americanos. Enquanto ele falava, tentei me recompor e me lembrei de respirar fundo. Então, Francisco me apresentou. Subi ao palco e fiquei atrás do pódio, olhando para todas as pessoas no teatro. Muitos rostos pareciam tensos e ansiosos.

– Obrigado por terem a coragem de vir aqui hoje para uma conversa – comecei. – Este é o trabalho mais difícil que nós, seres humanos, somos capazes de realizar: enfrentar os nossos medos e ouvir outras pessoas de quem podemos discordar. Sei que muita gente queria participar desta conferência, muito mais do que os organizadores esperavam. Lamento sinceramente que muitos que desejavam estar aqui hoje não tenham essa possibilidade, porque o teatro é muito pequeno. Tentaremos encontrar uma maneira de incluí-los muito em breve.

Fiz uma pausa, então prossegui:

– Talvez vocês estejam aqui hoje como cidadãos, individualmente, mas carregam os medos e as esperanças de muitas outras pessoas de todo o país. Uma de vocês pegou um ônibus noturno por 12 horas só para estar aqui. Essa pessoa veio diretamente de uma reunião de lideranças indígenas na floresta. Ontem, eles realizaram uma cerimônia pela paz da Venezuela e pediram que essa pessoa trouxesse um colar que guarda suas orações para abençoar a conversa que teremos hoje. Ela foi instruída a colocá-lo no meu pescoço, para que possa ficar aqui, com todos nós. María Elena, por favor, fique de pé para que possamos agradecer a você e aos líderes indígenas.

Quando María Elena se levantou, as pessoas aplaudiram. Continuei:

– Devo dizer a vocês, desde já, que ainda estou aprendendo sobre a Venezuela e o conflito que existe no país. Há muita coisa que não sei, mas trabalhei em muitos outros conflitos ao redor do mundo, em muitas guerras civis, e acredito que vocês têm uma enorme oportunidade aqui na Venezuela: a de evitar uma guerra civil *antes* que ela comece. Posso dizer a todos, por experiência própria, que é muito melhor e mais fácil *evitar* a guerra. Quando o sangue começa a ser derramado, é quase impossível pará-lo. Quase todos os conflitos em que trabalhei deram sinais de alerta precoces, comuns antes do início da guerra civil. As pessoas começam a comprar armas. Há rumores de violência iminente. As pessoas estigmatizam o outro lado, não só como adversários políticos, mas como o próprio mal. Começam a acreditar que o perigo é existencial, ameaça tudo que lhes é caro. É aí que a violência começa. Então, permitam-me fazer algumas perguntas: quantos de vocês compraram ou conhecem pessoas que compraram armas nos últimos meses?

Quase todas as mãos se levantaram.

– Quantos de vocês ouviram rumores de que o seu bairro será atacado?

Mais uma vez, as mãos se levantaram.

– Quantos já ouviram o outro lado ser chamado de gente maldosa, demoníaca?

Mais uma vez, a maioria das mãos foi levantada.

– No seu conflito, como acontece com a maioria das pessoas, parece que todos têm que escolher um lado. Pessoas que não tomam partido são criticadas e atacadas. Ouvi dizer que aqui na Venezuela existe até um nome para essas pessoas. Elas são as pessoas *ni-ni* (espanhol para "nem-nem"). Esses indivíduos são desprezados pelos que os rodeiam. Isso é verdade?

As pessoas fizeram que sim com a cabeça.

– Quantos de vocês foram chamados assim?

Alguns levantaram a mão.

– O que pode impedir uma guerra civil? Pela minha experiência em outros lugares, posso afirmar que a chave para isso é toda a comunidade se unir para acabar com a violência. Além dos dois lados, existe uma *terceira parte*. É a parte de toda a Venezuela, que inclui seus filhos e o futuro deles. O futuro de todos vocês. A terceira parte é a comunidade engajada que se opõe à violência, defende o diálogo e procura formas de viver em paz e harmonia, apesar das profundas diferenças políticas. Qualquer um de vocês pode ser a terceira parte, não importa se são *chavistas* ou *antichavistas*. Ou que não sejam nenhum dos dois. Estar do lado da terceira parte significa estar do lado de toda a comunidade.

E prossegui:

– Pensem por um momento em como esse conflito prejudicou vocês e aqueles que amam. Talvez vocês conheçam alguém que tenha sido espancado ou até morto. Talvez seus familiares ou amigos não se falem mais. Talvez vocês, ou alguém ao seu redor, tenham perdido o emprego. Talvez vocês ou seus filhos tenham tido pesadelos com a violência. Nos lugares que conheci onde a comunidade se junta contra a violência, é a terceira parte que diz *não*. Se vocês dissessem *não* à violência aqui na Venezuela, que palavra escolheriam?

– *Basta!* – gritou alguém de uma fileira afastada. – Chega!

– Eu adoraria ouvir por um momento a voz do povo venezuelano dizendo não à violência. Até agora, a voz da terceira parte foi silenciada. Ao pensar em como este conflito prejudicou vocês e as pessoas ao seu redor, peço que gritem "*Basta!*" juntos, com toda a emoção. Podem fazer isso por mim?

Eles assentiram.

– Preparados? Em três. *Uno... dos... tres.*

– *Basta!* – gritaram todos.

Foi um momento poderoso, mas percebi que as pessoas ainda estavam reticentes.

– Repitam mais uma vez. *Uno... dos... tres.*

– *Basta!* – gritaram, dessa vez mais alto.

– Uma última vez. Com toda a força.

– *Basta!!!*

O som foi ensurdecedor, e o teatro vibrou.

Era a voz da terceira parte, que eu tanto desejava ouvir.

O clima no teatro mudou. As emoções negativas de medo e raiva deram lugar a uma intenção positiva de pôr fim à destruição causada pelo conflito. Parecia que todos tinham se lembrado do que significava ser venezuelano, parte de uma família maior. Naquele momento, o poder latente da terceira parte foi ativado para interromper a escalada da violência.

No teatro, depois do almoço, os participantes se dividiram em pequenos grupos, *chavistas* e *antichavistas*, e depois se reuniram em grupos maiores para discutir como poderiam trabalhar juntos para prevenir a violência e preservar a paz do país. O teatro emitia uma vibração positiva de entusiasmo e criatividade.

ENFRENTE EXCLUSÃO COM INCLUSÃO

Minha experiência no teatro me fez lembrar do poema de Edwin Markham citado no início deste capítulo. Ouvi esse poema pela primeira recitado pelo meu amigo Landrum Bolling, um notável pacificador, na época com 90 e poucos anos. Landrum me disse que o ouviu quando era menino, dos lábios do próprio poeta, numa escola secundária no Tennessee na década de 1920.

Landrum descreveu como Markham ficou de pé no palco, com sua cabeleira branca, e começou a recitar "Ele me excluiu com o círculo que traçou / A seus olhos eu era herege, rebelde, ele me desprezou", enquanto, num gesto dramático, desenhava um círculo no ar com o dedo. Então, com a mesma dramaticidade, o poeta esticou o braço, desenhou um círculo muito mais amplo e completou: "Mas com amor e sagacidade ao final venci: / Tracei outro círculo e o incluí!"

Nessa única estrofe, o poeta resumiu um obstáculo fundamental à transformação do conflito e apresentou uma estratégia engenhosa – uma ação surpreendente que usa a inclusão para combater a exclusão. Era um jiu-jítsu emocional. Desde então guardo em mim esse poema e sua sabedoria.

No centro de quase todos os conflitos profundos em que trabalhei está a ferida da exclusão. Palestinos e israelenses, protestantes e católicos da Irlanda do Norte, sérvios e croatas, mineiros de carvão no Kentucky – ouvi de todos esses grupos relatos sobre os sentimentos de discriminação e humilhação, relatos que muitas vezes remontavam a várias gerações ou mesmo séculos. Esses sentimentos e traumas alimentam conflitos e muitas vezes desencadeiam atos de violência e guerra.

No âmbito dos negócios, vi relacionamentos ruírem e conflitos surgirem porque uma das partes se sentiu ofendida ao ver um colega ser excluído de uma reunião importante. E descobri que as brigas em família costumam ganhar força quando um membro sente que é tratado como inferior.

O único remédio que conheço para a ferida da exclusão é a inclusão. É atender à necessidade universal de pertencimento. É o que os kua fazem quando surgem disputas. Começam se aproximando da fogueira e formando um círculo ao qual todos pertencem e onde todos podem ser ouvidos. Incluir os que se sentem excluídos é uma forma testada e aprovada de lidar com as diferenças.

Naquele dia, no teatro em Caracas, senti a mudança da exclusão para a inclusão e lembrei como, a qualquer momento, somos capazes de mudar nossa forma de lidar com o conflito, deixando de excluir o outro lado e passando a incluí-lo.

A conversa inclusiva não parou ali, no teatro. Os participantes concordaram em se encontrar no dia seguinte. Passaram a organizar diálogos públicos em todo o país. Montaram um teatro de rua e programas escolares. Foram a programas de rádio. O diálogo no teatro se transformou num programa de TV com transmissão nacional. Foi intitulado *El tercer lado* – "A terceira parte".

Os participantes fundaram um movimento civil nacional cujo objetivo era lembrar aos venezuelanos que aquilo que os unia era maior que aquilo que os dividia. Os organizadores chamaram o movimento de Aquí Cabemos Todos – Aqui há espaço para todos. Aqui todos pertencem. Essa é a mensagem essencial da terceira parte.

Antes desse momento havia apenas dois lados no conflito político venezuelano. Não havia espaço para nuances, complexidades ou mesmo conversas. Agora, a terceira parte tinha um lugar para se posicionar, uma comunidade que incluía pessoas de todas as opiniões. Naquele momento de intensa exclusão entre os lados polarizados na Venezuela, nasceu um lar para a terceira parte.

Aquí Cabemos Todos foi apenas uma iniciativa de construção comunitária numa sociedade mais ampla, dilacerada por conflitos destrutivos. Embora o conflito político, infelizmente, continue até hoje, os venezuelanos conseguiram evitar a guerra civil que tantos temiam. Para transformar o padrão de conflito tóxico de toda uma sociedade, a terceira parte precisa se fortalecer. Se a terceira parte é como um sistema imunológico social, então precisamos fortalecê-lo, assim como fortalecemos o sistema imunológico do corpo para preservar a saúde.

Ao recontar a história do diálogo no teatro venezuelano naquele dia, há vinte anos, não posso deixar de pensar no meu próprio país hoje. Compra de armas? Medo de violência iminente? Estigmatização de grande parte dos cidadãos? Se os americanos conseguirem evitar a guerra civil, que muitos temem que possa acontecer nos próximos anos, será porque fortalecemos nosso sistema imunológico social e nos unimos à terceira parte, independentemente do lado político em que estivermos. Será porque reconhecemos que, no fim das contas, todos pertencemos ao país.

ACOLHER É HUMANO

Provavelmente todos nós sabemos acolher. Quando acolhemos, damos as boas-vindas aos nossos hóspedes e perguntamos se estão com fome ou com sede. Atendemos às suas necessidades. Ouvimos o que têm a dizer e fazemos com que se sintam em casa. Nós os apresentamos a outras pessoas. Quem não se lembra de um momento em que acolheu alguém em casa, ou de um momento em que foi acolhido por alguém como hóspede? Acolher é, talvez, o ato mais básico da nossa humanidade. Talvez mais do que qualquer outra atividade, cuidar de alguém necessitado é o que nos torna humanos.[2]

Acolher significa *assumir responsabilidades*. Responsabilidade significa capacidade de resposta – capacidade de responder de forma construtiva a um conflito. Acolher significa dar *atenção* a um conflito com a *intenção* de transformá-lo. Acolher é *cuidar* das partes. Quando surgem discussões ao nosso redor, precisamos acima de tudo de acolhimento.

O acolhimento contagia. No dia anterior à conferência em Caracas, o conflito foi acolhido por líderes indígenas, que realizaram uma cerimônia de paz. A conferência foi organizada por terceiras partes: a Organização dos Estados Americanos, o Carter Center e o Programa das Nações Unidas para o Desenvolvimento. À tarde, os próprios cidadãos assumiram a responsabilidade, como terceiros internos, criando o movimento Aquí Cabemos Todos, para acolher o conflito no nível nacional.

O acolhimento desenha um círculo maior de comunidade que inclui todas as partes. Ao criar esse círculo, acolhemos e estimulamos a terceira parte a se manifestar. Antes, parecia haver apenas dois lados, mas agora, graças ao poder do acolhimento, fica claro que existem três.

O acolhimento inclui. Recebe e trata todos como indivíduos dignos, donos de uma voz que merece ser ouvida. Reconhece a dignidade inerente a todos. Cria um lugar seguro ao qual todos pertencem, independentemente de quem sejam ou da opinião política que tenham.

Acolher significa receber as partes, ouvir suas histórias e tecer uma teia de comunidade a seu redor.

DÊ BOAS-VINDAS

O acolhimento começa quando damos *boas-vindas* às partes – e a seus conflitos. Em vez de evitar essas pessoas ou nos juntarmos a elas, nós as observamos com espírito de curiosidade, as trazemos para nosso círculo de preocupações. Oferecemos respeito básico e mostramos que elas pertencem.

Você já teve a experiência de ser um estranho num lugar estranho? Já foi recebido por alguém que mal conhecia e que lhe deu de comer e beber? Já experimentou um ato de hospitalidade e gentileza de um desconhecido?

Trabalhei durante muitos anos num projeto inovador para viabilizar um caminho através do Oriente Médio que reconstitua a lendária travessia de Abraão e sua família há 4 mil anos e celebre o espírito de hospitalidade em relação a estranhos.

Tudo começou com um grupo de amigos jantando numa noite de verão sob o céu estrelado. Dois deles tinham acabado de voltar do Oriente Médio, e começamos a discutir o muro de medo que dividia o mundo. Era agosto de 2003, menos de dois anos após os trágicos ataques do 11 de Setembro, que, por sua vez, conduziram às guerras devastadoras no Afeganistão e no Iraque. A "guerra ao terrorismo" global, lançada pelos Estados Unidos, era vista no mundo islâmico como uma guerra ao islã.

Naquela noite, meus amigos e eu estávamos sendo acolhidos pelo dono da casa, e, em certo sentido, com nossa atenção e preocupação, estávamos começando a "acolher" aqueles conflitos divisivos.

– É possível que estejamos enfrentando um novo conflito mundial, meio como a Guerra Fria, com o mundo dividido em dois lados gigantescos, com a religião no meio – comentou minha amiga Rabia Roberts.

– Com tanto medo e separação, o que poderia unir as pessoas? – perguntou meu amigo Elias Amidon.

Rabia e Elias tinham acabado de regressar da Síria, onde haviam comandado uma peregrinação de ocidentais – um pequeno passo para preencher o abismo entre pessoas do Ocidente e do Oriente Médio.

Isso me fez pensar. Ao longo dos anos, trabalhei nos conflitos do Oriente Médio, com foco nas negociações políticas, mas comecei a refletir e me perguntar se haveria outra maneira mais prática de lidar com os conflitos. Apaixonado por viagens e caminhadas, sugeri:

– É uma ideia maluca, mas que tal fazer o que vocês acabaram de fazer, mas numa escala maior?

– Como assim? – perguntaram meus amigos.

– Não sei. Alguém já refez os passos de Abraão? Ele é o ancestral de todos os povos do Oriente Médio... e de grande parte do mundo.

Por um momento, todos me olharam sem entender.

– Quando começou a Guerra do Iraque, lembrei que ali é a terra onde se acredita que Abraão nasceu. Sei que parece absurdo, mas, como antropólogo, também sei que recontar uma antiga história mítica pode ser muito poderoso, capaz de despertar alguma coisa em todos nós. Talvez um caminho seguindo os passos lendários de Abraão ajudasse a lembrar a todos nós que, apesar de tanta coisa que nos divide, há algo maior que todos compartilhamos: uma história, uma humanidade, um futuro. E existe outro fator importante sobre o ato de caminhar: quem luta enquanto caminha?

Na época eu não sabia, mas aquela pequena ideia maluca durante o jantar foi o início de duas décadas de trabalho árduo – e de muitas caminhadas – para concretizar o sonho em meio a intensos conflitos políticos e guerras.

Os céticos disseram que era impossível, mas meus colegas e eu perseveramos. Estudamos outros caminhos ao redor do mundo, sobretudo o famoso Caminho de Santiago, que termina na Espanha.

Em outubro de 2006, partimos numa viagem inaugural acompanhados de 23 pessoas de todo o mundo, incluindo um imame, um padre, um rabino e um pastor, para refazer os passos de Abraão – ou Ibraim, como é conhecido em grande parte da região. Nossos objetivos eram mostrar que aquilo era possível e também consultar as comunidades ao longo do trajeto para descobrir o que pensavam a respeito de um possível caminho cultural de longa distância pela região. Durante quase duas semanas, viajamos de ônibus e às vezes a pé, começando em Harã, no sul da Turquia, de onde se acredita que Abraão tenha partido, e terminando em Hebron – ou Al-Khalil –, ao sul de Jerusalém, onde se acredita que ele tenha sido enterrado.

Atendendo ao interesse das comunidades locais, meus colegas e eu lançamos, em 2007, a Abraham Path Initiative (Iniciativa do Caminho de Abraão).[3] Trabalhando em parceria com organizações locais, a iniciativa apoiou o mapeamento de centenas de quilômetros de caminhos em diversos países do Oriente Médio e recebeu apoio das Nações Unidas e do Banco Mundial, que quis saber como os caminhos poderiam criar empregos e meios de subsistência para pessoas que vivem em ambientes políticos frágeis. Em poucos anos, o Caminho de Abraão chegou ao primeiro lugar da *National Geographic* entre os dez melhores novos caminhos terrestres do mundo.[4]

Milhares de pessoas – jovens e idosas, locais e estrangeiras, das mais diversas culturas e nacionalidades – já percorreram os diversos caminhos intranacionais que surgiram ao longo do antigo caminho cultural. Muitas se hospedaram nas casas de moradores da região ao longo do caminho. Os caminhos podem durar mais que qualquer um dos conflitos atuais na região e até contribuir para a transformação deles.

O objetivo do caminho é acolher as diferenças de uma forma inusitada, convidando as pessoas a seguir os passos de Abraão para conhecer outros povos, culturas e crenças. À primeira vista não se trata de resolução de conflitos, mas, indiretamente, velhos estereótipos são desafiados, e a compreensão mútua aumenta. Como meu amigo e colega de caminhada David Baum gosta de dizer, o segredo é *ter a conversa sem ter a conversa*.

Abraão é famoso por muitas coisas, mas talvez, acima de tudo, pela sua hospitalidade. As histórias antigas contam como ele deixou a casa de seus ancestrais e se tornou um estranho em uma terra estranha. Ele recebeu hospitalidade e foi hospitaleiro. Dizem que sua tenda era aberta por todos os lados para receber estranhos e oferecer-lhes comida e cuidados. Abraão é considerado um *acolhedor* por excelência.

Esse nível de acolhimento é o que eu e muitos outros temos vivido ao longo dos anos, percorrendo os diversos caminhos da região. Tudo que tínhamos ouvido e lido nos condicionava a esperar *hostilidade*. Em vez disso, recebemos a mais surpreendente *hospitalidade*.

Um menino pastor corre atrás de mim e dos meus companheiros de caminhada para nos oferecer frutos de sua árvore. Ele não tem nada, mas quer presentear. Uma beduína e a sua filha chamam insistentemente um grupo de dez caminhantes dispersos para se juntar a ela na sua tenda de pelo de cabra e tomar café. Num vilarejo, várias famílias se mostram hospitaleiras. Ao longo do caminho, a todo momento ouvimos a tradicional saudação em árabe aos visitantes, "*Ahlan wah sahlan*": "Fique à vontade. Você está em família."

Trilhando o Caminho de Abraão, aprendi uma grande lição: o impulso de se conectar, de presentear e de acolher os outros é profundamente humano. É o poder oculto da comunidade, que podemos acessar e explorar para lidar com as diferenças. O simples ato de acolher e ser acolhido abre novas possibilidades de transformação das relações humanas.

Ninguém precisa criar um grande projeto para acolher. Qualquer um de nós pode acolher a qualquer hora e em qualquer lugar, conforme aprendi no Caminho de Abraão. Pode ser um gesto simples, como convidar um colega de trabalho que está enfrentando um conflito para tomar uma xícara de café e ouvir a história que ele tem a contar.

OUÇA O TESTEMUNHO

Após darmos boas-vindas às partes e ajudá-las a relaxar, o passo seguinte é *ouvir os testemunhos* – praticar a escuta profunda com nossos convidados e testemunhar a perda e a dor que acompanham qualquer conflito difícil.

Lembro-me de uma antiga lenda sobre o Rei Arthur.[5] Um jovem cavaleiro da Távola Redonda parte em busca do Santo Graal, o símbolo lendário daquilo que há de mais precioso. Após anos de busca em vão, o cavaleiro se depara com um castelo misterioso que aparece de repente em meio à neblina. O cavaleiro reúne coragem e entra no castelo, onde encontra um salão de jantar com um rei velho e frágil sentado a uma longa mesa, com todos os seus cortesãos. O rei parece nervoso. Na mesa está o Santo Graal, um lindo cálice de prata. O cavaleiro mal consegue acreditar no que vê. Mas o cavaleiro deve fazer uma pergunta mágica para convencer o rei a lhe dar o Graal. Que pergunta é essa?

A antiga lenda sugere que essa pergunta poderosa na verdade é simples. O jovem cavaleiro pergunta ao velho rei: "O que vos preocupa?" À medida que o cavaleiro ouve as desventuras do rei e descobre suas necessidades mais profundas, um elo de amizade surge entre os dois. E, num ato de inesperada generosidade, o rei entrega o Graal ao jovem cavaleiro.

Os conflitos em que trabalhei durante toda a vida e que mais nos perturbam hoje estão, muitas vezes, enraizados em traumas individuais ou coletivos – um sofrimento enorme, tão avassalador que o cérebro atua para entorpecer os sentimentos dolorosos. O trauma se torna um poço profundo de dor que alimenta o medo e a raiva, impulsionando grande parte do conflito, muitas vezes sem que a pessoa envolvida tenha consciência. Talvez a única maneira de aliviar essa dor seja por meio da atenção compassiva – do tipo que o jovem cavaleiro ofereceu ao velho rei.

Escutar um testemunho é um verdadeiro exercício de compaixão. A compaixão vai um passo além da empatia. Sentir compaixão é mais que compreender o que o outro está sentindo – é desejar o melhor ao outro e se dispor a ajudar.

Quando são ouvidas de verdade, as partes podem abandonar o passado e se concentrar no presente e no futuro. Vislumbrei o potencial desse tipo de ação durante as conversações pela paz na Colômbia.

As negociações entre o governo e a guerrilha arrastavam-se em Havana, quando o presidente Santos fez uma proposta radical.[6] Em vez de um acordo, propôs convidar as vítimas do conflito a prestar um testemunho público *durante* as negociações. A ideia era as vítimas viajarem a Havana, onde os negociadores ouviriam suas histórias.

Os críticos receberam a proposta do presidente com ceticismo e resistência.

– Isso só vai atrasar ainda mais as negociações.

– Mexer no passado é promover ódio e ressentimento.

– As vítimas vão pedir reparação, e isso vai dificultar um acordo.

Na verdade, porém, aconteceu o contrário.

Cinco delegações de vítimas foram escolhidas a dedo pelas Nações Unidas e pelas universidades para representar aqueles que sofreram nas mãos de todas as partes do conflito. Elas foram a Havana e, com ampla cobertura da mídia, deram seu testemunho intenso e doloroso aos negociadores.

Após contarem suas histórias pessoais – testemunhadas pelos negociadores e pelo povo colombiano –, as vítimas surpreenderam os críticos. A maioria instou os negociadores a trabalhar mais, a mostrar mais flexibilidade e a chegar a um acordo de paz sem precedentes.

Vários negociadores me contaram que ficaram comovidos com os relatos das vítimas. Eles sentiram que, em vez de desacelerar as conversações, as audiências lhes deram nova energia para trabalhar.

O próprio presidente Santos ficou emocionado. Ao ouvir histórias pessoais, ele se sentiu estimulado a continuar a negociação, apesar de muitas vezes ser fortemente pressionado a cancelar a iniciativa. Ele me falou de um relato que o tocou em especial: a história de uma mulher chamada Pastora Mira, que havia perdido o pai, a mãe e dois irmãos.[7] Além disso, seu filho fora torturado e morto.

Cerca de dez dias após ela enterrar o filho, um homem ferido foi à sua casa e lhe pediu ajuda. Ela o colocou na cama do filho e cuidou dele até se recuperar. Quando estava saindo, ele viu uma fotografia da mulher com o filho. De repente, caiu de joelhos e começou a chorar.

– Por favor, não me diga que esse é o seu filho – pediu ele.

– É, sim, por quê?

– Porque fui eu quem torturou e matou seu filho. – Ele chorava e repetia: – Me perdoe. Me perdoe.

A mãe olhou para o assassino do filho e o ajudou a se levantar. Para total surpresa do homem, ela o abraçou, dizendo:

– *Gracias!*

– Por que a senhora está me agradecendo? – perguntou o homem, incrédulo.

– Porque, ao reconhecer o que fez e me pedir perdão, você me libertou do ódio que eu sentiria pelo resto da vida.

Santos ficou tão emocionado com a história de Pastora que a convidou para ir com ele a Oslo receber o Prêmio Nobel da Paz.

– Esse Prêmio Nobel não é para mim – disse-me ele –, mas para as vítimas desse conflito, como aquela mulher extraordinária que me deu coragem e energia para prosseguir com o processo de paz.

Até onde sei, até então as vítimas de qualquer conflito nunca haviam sido formalmente incluídas no processo de negociação, como aconteceu em Havana. Foi uma primeira vez histórica, uma inovação que espero que inspire outras negociações de paz no futuro, à medida que nós aprendemos a lidar melhor com os nossos conflitos mais difíceis.

A lição que tirei da minha experiência na Colômbia foi a seguinte: o importante não é apenas a maneira como *falamos* uns com os outros. É a maneira como ouvimos e *escutamos os testemunhamos* uns dos outros. Se pudermos testemunhar a dor do outro com empatia e compaixão, seremos capazes de mudar a qualidade da conversa. Sentimentos de exclusão dão lugar a sentimentos de inclusão. A separação dará lugar à conexão. Surgirão possibilidades de lidar até mesmo com os conflitos mais difíceis.

Todos nós temos o poder de escutar o testemunho de quem está ao nosso redor.

TEÇA

Em última análise, acolher um conflito é *tecer* uma rede de comunidade que conecta as partes. É reunir as partes conflitantes, ajudando-as a compreender que fazem parte de uma comunidade maior, por mais dividida que essa comunidade possa estar. É lembrar às partes que, no conflito, não existem apenas dois lados – há um terceiro também, que é maior, um contexto social compartilhado com interesses comuns no futuro. Tecer muda o quadro de "nós contra eles" para "todos juntos". Tecer é a maneira de fortalecer o sistema imunológico social.

Poucos conflitos são tão resistentes à tecelagem quanto a política partidária. Há mais de vinte anos, no rescaldo da tentativa de processo de impeachment do presidente Clinton, fui convidado para mediar uma conversa entre um pequeno grupo de membros do Congresso dos Estados Unidos, composto de democratas e republicanos, que se encontravam em lados totalmente opostos e mal falavam uns com os outros.

Ao longo de dois anos, esses grupos trocaram uma infinidade de ataques pessoais e insultos no plenário do Congresso americano. Os líderes da Câmara organizaram um retiro de fim de semana em Hershey, na Pensilvânia. Cerca de 200 congressistas e suas famílias participaram.

Depois do jantar da primeira noite, os membros se dividiram em pequenos grupos de oito, quatro republicanos e quatro democratas, aos quais se juntaram seus maridos e esposas. No meu grupo, todos pareciam cansados após um dia de trabalho e viagem. Senti tensão e desconforto no ar.

Como "anfitrião", organizei todas as cadeiras em círculo. Em vez de me sentar a uma mesa comprida, com os dois lados virados um para o outro – como exércitos adversários num campo de batalha –, preferi um círculo, formato que sutilmente denota comunidade, evocando os tempos em que nossos antepassados se reuniam em torno da fogueira. Mesa tem cabeceira, mas círculo, não; todos são iguais.

– Gostaria que vocês compartilhassem um pouco de sua experiência pessoal desses últimos dois anos. Qual tem sido o preço desse conflito para vocês?

– Foi uma caça às bruxas! – resmungou um democrata.

– O seu líder mentiu sob juramento! – retrucou um republicano.

– Meus filhos quase nunca viam o pai na hora do jantar – disse uma esposa. – Ele sempre chegava tarde em casa porque o trabalho o mantinha afastado... muitas vezes também nos fins de semana!

Os sentimentos ainda estavam em carne viva. Então, do nada, uma participante chegou atrasada.

– Desculpe – disse ela. – Minha babá não apareceu. Vocês se importam?

Ela colocou o bebê de seis meses no chão, sobre um cobertor, no meio do círculo. O bebê ficou ali, deitado, mexendo braços e pernas e balbuciando. Por um momento, toda a atenção se voltou para ele. De repente o tom da conversa se suavizou.

– Esse não é o mesmo Congresso de quando entrei – disse um republicano. – Nós costumávamos conversar uns com os outros. Agora, isso quase nunca acontece. Passei mais tempo conversando com um democrata na viagem de trem até aqui do que nos últimos dois anos.

Todos assentiram.

– Precisamos melhorar – comentou outro membro. – Não podemos fazer uma coisa dessas com as nossas famílias.

– Nosso país merece mais.

Todos olharam para o bebê, que havia adormecido. De repente, percebi que ele era a terceira parte, o símbolo do todo, o mais novo cidadão, representando o futuro do país.

O bebê foi uma testemunha silenciosa que, sem dizer uma única palavra, reformulou a conversa, lembrando aos ali presentes qual era o quadro geral. Por um momento, não estávamos mais "nós contra eles". Estávamos "todos juntos".

Lembrei-me de um estudo antropológico que li quando era estudante, sobre dois chimpanzés machos adultos que brigavam e se perseguiam por toda parte.[8] Um dos machos se aproximou de uma chimpanzé fêmea com um bebê, pegou o filhote com delicadeza e o segurou por um tempo nos braços. Ao olharem para o bebê, os dois machos se acalmaram, e a luta terminou.

Não estou sugerindo que precisamos achar um bebê sempre que houver uma briga. A pergunta mais ampla a fazer é: que recursos você, como terceiro lado, tem a oferecer para ajudar as partes a reformularem a conversa, como fez o bebê?

Nesse caso, por exemplo, aproveitei a oportunidade para fazer uma sugestão que poderia estimular a conexão entre as partes.

– Queremos pedir que cada um de vocês conte uma história de sua juventude sobre o que os inspirou a ingressar na vida política.

Os participantes começaram a compartilhar histórias pessoais. A vulnerabilidade de um estimulava o outro.

– Eu colei numa prova do ensino médio – confessou um. – O diretor me chamou na sala e me disse que eu poderia escolher fazer disso a pior coisa que já aconteceu comigo ou a melhor coisa, aprendendo uma lição de vida.

– Fiquei grávida quando era adolescente – relatou outra. – Isso me motivou a dar um jeito na vida e me fez passar a ter empatia pelas pessoas menos afortunadas do que eu.

Corações se abriram. A desconfiança começou a diminuir. Os participantes tornaram-se mais conscientes de tudo que tinham em comum, e não só do que os afastava.

Estávamos começando a tecer uma teia de comunidade em torno do conflito. Era só um primeiro passo, mas revelou as possibilidades de criação de um contexto mais amplo e profundo no qual era possível atenuar a polarização tóxica. Essa é uma lição da qual precisamos nos lembrar agora mais do que nunca.

ACOLHA UM CONFLITO PERTO DE VOCÊ

No momento em que comecei a escrever este capítulo eu estava organizando uma grande reunião de família com minha prima Claire. Reuniões familiares podem ser repletas de tensões e conflitos tácitos, e essa não foi exceção.

Em dado momento, alguns primos, com idades entre 40 e 70 anos, estavam sentados em círculo, na frente da antiga casa de veraneio da família às margens do lago Michigan. A casa pertencia à família havia quase um século. Era onde minha mãe e seus seis irmãos passavam os verões. Guardo inúmeras boas lembranças de momentos da infância naquele belo lugar. Meus primos também.

Todos estavam de bom humor, relaxados, bem alimentados e aproveitando a beleza natural do lugar. Alguns primos mais jovens estavam curiosos e fazendo perguntas aos mais velhos sobre a história da família, acontecimentos ocorridos quase 70 anos antes.

– O que aconteceu com os negócios da família depois da guerra?
– Por que o filho mais velho foi convidado a deixar o negócio?
Cada um de nós tinha ouvido histórias diferentes dos nossos pais.

Grande parte do problema tinha a ver com a disputa pela empresa familiar fundada pelo meu avô. Meu tio voltou da Segunda Guerra Mundial e assumiu o negócio do pai, que se aposentou. Dez anos depois, a empresa, antes próspera, se endividou e correu grande risco de falir. Houve conflitos sérios na família e até ameaças de processo.

Meu tio foi convidado a deixar o negócio. Ele foi embora de Chicago com a família. Esse fato criou uma ruptura que passou mais de 40 anos sem ser discutida e nunca foi totalmente curada.

– Qual foi a verdadeira história? – questionaram os primos mais novos.
– Foi porque ele fez dívidas de jogo e pegou dinheiro da empresa para pagar?

Tentamos ir mais fundo e entender cada participante da história.

Minha prima Lynne, filha do meu tio que foi convidado a se retirar da empresa, falou:

– Sabiam que, aos 20 anos, meu pai desembarcou na Normandia? Sabiam que ele lutou pela Europa e viu inúmeros amigos serem mortos diante dos olhos? Sabiam que ele estava na tropa que libertou o campo de concentração de Dachau? Imaginem o que ele viu. Ele não conseguia nem falar sobre isso.

– Talvez ele sofresse de transtorno de estresse pós-traumático – sugeriu um primo.

Aos poucos fomos compreendendo o caso cada vez melhor, à medida que testemunhamos, coletivamente, aquela história dolorosa e começamos a entender a profundidade do trauma.

– Muitos anos se passaram, e a maioria da geração mais velha não está mais entre nós, mas me permitam pelo menos apresentar um pedido de desculpas em nome das novas gerações – disse minha prima Claire.

– Pedido aceito com gratidão, e ofereço um pedido de desculpas também – disse minha prima Lynne.

Antigos sentimentos não expressos de exclusão começaram a dar lugar a sentimentos de inclusão e de uma comunidade mais profunda. Nenhuma dessas curas foi intencional. Elas surgiram naturalmente, a partir de uma conversa casual durante uma reunião de família.

O que nos ajudou a resolver essas questões familiares carregadas de emoção foi o poder do acolhimento. Criou-se uma atmosfera psicológica propícia para isso. A comunidade de primos serviu como um ambiente seguro no qual todos podiam discutir livremente questões delicadas e sentimentais.

Era a terceira parte – a comunidade ao redor – trabalhando com naturalidade. Isso me fez pensar mais uma vez nos kua, sentados em círculo ao redor da fogueira, discutindo um conflito entre membros do grupo.

Acolher é o primeiro passo que qualquer um pode dar. Todos sabemos acolher. Acolher é prestar atenção às partes e à situação, alargando o círculo de preocupações. É transformar sentimentos de exclusão em sentimentos de inclusão. E isso significa mudar nossa atitude de "isso não é da minha conta" para "essa é a minha comunidade". Isso me faz pensar: como seria um mundo onde reinventássemos os círculos inclusivos em torno da fogueira que nossos antepassados usavam para acolher os problemas que surgem naturalmente em qualquer sociedade? Qual seria o equivalente moderno dessas fogueiras?

E se a norma passasse a ser "acolher um conflito perto de você"?

É com esse tipo de mundo que sonho para nossos filhos e netos.

Acredito que ele esteja ao nosso alcance.

CAPÍTULO 10

AJUDE

Do "não posso" ao "posso"

*Sempre há um amplo horizonte. [...] Há muito a se fazer. [...]
Cabe a você fazer uma pequena contribuição para um
programa de aprimoramento humano para todo o sempre.*
— FRANCES PERKINS[1]

— O presidente pediu que eu ligasse para você. As negociações estão paralisadas, e nosso tempo está se esgotando – disse ao telefone meu amigo Sergio Jaramillo, comissário para a paz colombiano, preocupado. – Pode vir a Bogotá nos ajudar a resolver a situação?

Eu não tinha certeza se poderia ajudar, pois não estava por dentro do assunto, mas ainda assim senti vontade de fazer alguma coisa.

— Como posso *ajudar*? – perguntei.

Era abril de 2015. As conversações de paz para acabar com a guerra civil na Colômbia aconteciam em Havana, Cuba, havia três anos.[2] Embora tivesse progredido, ainda havia questões importantes por resolver, e a mais delicada era a da justiça de transição e responsabilização. A guerra havia vitimado mais de 8 milhões de pessoas.[3] Quem seria responsabilizado pelos inúmeros crimes de guerra, para que o país pudesse se curar e avançar?

— Temos um problema real *dentro* da nossa delegação – explicou Sergio. — Há um mês estamos tentando explicar ao general por que a linguagem da responsabilidade institucional por crimes de guerra é fundamental. É a norma jurídica internacional do presente. Ele se recusa a aceitar. Após um mês de discussão, ele deixou Havana e voltou para Bogotá. Isso está em todos os noticiários da Colômbia e ameaça o processo de paz. Como o público vai ser a favor de um acordo de paz que não é apoiado pelos militares? Precisamos da sua *ajuda* para chegar a um acordo interno sobre a linguagem que podemos propor ao outro lado.

Arrumei as malas e saí cedo na manhã seguinte. Cheguei a Bogotá tarde da noite e fui direto para a casa de Sergio. Ele estava agitado – o que é compreensível, tendo em vista que todo o seu trabalho árduo de muitos anos estava em perigo. Com a voz embargada, ele explodiu:

– Se o presidente ficar do lado do general, vou ter que renunciar!

No dia seguinte, tomei café da manhã com o general, um antigo chefe das Forças Armadas colombianas, um homem respeitado e popular. Com base nas conversas anteriores com ele, percebi que ele era honesto e direto. Aproximei-me dele com um tom de curiosidade:

– *Mi general*, acho que entendo a sua preocupação, mas gostaria muito de ouvi-la diretamente do senhor, para entendê-la melhor.

– É muito simples. A linguagem proposta pelos meus colegas especifica a responsabilidade coletiva dos "atores institucionais". Todos nós sabemos que no fundo eles estão falando do Exército. Nós, militares, conversamos com nossos colegas em El Salvador e na Guatemala sobre o que aconteceu depois das guerras civis nesses países. Os políticos se safaram ilesos, e os guerrilheiros também, enquanto os militares foram usados como bodes expiatórios.

Ele fez uma pausa.

– Vamos nos meter em processos jurídicos intermináveis. Alguns de nós vão acabar presos. É extremamente injusto e desonra todos aqueles que lutaram com coragem pelo país. Prefiro renunciar a aceitar essa linguagem.

– Entendo.

Em seguida, eu me reuni com o negociador-chefe, um advogado constitucional e ex-vice-presidente do país. Eu o conhecia havia alguns anos e sempre o achei um homem aberto e razoável, sensato e inteligente.

– Adoraria ouvir a sua visão diretamente do senhor e saber por que essa linguagem sobre responsabilidade coletiva é tão importante – falei.

Ele respondeu sem hesitação:

– Infelizmente, todos os lados cometeram crimes de guerra: os guerrilheiros, os militares e as forças paramilitares. Os combatentes não agiram sozinhos, mas em nome de suas instituições. Não podemos nos apresentar ao mundo dizendo que as nossas instituições não são coletivamente responsáveis por todos os eventos trágicos que aconteceram no país. Caso contrário, ninguém confiará no sistema judicial da Colômbia. É fundamental que a linguagem aponte uma responsabilidade coletiva.

Nesse momento os diferentes interesses ficaram bem mais claros para mim.

Minha reunião seguinte foi com toda a delegação junta. Solicitei um quadro-branco para que a equipe pudesse visualizar o problema.

– É um prazer ver todos vocês novamente – falei. – Sei que esse problema tem sido bem frustrante para todos. Quero pedir que sejam pacientes comigo enquanto tento entender exatamente onde está a dificuldade.

Pedi que Sergio apontasse a frase que estava causando tanto incômodo. Escrevi-a no quadro e li em voz alta:

"Os atores institucionais serão responsabilizados coletivamente por quaisquer crimes cometidos."

Pedi ao general que explicasse sua preocupação.

– A expressão *atores institucionais* é só um codinome para "Exército".

Virei-me para o general e disse:

– Pelo que percebo, sua preocupação é que a palavra *institucional* signifique Exército. E se encontrássemos uma forma de deixar claro que todo o governo é coletivamente responsável, incluindo todos os líderes políticos, e não só os militares?

Olhei para o general, e ele me encarou de volta, sem entender.

– Que outra palavra poderíamos usar? – perguntei.

– Que tal "atores estatais"? – sugeriu Sergio.

Fui até o quadro-branco, risquei a palavra "institucionais" e a substituí por "estatais". Olhei para o general e perguntei:

– Que tal a expressão "atores estatais"?

Ele parou por um momento, refletiu e respondeu:

– Bem... acho que "estatal" não exclui o Exército, mas inclui todos os tomadores de decisão do governo.

– Isso resolveria a sua preocupação?

Ele fez mais uma pausa.

– Eu acho... que pode funcionar.

Virei-me na direção dos outros na sala.

– Essa nova expressão é aceitável para os senhores?

Começando pelo negociador-chefe, todos assentiram, olhando em volta, em estado de surpresa e descrença. Aos poucos, eles perceberam que o problema que estava travando as negociações de paz durante mais de um mês tinha sido resolvido por eles mesmos em 20 minutos. Fomos ao palácio presidencial contar a novidade ao presidente Santos. Com um sorriso no rosto, ele prontamente aprovou a linguagem e despachou os negociadores de volta a Havana.

Foi uma lição importante para mim. Quando estamos presos num conflito, muitas vezes nossa visão fica limitada. O conflito cria viseiras de burro. Com frequência, quem está fora do conflito pode ajudar as partes a enxergar possibilidades difíceis de perceber a partir de dentro. *O que você vê depende de onde você se posiciona.*

Em geral presumimos que, para *ajudar* as partes em conflito, precisamos ter *respostas*, boas sugestões sobre como resolver o problema. Mas isso não é verdade. Para ajudar, só precisamos ser curiosos, ouvir com atenção e fazer perguntas que possam abrir novas possibilidades.

AJUDAR É HUMANO

O ser humano tem a capacidade e a inclinação inatas para ajudar. Quando alguém que conhecemos está em perigo, somos naturalmente levados a fazer a simples pergunta: "Como eu posso *ajudar*?"

Para quem faz parte do conflito, não é fácil ir ao camarote ou construir uma ponte dourada. Todos nós precisamos de ajuda algumas vezes – mesmo quem parece capaz de lidar com conflitos. É como eu fico quando me sinto travado numa disputa.

Perto da morte, minha mãe pediu que eu fosse seu testamenteiro. Ela presumiu que eu seria capaz de mediar as questões delicadas da herança, mas tempos depois, por ser uma das partes, descobri que não era capaz de fazer esse trabalho. Meu irmão sugeriu que usássemos nosso primo Paul como mediador informal para resolver o assunto de forma satisfatória para todos.

Paul era um membro da família, não um mediador profissional. No começou, relutou em se envolver – como qualquer um faria na situação –, mas no fim concordou em ajudar porque queria o nosso bem. Para mim, foi um bom e tocante lembrete da importância de buscar e aceitar ajuda.

A ajuda estava ali, eu só precisava enxergar. O que era difícil para mim acabou sendo bem mais fácil para meu primo. Ele, que nunca havia sido mediador na vida, conseguiu ajudar de uma forma que eu, que havia sido mediador tantas vezes na vida, não consegui. O principal obstáculo não era a questão objetiva da divisão do patrimônio, era o problema emocional da desconfiança. Como uma das partes, naturalmente eu não era visto como neutro. Por outro lado, Paul era confiável e tido como alguém imparcial. Com isso, um processo que estava travado pôde fluir.

Foi um grande alívio para mim. Na época eu não estava conseguindo lidar com todos os detalhes logísticos e financeiros da herança, mas o mais importante foi que senti o pesado fardo de atender ao pedido de minha mãe ser retirado dos meus ombros. E o ponto mais valioso foi a transformação do meu relacionamento com meus irmãos. Livres do problema que se prolongava, pudemos começar a nos recuperar da perda da nossa mãe.

Enquanto escrevia este capítulo, eu me encontrei com Paul e agradeci novamente por toda a ajuda.

– Acho que esse foi o trabalho mais gratificante que já fiz – afirmou ele.

Ajudar é uma forma abreviada de dizer *ajudar as partes a ir ao camarote e construir uma ponte dourada*. É ajudar as partes a fazer uma *pausa*, *focar* no que realmente desejam e *recuar* para ver o quadro geral. É *ajudar* as partes a ouvir umas às outras, *criar* opções possíveis e *atrair* o outro para um acordo. Em suma, é ajudar as partes a enxergar possibilidades onde elas talvez não vejam.

Muitas vezes nos sentimos impotentes como terceiros em conflitos acalorados, pois não vemos nada que possamos fazer. Mas na verdade cada um de nós é capaz de ajudar uma ou todas as partes. Para começar, basta mudar a mentalidade de "*não posso*" para "*posso*".

FAÇA PERGUNTAS ESCLARECEDORAS

A maioria das pessoas não gosta que lhes digam o que fazer, sobretudo em situações delicadas. Em geral, elas consideram seus pontos de vista mais convincentes. A meu ver, o importante é começar fazendo *perguntas esclarecedoras* que revelem o que pensam as partes. Perguntas esclarecedores ajudam a descobrir interesses subjacentes e a viabilizar opções possíveis.

As perguntas podem ser simples, como:

"Pode me explicar por que isso cria dificuldades para você? Qual é a sua preocupação? *Por que* isso é importante para você?"

Ou: "Como podemos satisfazer os interesses de ambos os lados?"

Ou: "Se você não concorda agora nos termos atuais, sob quais *condições* poderia concordar?"

Ou: "Que *custos* você teve por causa do conflito? E quais seriam seus *benefícios* se, em vez de entrar em conflito, você fizesse um acordo?"

São perguntas que qualquer um de nós pode fazer e que ajudam as pessoas a descobrir dentro de si as pistas para resolver suas questões.

– Muitos consultores vieram me dar seus melhores conselhos – disse o presidente do Afeganistão a mim e a meus colegas, enquanto estávamos sentados em um gazebo em seu jardim dentro do Arg, o palácio fortificado que foi construído pelos antigos reis afegãos.

Papagaios voavam entre as árvores floridas. Muito acima deles, helicópteros militares tomavam conta do céu, enquanto a trágica guerra seguia seu curso.

– Mas vocês, meus novos amigos – continuou o presidente –, foram os primeiros a escutar com atenção, a fazer boas perguntas e a adaptar suas ideias aos problemas reais que enfrentamos aqui.

Em minha experiência, oferecer aconselhamento é diferente de simplesmente oferecer conselhos. O conselho nasce da perspectiva de quem o oferece. Quais são as melhores ideias que alguém pode apresentar? O aconselhamento, por outro lado, nasce da perspectiva de quem o recebe, o aconselhado. Para isso, precisamos nos colocar no lugar do outro, vivenciar seus problemas e pensar nas perguntas mais úteis que podemos fazer.

O conselho é 80% fala. O aconselhamento é 80% escuta.

Essa é uma lição que passei a valorizar após minha experiência na Colômbia. Quando fui convidado para me reunir com o presidente Santos, em junho de 2011, achei que seria apenas uma viagem. Estava muito ocupado em outros conflitos, não podia encarar mais um. Minha ideia era oferecer conselhos com base em minhas experiências em outros lugares e indicar outra pessoa caso houvesse mais trabalho por fazer e o presidente solicitasse. Mas, quando cheguei lá, vi que era necessário algo muito diferente. A guerra civil já durava mais de 50 anos, e a tarefa de estabelecer a paz era amplamente considerada impossível. O presidente Santos não precisava de conselhos genéricos; precisava de um aconselhamento adaptado à sua situação específica.

Acabei fazendo 25 viagens à Colômbia durante os sete anos seguintes, trabalhando em estreita colaboração com outros consultores. Fizemos inúmeras perguntas e analisamos os pontos de complexidade do conflito. Ouvimos longamente muitos dos atores principais e propusemos ideias adaptadas às necessidades e realidades políticas do presidente Santos.

Para oferecer um aconselhamento efetivo, é preciso fazer uma distinção que aprendi quando estava começando a carreira de antropólogo – a distinção entre *conhecimento geral* e *conhecimento local*.

Conhecimento geral é o que costumamos chamar apenas de conhecimento. É o que aprendemos na escola. Muitas vezes, é adquirido com a leitura de livros e artigos. Já o *conhecimento local* é o conhecimento próximo das pessoas e do contexto, e costuma ser tácito – não é dito e raramente é escrito. É adquirido com a experiência. São as coisas que sentimos sobre as pessoas, seus comportamentos e motivações. É a forma como as decisões são tomadas – não só os procedimentos formais, mas também os informais. Muitas vezes, nem percebemos que acumulamos esse tipo de conhecimento sobre as pessoas e situações que nos rodeiam.

Em meu trabalho de negociação, percebi que conselhos baseados apenas em conhecimentos gerais não costumam ser tão úteis. As pessoas não sabem aplicá-los à situação específica que estão vivendo. Muitas vezes, eles nem são aplicáveis. O importante, assim, é combinar o conhecimento geral com o máximo de conhecimento local possível.

Descobri que a melhor maneira de fazer isso é escutar atentamente e fazer perguntas a pessoas que tenham conhecimento local. Se você for próximo de uma ou mais partes, é provável que tenha o conhecimento local.

Com ele, você pode ir além de oferecer conselhos gerais; pode oferecer um aconselhamento genuíno.

FACILITE O DIÁLOGO GENUÍNO

E se o conflito for tão grave que as partes não conseguem sequer falar umas com as outras sem se atacar, metafórica ou até literalmente?

Essa situação destaca outro papel valioso que podemos desempenhar como terceiros: o de *facilitar* a comunicação clara e o diálogo genuíno. Nós podemos criar um *ambiente seguro* e um *processo inclusivo*, no qual as partes tenham um intercâmbio aberto para aprofundar a compreensão mútua e resolver as questões do conflito.

Em 1996, fui convidado por uma conhecida organização de resolução de conflitos, a Search for Common Ground, para facilitar uma conversa confidencial entre turcos e curdos na França. Uma terrível guerra civil se arrastava havia décadas na Turquia, resultando em mais de 25 mil mortes e na destruição de 3 mil vilarejos.[4]

O organizador, David Phillips, trabalhara meses para reunir cinco líderes proeminentes de cada lado – políticos, empresários e militares reformados. Os níveis de hostilidade e desconfiança eram tão altos que o simples ato de conversar com o outro lado era considerado traição. Esses líderes estavam arriscando a reputação, e talvez até a própria vida, ao conversarem uns com os outros. David encontrou um lugar secreto longe do local do conflito, um antigo castelo que tinha até um fosso, para servir de camarote.

Desde o início da reunião, dois líderes chamaram minha atenção, pois pareciam representar as opiniões mais fortes de cada lado. Ali (como vou chamá-lo) era um conhecido defensor dos direitos nacionais curdos. Era o líder de um partido político curdo e tinha sido eleito para o parlamento nacional turco. Havia sido preso muitas vezes devido aos pontos de vista que defendia publicamente e tinha sido libertado fazia pouco tempo. Mehmet (como vou chamá-lo) era um nacionalista turco. Na universidade, tinha sido líder de um grupo extremista violento chamado Lobos Cinzentos. Durante o café da manhã, um de seus colegas me contou:

– Mehmet prefere atirar em um curdo a conversar com ele.

Na primeira manhã, a tensão na sala era elevada. Logo no início, apresentei a distinção entre posições e interesses subjacentes e fiz aos participantes a pergunta básica:

– O que você *realmente* quer para o seu povo?

Ali respondeu primeiro. Falou com eloquência sobre o enorme sofrimento dos curdos durante a guerra civil. Declarou que seu grande objetivo para o povo curdo era a "autodeterminação". Ao ouvir essa frase, Mehmet se levantou em protesto.

– Dizer essa frase é um ato de traição! Não posso ficar nesta sala e ouvir esta conversa traiçoeira! Vou arrumar minhas malas!

Ele saiu furioso da sala. Fiz uma pausa e fui atrás dele.

– Mehmet – chamei –, você percorreu um longo caminho para chegar aqui. Todos nós precisamos ouvir a sua opinião. Por favor, nos dê outra chance e volte a participar da discussão.

Um de seus colegas falou com ele calmamente, em turco.

– Tudo bem, vou voltar e dar mais uma chance – concordou ele, irritado. – Mas, por favor, entenda que meus colegas e eu estamos infringindo a lei só por estarmos presentes numa reunião em que alguém profere essa frase ofensiva.

Quando recomeçamos o diálogo, expliquei ao grupo:

– O trabalho de diálogo é o mais difícil que nós podemos realizar. Exige escutarmos pontos de vista que não queremos ouvir e que podem nos irritar. Entendo que para Mehmet é doloroso ouvir uma frase como a que Ali usou. Para Mehmet, essa frase implica a divisão da Turquia e traz à tona os acontecimentos traumáticos que se seguiram à dissolução do Império Otomano.

Olhei nos olhos de Mehmet, que assentiu.

– Por outro lado, escuto Ali falar sobre as feridas profundas do passado e os grandes sofrimentos do seu povo. Entendo sua necessidade de respeito e de que as pessoas tenham voz ativa nas decisões que afetam sua vida e seu destino.

Ali e seus colegas curdos assentiram. Ali se levantou para continuar falando enquanto as pessoas se mexiam nervosamente nas cadeiras.

– Quero terminar de explicar o que estava dizendo. Sim, acredito que os curdos, assim como todos os povos, têm o direito divino à autodeterminação. Mas também acredito que devemos exercer nosso direito à autodeterminação optando por permanecer como iguais na Turquia. – Ele fez uma pausa e olhou em volta. – Na verdade, eu pessoalmente defenderia a Turquia contra qualquer ameaça externa com meu sangue e minha vida.

Olhei para Mehmet, que pareceu extremamente surpreso – e aliviado. Senti toda a sala soltar a respiração.

Em situações de tensão, medo e desconfiança, é preciso trabalhar para unir as partes e mantê-las unidas. *Isso requer a construção de um espaço neutro tão forte quanto as emoções das partes.* Como terceira parte, meu trabalho era construir esse espaço para que participantes como Mehmet pudessem ter suas reações naturais, mas sem destruir o diálogo.

Após o intervalo tenso, Ali prosseguiu com seu discurso eloquente e conseguiu defender os três lados do conflito. Foi capaz de defender o seu lado, reivindicando o direito à autodeterminação. Foi capaz de construir uma ponte para o outro lado, defendendo que os curdos permanecessem como iguais na Turquia. E soube assumir o terceiro lado, proclamando seu compromisso solene de defender toda a comunidade com a própria vida.

Aquilo me serviu como um lembrete importante: para desempenhar o papel de terceiro não é preciso estar fora do conflito. Como Ali demonstrou brilhantemente, mesmo dentro do conflito você pode assumir a terceira parte e, ao mesmo tempo, defender seu próprio lado com veemência.

Ou seja, as partes em conflito podem ser uma terceira parte. Qualquer um de nós pode ficar do lado da comunidade – basta querer.

Naquela noite, durante o jantar, vi Mehmet, Ali e outros sentados juntos por um longo tempo, conversando animadamente. Eu me perguntei o que eles estavam discutindo de maneira tão acalorada. Na manhã seguinte, descobri. Quando começamos, Mehmet ergueu a mão e pediu a palavra.

– À vontade, Mehmet – falei.

Eu estava com medo do que ele poderia dizer. Acho que todos sentiram o mesmo.

Mehmet levantou-se.

– Ontem à noite, não consegui dormir. Não parei de pensar no que Ali e outros nos contaram sobre o sofrimento do povo curdo na guerra. Eu não tinha ideia do que eles estavam passando só por falar seu idioma ou por praticar seus costumes dentro de casa. Ou do que Ali viveu na prisão.

Fiquei me perguntando: se eu tivesse nascido curdo, não teria lutado pelos meus direitos, como ele fez?

Mehmet fez uma pausa.

– Se alguém tivesse me dito meses atrás que eu estaria sentado aqui, com um grupo de curdos que usam a palavra "Curdistão" para falar da terra onde vivem, eu diria que estaria vivendo meu pior pesadelo. Mas agora acho que estou vivendo um sonho.

Ele fez uma pausa e olhou para Ali.

– Quero agradecer a Ali por me ajudar a entender. E embora eu seja hoje e até o fim dos dias um forte defensor dos interesses nacionais turcos, quero reconhecer aqui que todos, turcos ou curdos, têm o direito de expressar sua identidade como acharem adequado.

Mehmet se sentou. Todos o encararam com os olhos arregalados de espanto.

Se havia um caminho a seguir nesse conflito aparentemente insolúvel, ele seria aberto pelas próprias partes. Meu trabalho como mediador era apenas ajudá-los a possibilitar a criação do caminho. Eu iniciei a conversa, mas Ali, Mehmet e seus colegas a continuaram durante o jantar. Eles ajudaram a facilitar o próprio conflito que viviam.

Pela minha experiência, percebo que o trabalho mais árduo é feito pelas partes. Seria muito mais fácil elas manterem distância e atirarem pedras umas nas outras. É preciso muita coragem para enfrentar a dor das diferenças. É preciso coragem para falar com vulnerabilidade sobre o que realmente importa.

Conforme já testemunhei muitas vezes – em conflitos grandes e pequenos –, o diálogo tem o poder de mudar corações e mentes. É muito comum ver as partes se surpreenderem ao descobrir que seus inimigos também são seres humanos. Às vezes, assim como Mehmet, acabam concluindo que teriam se sentido e agido da mesma forma que o outro lado.

Sinto-me tocado ao testemunhar esses avanços corajosos. À medida que superam seus conflitos, as pessoas ganham vida e crescem como seres humanos, como fizeram Ali e Mehmet. E os avanços dão frutos. Esse grupo de líderes turcos e curdos acabou se unindo e trabalhando em conjunto durante anos para promover a compreensão mútua e o diálogo político entre seus povos.

Essa experiência demonstra que a verdadeira magia vem das próprias partes. Compreendi que a tarefa de quem está ao redor é facilitar o diálogo, até que as partes sejam capazes de conversar por conta própria. Nosso trabalho é ajudar os dois lados a aprender a atuar como terceira parte enquanto defendem os próprios interesses. Em última análise, nossa função é nos retirar tão logo o diálogo comece a fluir de fato.

MEDIAR UM ACORDO SATISFATÓRIO

E se as partes não conseguirem chegar a um acordo?

É nesse ponto que podemos ajudar através da mediação – mesmo que informalmente, como fez meu primo Paul quando ajudou minha família a resolver a questão da herança. Ele negociou um acordo benéfico para todas as partes, que distribuiu a fração justa dos bens de minha mãe entre os filhos e dividiu suas obras de arte e seus móveis de uma forma satisfatória para todos. Mediar é ajudar as partes a alcançar um acordo com o qual todos possam viver. A mediação é simplesmente uma negociação assistida.

Muita gente confunde mediação com arbitragem, mas as diferenças são grandes. Na mediação, o acordo pertence às partes. Elas são fundamentais, e a terceira parte apenas ajuda. Na arbitragem, quem decide é a terceira parte. Entendi essa diferença vital logo no começo da carreira, quando, após meu trabalho de mediação na mina de carvão do Kentucky, fui convidado pelo sindicato nacional e pela associação de empregadores a atuar como árbitro na Virgínia Ocidental, devido a queixas que surgiram nos termos do contrato de trabalho com validade nacional.

Meu primeiro caso como árbitro se deu na sala de conferências de um hotel em Charleston, Virgínia Ocidental. A uma mesa comprida, cinco representantes sindicais se sentaram de um lado, junto com o mineiro que estava com o emprego em jogo. Cinco representantes da associação de empregadores se sentaram do outro lado. O clima era pesado. Eles esperavam que eu me sentasse à cabeceira da mesa e conduzisse o processo da mesma forma que um juiz faria no tribunal. Eu tinha apenas 27 anos, mas todos os representantes me tratavam como se eu fosse um senhor grisalho e experiente.

Ao longo de um dia quase interminável, cada lado defendeu seu ponto de vista. A associação queria demitir o mineiro por repetidas faltas. O sindicato contestava a decisão. Fiz perguntas, mas a única questão que parecia importar para ambos os lados era se a associação tinha cumprido integralmente o contrato. O objetivo da empresa era proteger seus direitos, e o da associação era desafiar os direitos previstos no contrato.

Ninguém parecia realmente interessado no mineiro que poderia perder o emprego. Tive um palpite de que talvez houvesse outra possibilidade capaz de satisfazer ambos os lados e salvar o emprego do mineiro. Um dos membros da associação admitiu que o rapaz era eficiente no trabalho. Existia um motivo para as faltas, mas não fui autorizado a apresentá-lo no processo, pois ele não era relevante para o contrato. Havia a possibilidade de restaurar o relacionamento entre as partes, mas ela estava sendo negligenciada.

Como árbitro, eu estava limitado a decidir quem estava certo e quem estava errado, de acordo com o contrato. Foi muito frustrante. No fim, precisei redigir uma breve decisão e só me restou a opção de decidir com base no contrato. O argumento da associação era decididamente mais persuasivo. Eles estavam no direito de demitir o mineiro. Embora a associação tenha vencido, fiquei com a impressão de que no fim todos saíram perdendo. A mina perdeu um bom funcionário, o sindicato perdeu um caso, todos perderam muito tempo e energia, e o mineiro perdeu o emprego e o sustento.

Foi uma grande lição para mim. Tive uma sensação completamente diferente das minhas experiências anteriores como mediador, nas quais eu podia investigar qual era o verdadeiro problema, os interesses e as necessidades subjacentes de todas as partes. Na mediação eu podia explorar com as próprias partes toda a gama de possibilidades sem me sentir forçado a tomar uma decisão binária sobre o contrato – sim ou não? A mediação pode ajudar a desbloquear todo o potencial dentro de nós, entre nós e ao nosso redor.

A arbitragem é valiosa para resolver disputas que não podem ser resolvidas por negociação e mediação e que resultariam em processos judiciais dispendiosos. O que me atraiu para a mediação, porém, foi a forma como ela permite às partes explorar opções ganha-ganha. Mediar significa literalmente *sentar-se no meio*.

Informalmente, todos podem mediar situações do dia a dia. Os pais fazem a mediação entre seus filhos brigões. Os gerentes fazem a mediação entre funcionários em conflito. Os conselheiros matrimoniais fazem a mediação entre cônjuges em desacordo.

Talvez não sejamos neutros, mas queremos sempre ajudar as pessoas a transformar os conflitos e, com isso, beneficiar nossas famílias, locais de trabalho e comunidades. Todos nós podemos ajudar as pessoas a chegar a acordos satisfatórios e recuperar seus relacionamentos.

VÁ AJUDAR

Quando minha mãe adoeceu com câncer, em dezembro de 1997, recebi um pedido urgente para mediar uma reunião para evitar o ressurgimento da guerra entre a Chechênia e a Rússia. O cessar-fogo que meus colegas e eu ajudáramos a negociar corria grave risco de ruir. A reunião seria organizada pelo presidente do Tartaristão em seu palácio presidencial, nos Montes Urais.

Em meu telefonema diário com minha mãe, falei sobre o pedido.

– Você não vai? – perguntou ela.

– Não, acho que não. Não me sinto bem em sair do país agora, com você doente. Quero estar perto.

– Você precisa ir. Eles precisam da sua ajuda.

– Eu sei, mas você não está bem. Eu preciso estar aqui.

– Eu quero que você vá. Por favor, vá, por mim – insistiu minha mãe.

– Mãe... não tenho certeza.

– *Vá ajudar!*

Ela deu a última palavra.

Talvez o maior obstáculo para ajudar esteja dentro de nós. É a crença equivocada de que não podemos fazer muito.

Ajudar é mais fácil do que se imagina. Achamos que, para ajudar, precisamos ter respostas a oferecer. Não é o caso. Podemos ouvir e fazer perguntas básicas com o objetivo de resolver problemas. Podemos oferecer aconselhamento. Podemos facilitar o diálogo genuíno. E podemos ajudar a mediar. As melhores respostas surgem de um processo em que as partes estão plenamente envolvidas, no qual elas próprias criam o acordo e se apropriam dele.

Ajudar também pode ser mais *útil* do que pensamos. Quando fazemos boas perguntas, ajudamos as partes a manter o foco no que realmente desejam e a recuar para ver o quadro geral. Reunir as pessoas para conversar num ambiente seguro pode ajudá-las a se conectarem e a se entenderem melhor. A mediação pode ajudar as partes a chegar a um acordo satisfatório para todos. Muitas vezes, o tipo certo de ajuda faz a diferença entre um impasse destrutivo e um *sim* satisfatório.

Por último, quando você é uma das partes em conflito, saiba que a *ajuda* da terceira parte está mais *disponível* e acessível do que pensa. A terceira parte está ao nosso redor. No caso da herança da minha família, aprendi que encontrar ajuda é mais fácil do que eu imaginava.

Todos nós somos uma terceira parte em potencial e temos um papel de apoio a desempenhar nos conflitos que nos rodeiam.

Vá ajudar.

CAPÍTULO 11

AGRUPE-SE

De latente a mobilizado

Quando as teias de aranha se unem, podem deter até um leão.
— Provérbio etíope[1]

— Quem pode fazer o que amanhã de manhã para interromper a escalada da guerra nuclear com a Coreia do Norte?

Essa foi a pergunta que fiz a 12 voluntários reunidos para um experimento social de duas semanas numa casa alugada em Boulder, Colorado, em outubro de 2017.

Tudo começou cinco semanas antes, numa conversa com Patrice Martin, conhecida defensora e praticante do *design thinking*. Eu estava pedindo conselhos a ela sobre como o *design thinking* – uma abordagem da inovação centrada no ser humano – poderia ajudar a resolver conflitos aparentemente insolúveis.

— Qual é o seu sonho? – perguntou ela.

— Patrice, nesses conflitos, muitas vezes o que falta é uma massa crítica de colaboração criativa. No Vale do Silício, quando surgem problemas de software difíceis e aparentemente insolúveis, as pessoas se *agrupam* para resolver. Meu sonho são equipes formadas por indivíduos de alto desempenho se *agrupando* nas situações de conflito mais difíceis do mundo.

— Para você, o que significa se *agrupar*?

– Abordar o problema de forma criativa por todos os lados. Formar uma equipe com diferentes perspectivas. Usar uma colaboração radical. Manter a intensidade até encontrar novas possibilidades de resolver o problema.

– Por que você simplesmente não simula o que deseja que aconteça? Faça isso por duas semanas. Isso vai lhe dar uma ideia do que fazer. No *design thinking*, chamamos isso de prototipagem rápida. Você usa um experimento para testar algo rudimentar e continua melhorando até ter algo que funcione.

– Interessante. Como podemos começar?

– Primeiro, escolha o problema.

Eu tinha acabado de voltar da segunda reunião com Dennis Rodman e não tirava a Coreia do Norte da cabeça.

– É melhor escolher um problema menor, que pareça mais solucionável, ou posso escolher um problema grande e aparentemente insolúvel? – perguntei. – Estou pensando em como evitar uma guerra nuclear com a Coreia do Norte.

– Escolha um com o qual você sinta uma sinergia. Existe toda uma magia em estabelecer uma data-limite e simplesmente começar. Não espere – incentivou Patrice.

Minha colega Liza Hester e eu marcamos a data-limite para dali a cinco semanas. Ligamos para a nossa rede de colegas para ver quem, de uma hora para outra, poderia participar dessa experiência incomum por duas semanas. Entrevistamos e selecionamos 12 pessoas com um conjunto diversificado de perspectivas e experiências. A equipe incluía um advogado internacional, mediadores profissionais, um especialista em *storytelling* e um veterano militar. Ninguém tinha experiência em relação à Coreia do Norte, mas o objetivo era apenas simular um agrupamento.

Pedi ajuda ao meu amigo Rob Evans, um magistral mediador de inteligência e da criatividade coletivas, e ele se prontificou de imediato, trazendo junto um talentoso artista gráfico. Alugamos uma casa nas redondezas e a enchemos de painéis de exibição, flipcharts, canetas pilot, marcadores coloridos, notas adesivas e espaços de trabalho colaborativos.

O experimento social começou. Nós nos apelidamos de Equipe SWAT pela paz. Nossa tarefa era nos agruparmos para analisar o conflito entre Estados Unidos e Coreia do Norte sob todas as perspectivas, tentando discernir possíveis formas de evitar uma guerra catastrófica.

AGRUPE-SE PARA TRANSFORMAR

No mundo da tecnologia, um "agrupamento" é uma colaboração auto-organizada de uma rede para resolver um problema de forma flexível e inovadora.² Em vez de cada pessoa trabalhar em um projeto separado, os membros da equipe concentram a atenção coletivamente em um único projeto até que ele seja resolvido. O objetivo é entregar resultados de alta qualidade, no prazo determinado, com cada membro da equipe usando seus pontos mais fortes.

O agrupamento é a ferramenta ideal para transformar os conflitos desafiadores que enfrentamos no mundo de hoje.

Agrupar-se para um conflito é cercá-lo de uma massa crítica de ideias e influências.

O agrupamento utiliza o poder de muitos, *mobilizando* o potencial *latente* da comunidade.

Assim como os pássaros se agrupam para defender o ninho contra o ataque de aves de rapina, os membros da comunidade podem trabalhar em grupo de forma concentrada para interromper um conflito destrutivo e colocá-lo num caminho construtivo.

Ao esconder as flechas envenenadas e se reunir ao redor da fogueira, o povo kua do deserto do Kalahari está se agrupando para lidar com o conflito. Quando os líderes empresariais, trabalhistas, religiosos e da sociedade civil se uniram para criar o Acordo Nacional de Paz na África do Sul, estavam se agrupando para transformar o conflito e pôr fim ao apartheid.

Enquanto o *acolhimento* cuida das *pessoas* e a *ajuda* se concentra no *problema*, o *agrupamento* acrescenta o elemento fundamental que falta: o *poder*. Quando o conflito cresce e uma parte tenta impor sua vontade à outra através da força, é necessário que a comunidade unida exerça o *poder* de interromper os combates e iniciar as conversas.

Com o poder vem a responsabilidade. Quanto mais poder é exercido, mais respeito precisa ser demonstrado, para que esse poder não seja um tiro pela culatra. A intenção do agrupamento é transformar o conflito para que as partes e a comunidade se beneficiem a longo prazo.

Compreendo que a ideia de *se agrupar* possa fazer alguns se sentirem ameaçados – talvez passe a imagem de abelhas ou insetos formando um enxame para atacar. Mas vale lembrar que se agrupar é cercar o *conflito*, não a pessoa. *Ataque o problema, não o indivíduo.*

AGRUPE-SE COM IDEIAS

Agrupar-se é o movimento culminante no caminho para o possível. Integra o camarote, a ponte e a terceira parte.

– Estamos no *camarote* – falei aos voluntários da equipe SWAT pela paz –, um lugar de onde podemos ver o quadro geral e nos concentrar no que realmente importa. Estamos tentando construir uma *ponte dourada* entre as partes. E todos nós pertencemos à *terceira parte*, a comunidade como um todo, preocupada com um conflito que ameaça o mundo neste momento.

E prossegui:

– Vocês têm uma tarefa: descobrir *quem* pode fazer o *que* amanhã de manhã para interromper a escalada da guerra nuclear com a Coreia do Norte. Essa é a pergunta que quero que vocês vivam e respirem pelas próximas duas semanas. Leiam tudo que acharem útil, conversem com especialistas, estejam abertos a novas ideias e vejam o que conseguem descobrir. Quero que a gente escreva um roteiro em que os líderes dos Estados Unidos e da Coreia do Norte, cada um com o dedo no botão nuclear, encontrem uma forma melhor de lidar com suas diferenças. Quais são os discursos de vitória de ambas as partes?

Fiz uma pausa, então continuei:

– O nosso lema é *audácia com humildade*. Devemos ser audaciosos para acreditar que podemos contribuir. Ao mesmo tempo, devemos ser humildes, tendo em conta que pouco sabemos sobre o assunto e recebendo de mente aberta todo o conhecimento e a experiência que existe por aí.

Nós nos dividimos em pequenos grupos e criamos a Equipe Trump e a Equipe Kim. Atribuímos a elas a tarefa de aprender o máximo sobre os líderes, tanto como seres humanos quanto como tomadores de decisão. O que os motiva? Como foi a infância deles? Como eles enxergam o mundo? Como tomam decisões – quem os influencia e o que pode mudar as suas ideias?

– Mesmo que vocês discordem do indivíduo, tentem se colocar no lugar dele. Qual é a sensação de estar no lugar dele? Pratiquem a *empatia estraté-*

gica, a empatia com um propósito. Para termos chance de influenciá-los a tomar a decisão certa, precisamos entendê-los por completo.

A Equipe Trump pesquisou todas as declarações e tuítes do presidente americano sobre a Coreia do Norte nos últimos 25 anos. Escreveu cada uma delas numa nota adesiva e as colou num quadro para, enxergando o todo, tentar descobrir algum padrão nelas.

A equipe também pesquisou casos específicos em que Trump mudou de ideia sobre uma decisão política. Como isso aconteceu? Quem ele ouviu e que fatores o influenciaram mais? Começamos a analisar a flexibilidade incomum de Trump – como ele era capaz de mudar de ideia num piscar de olhos e ainda assim considerar isso uma vitória.

Um membro da equipe, Gia Medeiros, especializada em marketing e comunicação estratégica, ligou para um produtor de reality shows que havia trabalhado com Donald Trump em *O Aprendiz*.

– Se isso fosse um reality show, como poderia terminar bem? – perguntou.

– Bem, a primeira regra dos reality shows é "O que quer que você faça, não seja maçante". A mesma pessoa não pode ser sempre o vilão. É preciso ter sempre uma surpresa ou reviravolta na história.

Essa foi uma grande descoberta para nós, enquanto pensávamos em formas de encontrar uma saída para Trump.

Entramos em contato com especialistas, professores que haviam estudado o conflito, ex-diplomatas que haviam lidado com a Coreia do Norte, ex-analistas de inteligência, qualquer pessoa capaz de nos oferecer outro ponto de vista. Também buscamos perspectivas heterodoxas, como a de um antigo membro de facção criminosa que explicou métodos eficazes para interromper a violência entre grupos inimigos. A equipe ouviu atentamente e registrou as ideias em notas adesivas, colou todas nos flipcharts e as analisou em busca de pistas e outras questões.

A casa inteira estava repleta de painéis registrando tudo que estávamos aprendendo, quase como se fôssemos investigadores tentando resolver um crime e descobrir os dados que faltavam. Listamos todos os principais personagens da história – de Washington a Pyongyang, de Seul a Pequim, Moscou, Tóquio e outras cidades. Elaboramos perfis históricos dos principais tomadores de decisão. Essa era a vantagem de ter 12 mentes concentradas, como um laser, durante duas semanas, numa única questão: *quem pode fazer o que amanhã de manhã para reduzir o risco de guerra nuclear?*

No final de cada dia, nós nos reuníamos na sala e anotávamos num quadro:

"O que aprendemos hoje?"

"O que funcionou?"

"O que precisa mudar para amanhã?"

E todas as manhãs nos reuníamos novamente para ver se alguém tinha alguma nova ideia ou pergunta e para planejar o dia. Nossos focos exclusivos eram aprender e melhorar o que estávamos fazendo. Estávamos praticando "prototipagem rápida".

O objetivo era nos agruparmos em torno do problema com diversas perspectivas e ideias e encontrar múltiplos pontos de contato capazes de abrir caminho para negociações produtivas. Muitas possibilidades criativas surgiram.

– Mantenham o fluxo de ideias – pedi à equipe diversas vezes. – Mas tenham cuidado e nunca esqueçam que pouco sabemos de fato sobre o assunto. O importante é ouvir com toda a atenção aqueles que têm 30 anos de experiência. Criatividade sem fundamento é inútil. Experiência sem criatividade não vai nos trazer uma nova abordagem. Precisamos misturar criatividade e experiência. A chave é usar a *imaginação bem fundamentada.*

Compreendendo que para superar desafios difíceis é necessário um grande trabalho em equipe, demos início a uma *colaboração radical*, compartilhando ideias e perspectivas com liberdade total, incentivando a criatividade uns dos outros e nos ajudando a cada momento. Todos se sentiam estimulados a contribuir da melhor forma possível. Nossa inteligência coletiva era muito maior do que a inteligência de qualquer um de nós individualmente.

O ritmo de trabalho foi intenso. Ao mesmo tempo, era gratificante enfrentar um problema tão perigoso, em vez de apenas nos preocuparmos com ele. E, devido à gravidade do assunto, talvez seja estranho dizer isso, mas a verdade é que foi divertido. Comíamos juntos, caminhávamos juntos, fazíamos exercícios no jardim juntos. Nosso facilitador, Rob, tocava música durante os intervalos e nos incentivava a mexer o corpo, dançar e nos livrar das preocupações.

Tentamos tudo que pudesse abrir nossa mente, aguçar nossa criatividade, aumentar nossa capacidade de colaboração e nossa persistência, enquanto analisávamos todos os ângulos do problema.

O esporte nos estimula a dar o máximo para alcançar nosso melhor desempenho. Nesse experimento, tive um vislumbre de como isso funciona quando aplicado à importante tarefa de transformar um conflito perigoso.

Era uma simulação do que eu havia sonhado: uma equipe dedicada, agrupando-se em torno de um conflito difícil. Mas não era *apenas* uma simulação; havia uma emergência em tempo real no mundo. Ao conversarmos com pessoas bem informadas, desde ex-diplomatas a especialistas acadêmicos, ouvimos de três pessoas distintas:

– A situação está ficando muito perigosa. Que bom que *alguém* está fazendo algo a respeito.

Isso nos preocupou, afinal, a simulação de duas semanas pretendia ser apenas um experimento social. Nenhum de nós era especialista em Coreia do Norte. Tendo em vista a enorme gravidade e a urgência da situação, qualquer um imaginaria que havia verdadeiras equipes de especialistas experientes, trabalhando duro, dia e noite, para descobrir meios de evitar uma guerra catastrófica iminente. Para nossa consternação, no entanto, nenhum dos muitos especialistas em Coreia do Norte com quem falamos citou sequer uma equipe de trabalho.

Grande parte do esforço intelectual se concentrou na *análise* do perigo, mas, comparativamente, uma parte mínima se concentrou em *evitá-lo*. Havia *muita previsão*, mas *pouca prevenção*.

Portanto, embora inicialmente tivéssemos planejado apenas uma simulação de duas semanas, a equipe e eu tomamos uma decisão: encontraríamos uma maneira de continuar. Tentaríamos transformar o agrupamento simulado em algo real.

CRIE O SEU *ACC*

Boas ideias são vitais, mas inúteis, a menos que haja uma forma de levá-las aos principais tomadores de decisão. Para isso, precisamos de *ACC: A de acesso, C de credibilidade e C de confiança*.

Acesso é uma conexão com as pessoas em conflito. *Credibilidade* é confiabilidade baseada em competência e histórico. É racional, vem da cabeça. *Confiança* é confiabilidade baseada em intenção e integridade. É emocional, vem do coração.

Entre os kua, a família e os amigos das pessoas em conflito trabalham em conjunto para convencer as partes a se sentar, se ouvir e, em algum momento, se reconciliar. A comunidade reúne acesso, credibilidade e confiança para influenciar a mente das partes em conflito.

ACC é a moeda-base da terceira parte: capacita a comunidade a influenciar as partes para que parem de lutar e comecem a conversar.

Se não tivermos *acesso, credibilidade* e *confiança*, precisaremos construí-los ou trabalhar com pessoas que os tenham. Quando comecei a me preocupar com o risco de guerra com a Coreia do Norte, procurei uma das poucas pessoas que conheci e que haviam estado naquele país, meu antigo colega negociador Jonathan Powell. Lembrei-me de um jantar na Colômbia no qual ele me contou que, uma vez por ano, viajava para a Coreia do Norte como parte de um intercâmbio político europeu regular com o país asiático. Liguei para Jonathan em busca de conselhos.

– Estou ficando preocupado com a situação da Coreia do Norte. Com Trump e Kim em confronto, onde fica a rampa de saída? Quando você volta para a Coreia do Norte?

– Em breve. Até agora as conversas não produziram nada de útil. Só conhecemos a filosofia partidária, mas dessa vez pode ser diferente. Por sorte, nosso novo interlocutor é Ri Su-yong. Ele foi embaixador norte-coreano na Suíça na década de 1990, quando Kim estudou lá, num internato, sob um nome falso.

– Parece uma boa oportunidade.

– Vamos ver. Enquanto isso, por que você não conversa com Glyn Ford, que vai comigo? É um ex-deputado trabalhista e ex-parlamentar europeu que viaja para a Coreia do Norte há 25 anos. Esteve lá quase 40 vezes.

Liguei para Glyn, que me disse:

– Conhecer Ri Su-yong nos oferece uma oportunidade real. Ele é o oficial de política externa de mais alto escalão na Coreia do Norte. Dizem que cuidou de Kim e da irmã dele enquanto eles estavam na Suíça, foi uma espécie de pai substituto para os dois. Meu palpite é que Kim escuta tudo que Yong tem a dizer, dado o relacionamento de longa data entre eles.

Consegui que Jonathan e Glyn falassem separadamente com a equipe SWAT reunida no Colorado. O objetivo era que eles nos transmitissem suas impressões e oferecessem ideias para uma saída negociada. Dei à equipe a seguinte tarefa:

– Jonathan e Glyn construíram um *ACC* possivelmente útil com os norte-coreanos. Mas qual seria a melhor forma de o usarem? Em algumas semanas os dois estarão em Pyongyang. Imaginem que eles tenham apenas uma hora de conversa com Ri Su-yong, que é próximo de Kim. Quero que vocês estipulem que perguntas Jonathan e Glyn devem fazer e que pontos principais devem abordar. O que eles devem dizer a Ri para ajudar a acalmar a situação?

A partir desse início, começou um grande esforço de agrupamento, conforme Jonathan, Glyn e eu trabalhávamos em estreita colaboração, apoiados por uma equipe de pesquisadores e analistas. No ano seguinte, fizemos 21 viagens a Washington, D.C., Seul e Pyongyang. Como cidadão americano, eu não podia ir à Coreia do Norte, mas, como cidadãos britânicos, eles podiam e foram. Graças ao trabalho em grupo e à construção do nosso *acesso*, acabamos realizando mais de 80 reuniões com representantes políticos importantes nas três capitais.

Não foi fácil conseguir essas reuniões, sobretudo as primeiras. O *acesso* inicial exigiu bastante networking e indicações. Mas, assim que começamos, uma reunião passou a abrir a porta para a próxima. Cada representante com quem nos encontrávamos ficava curioso sobre o que estávamos aprendendo com os outros. À medida que eles consideravam nossas conversas úteis, nossa *credibilidade* aumentava. E à medida que fazíamos a manutenção desses relacionamentos, com contatos positivos recorrentes e preservando confidências, construímos *confiança*.

A partir do que aprendemos nessas reuniões – ouvindo atentamente preocupações e perguntas –, enviamos memorandos de follow-up. Esses breves memorandos, de duas ou três páginas, foram magistralmente redigidos por Jonathan, que tinha longa experiência como chefe de gabinete do ex-primeiro-ministro britânico Tony Blair. Naquele ano foram redigidos 48 memorandos, com base em mais de 200 perfis e publicações, criados pela equipe que surgiu do experimento de agrupamento.

Qual foi o impacto desses esforços coletivos? Nunca saberemos. No entanto, recebi um telefonema de um jornalista político veterano do *The Washington Post*, conhecido pelo seu acesso à Casa Branca, que me disse:

– Acredito honestamente que seus esforços influenciaram o processo de negociação e contribuíram para colocar na mesma mesa, pela primeira vez, o presidente americano e o líder norte-coreano.[3]

O agrupamento da Coreia do Norte me permitiu vislumbrar meu sonho de ver equipes utilizando inteligência coletiva e *ACC* para atacar os conflitos mais difíceis que enfrentamos hoje.

AGRUPAR-SE É HUMANO

Mobilizar a comunidade para agir como um agrupamento capaz de interromper conflitos destrutivos não é novidade. Em minha pesquisa antropológica sobre guerra e paz, aprendi que o agrupamento pode ser o legado mais antigo para resolver conflitos.

– O que acontece se alguém caçar no território de outra pessoa sem pedir permissão? – perguntei certa vez a Korakoradue, o ancião dos kua.

– A parte lesada chama três pessoas como testemunhas e mostra a elas as pegadas do invasor. Depois, todos vão falar com o infrator e adverti-lo a não fazer isso de novo.

– E se o agressor ignorar a repreensão e voltar a caçar no território alheio sem pedir permissão?

– Dessa vez, o lesado chama *quatro* testemunhas. Eles falam com o infrator de forma muito incisiva e lhe dizem para não fazer mais isso.

Não resisti e continuei:

– E se o infrator cometer a ofensa pela terceira vez?

Korakoradue me olhou nos olhos e respondeu lentamente:

– Nenhum membro da comunidade jamais *ousaria* violar as normas dessa maneira outra vez!

A comunidade mobiliza uma massa crítica de influência coletiva. A parte infratora pode ser mais poderosa do que a parte lesada, mas nunca é mais poderosa do que a comunidade agindo em conjunto. O agrupamento é a aplicação do poder coletivo, necessário para lidar com a injustiça.

– Está vendo esses gravetos na minha mão? – perguntou Tsamko, membro da comunidade ju/'hoansi na Namíbia. – Um graveto sozinho quebra facilmente, mas se você pegar muitos gravetos como este, não conseguirá quebrá-los ao mesmo tempo.

Quando me aventurei nas profundezas da floresta tropical da Malásia para visitar o povo semai, descobri que eles utilizavam uma abordagem de agrupamento semelhante para situações de conflito.

– Não é apropriado tomar partido – explicou-me um ancião semai. – O apropriado é que *todos* incentivem seus parentes e amigos a resolver suas disputas.

Espera-se que todos fiquem do lado da comunidade como um todo – o terceiro lado. Ficar do terceiro lado não significa ignorar as necessidades de familiares ou amigos. Significa evitar piorar a disputa. Significa usar sua influência construtiva para ajudar as partes a irem ao camarote e se concentrarem no que realmente importa.

Os semai aprendem a assumir o terceiro lado ainda crianças. Quando uma criança bate em outra, os adultos não punem a criança agressora, e sim convocam um *bcaraa'*, ou conselho infantil. Todas as crianças se sentam em círculo, discutem o que aconteceu e falam sobre como resolver o problema e restaurar o relacionamento ferido. Todos ganham com a disputa, pois aprendem a lidar com frustrações e diferenças de forma pacífica. Os semai mobilizam o *poder dos pares* para transformar conflitos.

O ser humano tem a capacidade inata de se agrupar e pode aplicá-la a qualquer conflito, e muitas vezes o fazemos de forma inconsciente. Foi a experiência que eu tive há alguns anos, numa situação familiar.

Meu filho tinha 19 anos. Após um ano de faculdade, fez uma pausa e resolveu voltar a morar na casa da família. Fazia muitos anos que ele vinha andando com um grupo de amigos do ensino médio que estavam perdidos, à deriva, bebendo. Assim como muitos adolescentes, em dado momento ele se afastou da família e parou de falar conosco. O garoto sensível e de bom coração que eu conhecia aparentemente havia desaparecido. No lugar, eu via um jovem que se metia em encrencas, bateu o carro da família mais de uma vez e achava que o mundo estava contra ele.

Esses comportamentos geravam tensão, angústia e preocupação na família. A gota d'água aconteceu na volta de uma viagem. Lizanne e eu fomos visitar parentes e pedimos ao nosso filho que não recebesse amigos em casa. Ele deu sua palavra. Quando retornamos, a moça que havíamos contratado para cuidar da casa em nossa ausência se aproximou de nós aos prantos.

– Tenho até medo de falar, mas percebi que seu filho recebeu amigos na semana passada, e eles fizeram uma festa na casa. Tudo fedia a cigarro e bebida. Quando perguntei a ele sobre o que tinha acontecido, ele ameaçou dizer que *eu* não estava fazendo o *meu* trabalho. Mas mesmo assim preciso contar a vocês.

Ela estava tremendo.

– Isso parte o meu coração, como mãe – disse-me Lizanne, aos prantos, mais tarde naquele dia –, mas não posso mais viver com ele aqui em casa. Não aguento mais esses comportamentos dele.

Até então eu vinha me mostrando um pouco mais receptivo, acreditando que nosso filho estava passando por uma fase difícil, mas ali senti uma onda de raiva crescer dentro de mim. Aquilo não podia continuar.

Fiz minha caminhada solitária favorita, ao longo de um desfiladeiro perto de casa. Era o meu camarote. Em meio à beleza natural, pude ouvir melhor minha raiva. Fiz uma pausa e comecei a focar. Por que eu estava com raiva? O que a raiva estava tentando me dizer? Em parte, eu estava me sentindo daquele jeito porque meu filho havia quebrado a promessa e traído minha confiança, mas dessa vez algo mais me irritava. Era o abuso de poder por parte de um membro da família contra uma funcionária de confiança que estava apenas fazendo seu trabalho. Ele ameaçou o sustento da empregada, fazendo-a chorar de medo. Estava ultrapassando um limite muito perigoso.

Perguntei a mim mesmo: como começar a reverter um padrão destrutivo de comportamento que vem gerando repetidas discussões familiares há anos? Percebi que estávamos travados e que minha esposa e eu, sozinhos, não tínhamos influência suficiente para impedir o comportamento destrutivo de nosso filho. Precisávamos de ajuda. Precisávamos de uma comunidade. Em suma, precisávamos de um agrupamento.

No mesmo dia, Lizanne e eu chamamos nosso filho para uma conversa. Ele se sentou no sofá do nosso escritório, e nós nos sentamos de frente para ele. Ela começou:

– Eu sempre adorei ter você morando em nossa casa. Sempre fui a favor de que você voltasse quando quisesse. Mas a verdade é que não estou gostando de morar com você. Me dói dizer isso, mas é verdade.

Ela tinha lágrimas nos olhos.

— Espero que você saiba que sua mãe e eu te amamos muito — falei. — Mas o que aconteceu foi sério. Uma coisa é você quebrar uma promessa que fez para a gente. É errado. Mas ameaçar alguém que depende de nós para se sustentar e só está fazendo seu trabalho me deixa *muito* chateado.

Eu o encarei. Ele estava atônito — parecia assustado, com os olhos arregalados.

— Sua mãe e eu queremos propor que você peça desculpas a ela. Queremos que você saia de casa e se afaste por dois meses para resolver seus problemas. Pensamos num programa de recuperação no qual você terá o acompanhamento de um conselheiro e estará em contato com pessoas da sua idade. Esperamos que eles possam ajudá-lo a se lembrar da pessoa que sabemos que você é.

A jornada do nosso filho começou com um workshop intensivo conduzido por um conselheiro que conhecíamos. O foco do workshop era fazer os participantes compreenderem a si mesmos, enxergarem seus pontos fortes e limitações e aprenderem a assumir responsabilidades pela própria vida. As vinte pessoas presentes ao workshop se tornaram próximas e deram apoio umas às outras. Meu filho acabou passando dois meses lá, focado em aprender mais sobre si mesmo e fazendo novos amigos. Redescobriu a alegria que a música lhe proporcionava e aprendeu a meditar. Tinha sessões regulares com o conselheiro. Também passou um bom tempo com seus dois tios, que o apoiaram no trabalho de transformação pessoal. Foi uma imersão completa numa comunidade de apoio.

Dois meses depois, quando ele voltou, as mudanças em seu comportamento eram marcantes. Ele assumiu total responsabilidade pelo que fez e pediu desculpas sinceras à mãe e a mim. Voltou com uma paixão renovada pela música e formou uma banda. Retornou à faculdade. As discussões destrutivas sobre seu comportamento terminaram e deram lugar a conversas construtivas sobre outras questões, como o espaço onde sua banda poderia ensaiar.

Não estou sugerindo que esse tipo de processo seja fácil ou infalível. Cada caso é um caso. Mesmo assim, foi uma grande lição para mim. Pessoalmente eu me senti travado e perdido nesse conflito. Foi necessária a intervenção de toda uma comunidade para ajudar nosso filho a transformar um padrão destrutivo.

Enquanto escrevo estas palavras, quinze anos depois, acabo de voltar de uma visita a meu filho, sua esposa e o filho deles. Sinto-me tocado ao vê-lo como pai – terno, amoroso e brincalhão com o filho pequeno. Observo-o em seu papel de marido, compartilhando com alegria o trabalho de criação do filho e as tarefas domésticas. Ao mesmo tempo, fico impressionado com a liderança que ele demonstra no trabalho. Para mim, ele é um grande exemplo de alguém que está trabalhando para alcançar seu potencial máximo como ser humano.

Quando relembro a experiência de lidar com uma situação familiar espinhosa prestes a se tornar um conflito destrutivo, percebo que esse foi um exemplo de agrupamento com a terceira parte. Minha esposa e eu, o conselheiro do nosso filho, seus colegas no workshop, seus novos amigos e seus tios... com incentivos, feedback e apoio, nós constituímos uma comunidade dinâmica que o cercou e o ajudou em seu trabalho pessoal e sua transformação. Trabalhando juntos, individual e coletivamente, conseguimos ajudá-lo a desbloquear seu potencial interior. Nenhum de nós sozinho seria capaz de ajudá-lo a evoluir. Foi preciso todo o grupo.

Como diz o ditado, é preciso uma aldeia inteira para educar uma criança.

MONTE UMA EQUIPE DE AGRUPAMENTO

Agrupar-se é um esporte coletivo.

Sempre me impressionei com o exemplo inovador das equipes de negociação de reféns. Tive a oportunidade de dar aulas a negociadores de reféns da polícia, e suas histórias me inspiravam.

Décadas atrás, a polícia americana costumava usar métodos violentos para negociar reféns. Sacavam um megafone e gritavam:

– Você tem cinco minutos para sair com as mãos para cima!

Se o sequestrador não se rendesse, a polícia lançava gás lacrimogêneo no local e entrava atirando. Não só o sequestrador morria, como muitas vezes os reféns e ocasionalmente até algum policial. Um exemplo trágico foi o desastre de Waco, Texas, em abril de 1993, quando uma granada de gás lacrimogêneo atirada pelo FBI gerou um incêndio no qual morreram dezenas de pessoas, incluindo muitas crianças.[4]

Com o passar do tempo, os departamentos de polícia aprenderam que havia uma maneira melhor de trabalhar nessas situações: negociações silenciosas e persistentes, realizadas por uma equipe treinada de policiais negociadores. A polícia cerca o local para evitar fugas e a partir daí começa a conversar.

– Quando lido com um criminoso armado, por exemplo, minha primeira regra é simplesmente ser educado – explicou Dominick Misino, que, em sua carreira no Departamento de Polícia de Nova York, negociou, junto com seus colegas, mais de 200 incidentes com reféns, inclusive um sequestro de avião, sem perder uma única vida.[5]

– Sei que parece trivial, mas é muito importante. Com frequência, as pessoas com quem lido são extremamente agressivas, porque estão num nível de ansiedade muito alto: um sujeito armado e cercado num banco está em modo de "fuga ou luta". Para acalmar a situação, preciso me esforçar para entender o que se passa na cabeça dele, e o primeiro passo é mostrar respeito, o que demonstra minha sinceridade e confiabilidade.

O sucesso reside na construção de credibilidade e confiança num período muito curto.

Os policiais negociadores de reféns trabalham em equipes. É comum ter mais de dez profissionais tentando entender o que se passa na cabeça do sequestrador e descobrir como convencê-lo a se render pacificamente.

Um deles fala com o sequestrador, e os outros nove estão no camarote. Um pode estar passando anotações para o negociador. Outro pode estar rastreando parentes ou amigos do sequestrador, que possam conversar com ele e acalmá-lo. Outro pode estar em contato com a equipe da SWAT, que fica de prontidão caso necessário.

É um esforço genuíno de agrupamento que já se mostrou incrivelmente eficiente. Como explicou meu colega de negociação George Kohlrieser:

– Situações com reféns geralmente são dramáticas e intensas, mas a maior parte delas nem sequer é noticiada.[6] Isso porque mais de 95% são resolvidas de forma pacífica, sem vítimas e com os sequestradores aceitando os termos estabelecidos.

Eu também me inspiro nos esforços de agrupamento para reduzir a violência causada pelas gangues e facções criminosas nas grandes cidades. Nesse sentido, aprendi muito com meu amigo Dr. Gary Slutkin, médico sanitarista especializado no combate a epidemias que passou vinte anos rodando o mundo. Quando voltou para sua cidade natal, Chicago, encontrou uma epidemia de violência entre facções criminosas e decidiu fundar uma organização para interromper a violência chamada CeaseFire, hoje uma iniciativa global denominada Cure Violence Global.[7]

Gary queria aplicar as mesmas ferramentas de saúde pública que eram eficazes no combate a doenças contra o vírus da violência. Assim como as campanhas de saúde pública recrutam cidadãos locais para influenciar seus pares a mudar os comportamentos que espalham doenças, Gary experimentou utilizar "interruptores" comunitários.

– Nossos interruptores da violência vêm da mesma comunidade que os criminosos e, na verdade, são ex-membros das facções – explicou Gary aos membros do agrupamento inicial criado para pensar em soluções para a Coreia do Norte. – Todas as quartas-feiras, nós nos reunimos para analisar o que está acontecendo no bairro, comparar anotações e checar o que precisa ser feito. É o que chamamos de *mesa de interrupção*.

Pedi que a equipe do agrupamento assistisse a um excelente documentário sobre o trabalho de Gary, feito por Alex Kotlowitz e intitulado *The Interrupters* ("Os interruptores").[8] No filme, Alex mostra uma mesa de interrupção em plena atividade. Mais de dez pessoas estão reunidas em torno de uma mesa de conferência, todas conversando animadas, quando a reunião recomeça.

– Tudo bem, vamos concluir. Prestem atenção, agora é sério, ok? Estamos no modo crise e precisamos que todos na mesa deem tudo de si e mais um pouco. Tem gente sendo morta por qualquer coisa. Da semana passada para cá, algum conflito foi mediado?

Os interruptores ficam quietos por um momento. Então alguém fala:

– Dois caras estavam discutindo. Um cara ameaçou estourar a cabeça do outro. Fiz com que ele se acalmasse e disse: "Ele não atirou em você, ele só estava conversando." Interrompemos o problema antes que o pior acontecesse.

Um dos líderes explica:

– Aqui na mesa estão pessoas que põem a mão na massa. Sempre tivemos agentes comunitários, mas a violência não estava diminuindo. Então, em 2004, criamos um conceito chamado "interruptores da violência". A maioria dos interruptores da violência vem de alguma facção. Porque não é qualquer um que pode chegar e mandar um cara baixar a arma. Os interruptores da violência têm um objetivo em mente: acabar com os assassinatos. Não é desmantelar as gangues. O que eles estão tentando fazer é salvar vidas.

Um dos interruptores mais eficazes, que tive o prazer de conhecer, é uma jovem inspiradora chamada Ameena, ex-membro de gangue. Como explica um de seus colegas:

– Como interruptora da violência, Ameena Matthews é nossa menina de ouro. Ela entra onde muitos homens não conseguem. Sabe falar com jovens de alto risco. E muitos caras que conheço, gente com vários homicídios nas costas, a respeitam.

Ameena explica que se identifica com essas pessoas porque já esteve na pele delas:

– Eu vivi essa vida de entrar em tiroteios, olhar o diabo nos olhos... Vejo essas pessoas hoje e tenho consciência de que já fui assim.

Ela é uma terceira parte genuína, que emergiu da própria comunidade.

Num contexto muito diferente, testemunhei outro tipo de agrupamento em meu trabalho com o presidente colombiano Juan Manuel Santos para pôr fim à guerra civil. Como mencionei antes, Santos montou uma equipe com cinco consultores de negociação principais. Cada um oferecia uma ampla gama de perspectivas e experiências de diferentes partes do mundo.

Em comum, nós cinco tínhamos um zelo comum pela paz e o desejo de ajudar o presidente. Vontade de jogar em equipe. Respeito pelos pontos fortes e habilidades do outro. E disposição para permanecer ali por um bom tempo. Embora fôssemos conselheiros de um dos lados, também éramos terceiros, trabalhando em benefício do todo. Nosso papel era ficar no camarote, de olho no quadro geral, e ajudar o presidente Santos a construir uma ponte dourada para acabar com a guerra.

Em geral chegávamos à Colômbia com um dia de antecedência vindos de diferentes partes do mundo. Agentes do governo nos pegavam no aeroporto, para que ninguém soubesse que estávamos no país. Passávamos três dias intensos trabalhando em estreita colaboração uns com os outros, com o presidente e com a equipe de negociação do governo. Fazíamos reuniões com os funcionários do alto-escalão e recebíamos instruções especiais da inteligência. Depois, jantávamos a sós com o presidente. Nosso trabalho era ouvi-lo atentamente, compreender seus dilemas e dar o melhor aconselhamento possível.

Repetimos essa rotina 25 vezes ao longo de sete anos.

Trabalhamos extraordinariamente bem juntos, apoiando-nos uns nos outros. Tínhamos bagagens diferentes. Jonathan Powell era um magistral sintetizador e redator de memorandos. Com base em sua experiência anterior como chefe de gabinete do ex-primeiro-ministro britânico Tony Blair, ele conhecia a fundo o funcionamento da política e do governo. Joaquín Villalobos, ex-comandante de guerrilha, tinha um vasto conhecimento da mente dos chefes guerrilheiros.

Valendo-se de sua longa experiência no conflito árabe-israelense, Shlomo Ben-Ami se mostrou um grande estrategista. Dudley Ankerson conhecia as entranhas da política latino-americana. Eu me concentrei mais nas estratégias de negociação e psicologia. Também facilitei reuniões estratégicas e, de vez em quando, mediei conversas entre negociadores do governo.

Nossa colaboração era perfeita. Desenvolvemos a chamada *inteligência de agrupamento*, inteligência coletiva que é muito maior que a inteligência de qualquer indivíduo.

– Você e os outros servem como meu camarote – disse-me certa vez o presidente Santos, num momento de crise durante as negociações de paz.

Mais tarde, quando tudo acabou, ele disse a uma plateia em Harvard:

– Nosso conflito era tão difícil que percebi que precisávamos da melhor ajuda que pudéssemos encontrar, aproveitando as lições aprendidas com os erros e sucessos obtidos em outros conflitos, em outros locais. Se eu tivesse um conselho para outro chefe de Estado que esteja começando um processo de paz desafiador, seria o seguinte: monte uma equipe de conselheiros de negociação de nível mundial, como eu fiz.[9]

CONSTRUA UMA COALIZÃO VENCEDORA

O sucesso do agrupamento está no princípio de massa crítica. A massa crítica oferece o poder persuasivo necessário para superar a resistência e os desequilíbrios de poder. Individualmente, as pessoas podem não ter influência suficiente, mas coletivamente elas são muito mais poderosas do que qualquer lado do conflito.

Como parte da minha pesquisa sobre a evolução do conflito humano, visitei o ilustre primatologista Frans de Waal no seu centro de pesquisas. De Waal estava conduzindo estudos extensos sobre nossos primos mais próximos, os chimpanzés bonobos. Fiquei curioso para saber como os bonobos lidam com os conflitos.[10]

De Waal me explicou:

– Observei que quando um macho é agressivo com uma fêmea, muitas vezes as outras fêmeas reagem e formam uma coalizão. Elas se alinham ombro a ombro, como uma barreira de um time de futebol, e lentamente afastam o macho agressor. É como se estivessem dizendo "Sai prá lá, grandalhão. Você foi longe demais. Agora, comporte-se!"

Esse é o poder da terceira parte na forma de uma *coalizão vencedora*, uma reunião de poder comunitário tão forte que pode trazer a paz. Por mais poderosa que qualquer parte seja sozinha, ela nunca é mais poderosa do que a comunidade agindo em conjunto.

Mas como construir uma coalizão vencedora formada por terceiros? Esse foi o imenso desafio que o presidente Santos enfrentou ao encarar a tarefa aparentemente impossível de pôr fim a uma guerra que já durava quase 50 anos.

As FARC estavam na selva, e havia décadas que seus membros não conheciam nada além da guerra, fortalecidos por fundos provenientes do tráfico de drogas e de sequestros. Eles tinham esconderijos na Venezuela, país vizinho. Muitos dos jovens combatentes relutaram em se desarmar. Grande parte dos líderes das FARC enriqueciam com o tráfico de drogas. Numa negociação anterior, três décadas antes, líderes guerrilheiros saíram da selva e chegaram a participar de uma eleição, mas logo em seguida foram assassinados, junto com centenas de apoiadores. Por que eles arriscariam tudo por uma paz incerta, com um governo no qual não confiavam?

Houve muitas tentativas anteriores de negociação, mas todas fracassaram, e a última, que tinha ocorrido uma década antes, falhou de maneira desastrosa aos olhos da população. Álvaro Uribe, antecessor de Santos, alcançou um grande sucesso com o próprio Santos no cargo de ministro da Defesa ao atacar as FARC em seus redutos e deixá-las na defensiva. Os sentimentos de animosidade em relação ao grupo guerrilheiro aumentaram.[11] As pessoas eram a favor da paz, mas a maioria duvidava que ela pudesse acontecer. Por que arriscar tudo para negociar com um grupo que não era digno de confiança?

Para piorar, após deixar a presidência Uribe se declarou contra o acordo de paz, argumentando que era possível derrotar as FARC militarmente. Viajou pelo país mobilizando a oposição, sobretudo nos setores militar e empresarial da sociedade. Com tuítes diários, acusou Santos de ser brando com terroristas e comunistas.

Na prática, o desafio que Santos enfrentou foi superar uma formidável *coalizão de bloqueio* – forças reunidas contra um possível acordo. Esse é um problema grave que vi em muitos dos conflitos insolúveis nos quais atuei: as partes que trabalham duro para impedir um possível acordo, talvez porque se sintam excluídas, talvez porque se beneficiem do conflito ou talvez porque simplesmente acreditem que um acordo vá contra seus interesses.

O primeiro movimento surpreendente de Santos no início do seu governo foi se aproximar do vizinho e adversário espinhoso da Colômbia, o presidente Hugo Chávez, da Venezuela.[12] Embora negasse publicamente, Chávez era amigo, mentor e principal apoiador das FARC. Em segredo, oferecia aos guerrilheiros refúgio em seu país. Um mês antes, o presidente Uribe tinha acusado Chávez publicamente de abrigar terroristas. Furioso, Chávez rompeu relações diplomáticas com a Colômbia, acusando-a de ter planos para atacar a Venezuela.

Numa conferência de líderes latino-americanos, Santos se reuniu com Chávez, tentou restabelecer a relação entre os países e, corajoso, aproveitou a oportunidade para pedir sua ajuda para levar os líderes das FARC à mesa de negociações. Esperando hostilidade, Chávez ficou bastante surpreso. Atraído pela ideia de deixar uma paz histórica como legado, convenceu a liderança das FARC de que vencer as eleições, como ele próprio havia feito, era o melhor caminho para promover a causa – e não a luta de guerrilha.

Pouco tempo depois, Santos procurou o mais importante mentor e modelo revolucionário das FARC, o presidente cubano Fidel Castro. Santos surpreendeu Castro ao lhe pedir que fosse o anfitrião das conversações secretas. Satisfeito com o convite, Castro aceitou e desempenhou um papel fundamental de convencer os líderes das FARC a saírem da selva para negociar.

Para espanto dos observadores externos, Santos conseguiu puxar Chávez e Castro da coalizão de bloqueio para a coalizão vencedora. Ambos os líderes revolucionários se tornaram terceiros ativos. Quando as conversações públicas começaram em Havana, Santos acrescentou a Noruega e o Chile a seu lado da mesa, de modo que cada parte tivesse dois governos amigos para facilitar um acordo.

Tão importantes quanto os terceiros fora da Colômbia foram os terceiros dentro da sociedade colombiana. Um processo de paz exigiria o apoio de muitos atores nacionais, em especial os militares e o setor empresarial. Para ajudar a atenuar as preocupações desses grupos, Santos nomeou como negociadores um antigo chefe popular das Forças Armadas e um antigo chefe da associação empresarial.

Esses terceiros externos e internos constituíram uma coalizão vencedora e fizeram uma diferença crucial para o fim de uma guerra civil que durava 50 anos. Graças à mobilização da terceira parte, a coalizão vencedora foi mais forte do que a coalizão de bloqueio. A lição foi clara: para transformar um conflito difícil, é fundamental identificar e suplantar potenciais bloqueadores e recrutar novos aliados. A massa crítica faz toda a diferença.

AGRUPE-SE PARA SALVAR A SITUAÇÃO

A histórica assinatura do acordo de paz entre o presidente Santos e Timochenko ocorreu à beira-mar, em Cartagena. Todos estavam vestidos de branco. Fiquei sentado perto de mães que perderam filhos e entes queridos. Elas choravam. Ouvi o comandante das FARC pedir desculpas às vítimas. Aqueles que antes se encontravam no campo de batalha agora se encontravam em paz.[13]

Conversei com Luis Carlos Villegas, alto funcionário do governo conhecido meu. Ele me apresentou à sua filha, Juliana. Ela havia passado pela angustiante experiência de ser sequestrada pelos guerrilheiros muitos anos antes, com apenas 17 anos. Foi levada para as montanhas e selvas e mantida como refém por mais de três meses. Ela e a família viveram um inferno.

Na hora eu lembrei que Luis havia me contado que, quando o presidente Santos o convidou para integrar a delegação negociadora, ele hesitou, devido aos fortes sentimentos que ele e a esposa tinham em relação ao tema, mas Juliana insistiu que ele fizesse sua parte:

– Pai, devemos fazer tudo que for possível para acabar com essa guerra.

Assim, ali estavam eles, juntos, para celebrar a paz surpreendente que anos antes era considerada impossível. Naquele momento, senti as emoções palpáveis e contagiantes de pai e filha.

Porém, na paz, assim como na guerra, nada ocorre conforme o planejado. Uma semana depois da assinatura do acordo de paz, houve uma grande reviravolta.

Como parte dos esforços para obter apoio para o processo de paz, o presidente Santos prometeu fazer um referendo com a população da Colômbia. Eles teriam a última palavra sobre qualquer acordo negociado.

Infelizmente, o referendo foi marcado por uma baixa participação. Um furacão suprimiu o poder da votação bem nas regiões costeiras onde a guerra tinha causado mais impacto e onde o apoio à paz era mais forte. Ao mesmo tempo, uma poderosa e sofisticada campanha de desinformação contra o acordo tomou conta das redes sociais. No fim, o referendo fracassou por uma pequena margem – 50,2% dos votos foram contra o acordo.

Todos ficaram chocados. O que poderia ser feito? Era o fim do processo de paz?

Meu amigo Sergio Jaramillo, comissário para a paz, me ligou:

– *E agora, William?*

Era hora de mobilizar a terceira parte com outro esforço de agrupamento. A equipe de conselheiros de paz apareceu no dia seguinte para ajudar o presidente Santos a decidir o que fazer para salvar o acordo. Todos os amigos externos e apoiadores da paz usaram sua influência: Venezuela, Cuba, Noruega, Chile, além de Estados Unidos, Europa e Nações Unidas. Para nossa sorte, na mesma semana, o presidente Santos recebeu o Prêmio Nobel da Paz, o que impulsionou o reconhecimento internacional do acordo.

Outro fato importante foi um poderoso movimento social de apoio ao processo de paz que surgiu dentro do país. Cidadãos colombianos lotaram as principais praças públicas prometendo permanecer ali até que um novo acordo fosse alcançado.[14] Nunca me esquecerei da vez em que saí tarde da noite do palácio presidencial e caminhei por um enorme acampamento, com centenas de tendas montadas por cidadãos de todo o país, que estavam ali para garantir que a oportunidade histórica não fosse perdida. O acampamento fervilhava de vida e energia.

Esses cidadãos formaram um verdadeiro agrupamento da terceira parte. Após uma longa e intensa sequência de sessões escutando pessoas contra o acordo e outra rodada de renegociações desafiadoras com os líderes das FARC, em 12 de novembro de 2016 o governo e as FARC assinaram um acordo revisado no Teatro Colón, em Bogotá. O acordo foi levado ao congresso colombiano para ratificação. Dessa vez, para alívio de todos, a iniciativa foi bem-sucedida.

Durante os meses seguintes, as FARC começaram a fazer o que ninguém acreditava ser possível: sob a supervisão das Nações Unidas, seus membros se reuniram em acampamentos e depuseram as armas. Alguns líderes começaram a entrar para a política. Embora o conflito político continuasse, a guerra terminou. O processo de paz foi confuso, lento e desigual, como de costume. Essa é a natureza da transformação.

O AGRUPAMENTO É A PRÓXIMA FRONTEIRA

Semanas após a assinatura do acordo de paz final, o presidente Santos estava em Oslo, para receber o Prêmio Nobel. Ele disse:

– Seis anos atrás, nós, colombianos, tínhamos dificuldade de imaginar o fim de uma guerra que já durava meio século. Para a grande maioria de nós, a paz parecia um sonho impossível, e havia motivos para isso. Poucos de nós, na verdade quase ninguém, conseguiam se lembrar de como era viver num país em paz. Hoje, após seis anos de negociações sérias, e muitas vezes intensas e difíceis, estou diante de vocês e do mundo, e anuncio, com profunda humildade e gratidão, que o povo colombiano, com a ajuda de nossos amigos ao redor do mundo, está transformando o impossível em possível.[15]

Um agrupamento extraordinário da comunidade pôs fim a uma das guerras mais duradouras do mundo. Nestes tempos difíceis que vivemos hoje, ficamos tão focados no que *não funciona* que muitas vezes deixamos de prestar atenção no que *funciona*. Agora podemos nos permitir fazer uma pergunta audaciosa: se nós conseguimos começar a acabar com a guerra em *um* dos hemisférios, por que não, um dia, alcançar esse feito em *ambos* os hemisférios?

Como dizia meu velho colega Kenneth Boulding, "o que existe é possível".

Para transformar os conflitos atuais, o poder mais importante que devemos ativar é o do agrupamento. O agrupamento é o ápice do caminho para o possível. Combina todos os nossos poderes naturais, aproveitando nosso potencial. O caminho começa na quietude de uma pausa e termina na colaboração barulhenta e criativa de um agrupamento.

O agrupamento é a aplicação paciente e persistente da massa crítica. É a colaboração radical em ação. Reúne acesso, credibilidade e confiança – ACC – para construir uma coligação vencedora. Representa a ativação total do sistema imunológico social.

O agrupamento é a próxima fronteira – o trabalho que, pessoalmente, considero mais emocionante. O desafio hoje é recriar, em condições muito diferentes, a terceira parte poderosa que, a meu ver, permitiu a nossos antepassados distantes sobreviver e prosperar para que possamos estar aqui hoje. Devemos aprender a explorar o poder criativo da comunidade que nos rodeia.

Existe um velho ditado irlandês que diz: "Essa briga é privada ou qualquer um pode entrar?" Na verdade, há poucas brigas privadas hoje em dia, porque os conflitos destrutivos afetam, direta e indiretamente, as pessoas que rodeiam as partes. Se somos afetados, cada um de nós "pode entrar" por direito – com espírito de curiosidade e compaixão, no intuito de construir. Podemos assumir nossa "respostabilidade" – a habilidade de responder.

Sempre que alguém me diz que determinado conflito não tem solução, eu me pergunto: será que já tentamos resolvê-lo de verdade? Em outras palavras: nós já nos agrupamos com essa finalidade? Usamos nossa inteligência e influência coletivas numa escala proporcional à dificuldade do conflito?

"Quando as teias de aranha se unem, podem deter até um leão", diz o provérbio etíope que inicia este capítulo. Quando nos unimos como terceiros e trabalhamos juntos, somos capazes de resolver até os conflitos mais difíceis no trabalho, em casa ou no mundo.

CONCLUSÃO
UM MUNDO DE POSSIBILIDADES

A esperança não é um bilhete de loteria que você pode segurar, contando com a sorte, e sim um machado que você usa para arrombar portas em caso de emergência. Ter esperança é se entregar ao futuro, e esse compromisso com o futuro é o que torna o presente habitável.[1]
– Rebecca Solnit

– Alguém aqui já fez prancha?[2]

Quem fez essa pergunta foi minha filha, Gabi, então com 16 anos, num palco diante de uma plateia de milhares de pessoas num evento TEDx em San Diego. Prancha é o exercício abdominal em que você se apoia horizontalmente nos antebraços e dedos dos pés e mantém o corpo reto como uma tábua de madeira. Minha família e eu estávamos sentados na plateia enquanto Gabi contava sua história:

– Até o dia em que nasci, meus pais esperavam uma menina perfeitamente normal; então eu cheguei. Vejam bem, ninguém, nem os médicos, havia percebido que eu era um dos 40 mil bebês que nascem com síndrome de VATER todos os anos. Ela afeta minha coluna, medula, pernas, pés e vários órgãos. São muitos problemas para um bebê pequeno. Os médicos não tinham certeza se eu conseguiria andar, ou mesmo viver, e, bem... aqui estou!

Ela fez uma pausa.

– Para resolver todos esses problemas, precisei passar por cerca de 15 grandes cirurgias, gesso nas pernas e nas costas durante 11 anos, fisioterapia todos os dias por anos e centenas e centenas de consultas médicas. Desde pequena, minha filosofia era basicamente a seguinte: reclamar não vai melhorar minha situação, então do que adianta? Eu não me importava por ser menor ou não poder correr tão rápido quanto meus amigos, nem eles. Do meu ponto de vista, a única coisa errada era quando as pessoas pensavam que eu não era capaz de fazer alguma coisa.

"Quando eu tinha 15 anos, fiz um teste para o time de vôlei da escola. Quando todo mundo teve que correr, expliquei à minha treinadora que não podia, pois nasci sem os músculos da panturrilha e, sejamos honestos, correr não é a minha praia. Então, ela me disse para ficar no chão e fazer prancha pelo maior tempo possível. Quando todo mundo voltou, já haviam se passado 12 minutos. Quando vi todos surpresos por eu ter aguentado tanto tempo, imediatamente pensei: *Ahhh, vou entrar para o* Guinness World Records."

A plateia inteira riu.

– Naquele dia, fui para casa e solicitei o registro.

Ouvindo Gabi contar a história, me lembrei da noite em que ela chegou em casa e nos contou seu plano, num tom de voz cheio de entusiasmo e determinação. Minha esposa e eu ficamos surpresos, mas ao mesmo tempo não ficamos, pois sabíamos que Gabi há muito sonhava em estabelecer um recorde mundial. Queríamos apoiá-la na realização de qualquer sonho que ela tivesse, mas por dentro estávamos preocupados com a decepção que ela poderia sentir se não atingisse o que parecia ser uma meta impossível.

Gabi esperou dois meses depois de outra grande cirurgia para começar os treinos. Ao longo de semanas ela foi treinando no chão do quarto depois da escola, enquanto se distraía com vídeos no YouTube e com sua cachorrinha, Mia. Na época, o recorde mundial era de 41 minutos e um segundo. Na primeira tentativa, Gabi segurou a prancha por 20 minutos. Então, aos poucos, foi aumentando o tempo. Decidiu que tentaria quebrar o recorde no seu aniversário de 16 anos e pediu que minha esposa e eu fizéssemos os preparativos necessários.

Enfim chegou o grande dia. Minha esposa e eu acordamos mais nervosos do que nunca, mas Gabi parecia tranquila e animada. Na festa de aniversário, seus amigos e familiares se reuniram para vê-la tentar.

Gabi se posicionou e, diante do olhar de todos, manteve a prancha por surpreendentes 30 minutos, mas então começou a sentir um desconforto. Estava claramente sofrendo, e seus braços começaram a tremer de leve. As lágrimas começaram a cair no tapete. Senti o coração na boca do estômago.

Felizmente, Leah – amiga de Gabi – e as irmãs dela intervieram e começaram a cantar para entretê-la e distraí-la da dor. À medida que os minutos passavam devagar, todos começaram a bater palmas, e meu amigo Robert tocou piano. O poder da comunidade era palpável.

Pouco depois dos 40 minutos, Gabi quebrou o recorde mundial. Todos nós começamos a aplaudir. Tive uma sensação avassaladora de alívio e admiração.

E então, por incrível que pareça, ela continuou. Finalmente, após uma hora e 20 minutos, o dobro do recorde mundial anterior, ela me pediu para tirá-la de sua posição rígida e colocá-la no tapete. Pouco tempo depois estava comendo o bolo de aniversário com as amigas, assim como qualquer outra garota de 16 anos.

Na terça-feira seguinte, Gabi foi convidada para o programa de TV *Good Morning America*, transmitido de Nova York para todo o país. Lá, um funcionário do Guinness deu a ela uma placa reconhecendo que ela detinha o recorde mundial.

– Foi incrível – disse Gabi ao público em San Diego –, principalmente por saber que todas aquelas pessoas, inclusive a minha família, que me olhou estranho quando eu disse que queria quebrar o recorde mundial de prancha, sabiam que eu tinha conseguido. Sempre que alguém me olhava estranho eu pensava comigo mesma: tudo é impossível até alguém fazer.

Sorri, ao me lembrar do meu avô Eddie e de seu lema "Procura-se: um trabalho difícil". Gabi também era uma *possibilista*.

Como pai, fiquei impressionado e comovido ao testemunhar a persistência, a coragem e a absoluta determinação de Gabi. Não há ninguém com quem eu tenha aprendido mais sobre o espírito da possibilidade. Ao testemunhar minha filha alcançar o que parecia impossível, renovei minha fé no indomável espírito humano, em sua capacidade de abrir possibilidades onde, à primeira vista, não havia nenhuma.

Onde outros viam obstáculos, Gabi viu oportunidades.

Nas palavras dela:

– *Eu vejo de outra forma, e isso faz toda a diferença.*

A HUMANIDADE PRECISA DE *POSSIBILISTAS*

Todos nós nascemos *possibilistas*. Para ter certeza disso só preciso observar meu neto recém-nascido, Diego. Ele passa o dia explorando e se maravilhando com todas as possibilidades ao seu redor – seja tocando uma planta ou batendo uma panela. Vejo a alegria em seus olhos. Ao observá-lo, me lembro de que não precisamos aprender a ser possibilistas. Nascemos assim. Só precisamos religar o interruptor.

Mais do que nunca, a humanidade precisa de *possibilistas* para transformar conflitos de todos os tipos – pessoais, profissionais e políticos.

Parece que temos cada vez mais conflitos destrutivos à nossa volta, ameaçando tudo que nos é caro – das nossas famílias à nossa democracia, dos nossos locais de trabalho ao nosso mundo.

Vivemos numa era de mudanças e perturbações aceleradas – na economia e no meio ambiente, na política e na sociedade. Da engenharia genética à inteligência artificial, as novas tecnologias estão mudando os padrões fundamentais da nossa vida, inclusive o que significa ser um humano. Mais mudanças naturalmente trazem mais conflitos.

Ao longo do último ano, enquanto escrevia este livro, assisti com crescente preocupação à volta do mundo à era da guerra fria entre grandes potências, algo de que me lembro muito bem desde a infância. A guerra na Ucrânia recolocou a Rússia e os Estados Unidos – e seus aliados da OTAN – perigosamente perto de um conflito nuclear. Enquanto isso, na Ásia, a tensão entre Estados Unidos e China é cada vez maior em torno do futuro de Taiwan. Se não tomarmos cuidado, o aumento do risco de hostilidades poderá evoluir para um confronto com consequências impensáveis.

Precisamos de *possibilistas* para transformar esses conflitos destrutivos e acabar com as guerras por todo o mundo.

Em relação ao meio ambiente, impasses políticos têm impedido a proteção da natureza para nós e para os nossos filhos. Numa época em que as novas tecnologias prometem fartura de energia limpa, enfrentamos os graves impactos dos nossos hábitos de consumo de energia no clima. Cada vez mais, condições meteorológicas extremas assolam comunidades em todo o mundo.

Precisamos de *possibilistas* para nos ajudar a transformar os conflitos políticos e econômicos, de modo a fazer uma transição rápida para uma energia limpa para todos.

Ao mesmo tempo, a polarização política vem aumentando em todo o mundo. Precisamos de possibilistas para transformar também essa área, atualmente tão tóxica.

Enquanto terminava este livro, fui dar um passeio ao redor do lago em frente à minha casa, com meu velho amigo Mark Gerzon. Ao longo dos anos ele e eu trabalhamos juntos para construir uma ponte que acabasse com a divisão política nos Estados Unidos.

– Eu li seu livro – comentou Mark. – Adorei, mas ele me deixou com uma pergunta. Você está nos convidando a fazer uma escolha. Quando escolhemos o camarote, a ponte dourada e a terceira parte, o que deixamos para trás?

– Ótima pergunta, de fato. Geralmente entendemos melhor as coisas quando conhecemos o seu oposto. O que você vê?

– Dê uma olhada no baixo nível da política atual do país: os lados ofendem e demonizam uns aos outros. Ir ao camarote é o oposto de ir à *sarjeta*.

– Tem razão. O que mais você vê?

– Neste momento, estamos destruindo os relacionamentos que nos conectavam. Estamos *queimando* pontes.

– É isso. *Construir* pontes é o oposto de *queimá-las*.

– E tudo está se tornando antagônico, sem nenhum terreno comum – acrescentou Mark. – Estamos forçando as pessoas a ficar de um lado ou de outro.

– Isso é uma grande verdade. Reduzir tudo a *dois lados* é como uma camisa de força. Ficamos sem espaço para respirar. O contrário é abrir espaço para a *terceira parte*: o lado do todo.

– Então, resumindo, a escolha que enfrentamos hoje é: vamos para a sarjeta ou vamos para o camarote? Queimamos ou construímos pontes? Forçamos todos a tomar partido ou abrimos espaço para a terceira parte?

– É isso, Mark. A palavra-chave é *escolha*.

Se eu fosse um antropólogo do futuro olhando para trás, veria esta era como um dos grandes períodos de transição da humanidade, tão importante quanto as revoluções agrícola e industrial, talvez até mais. Eu registraria não só os enormes perigos, mas também as enormes oportunidades.

Graças à nossa inteligência e cooperação coletivas, vivemos numa época de extraordinário potencial. Embora o nível de desigualdade, pobreza e guerra hoje seja inaceitável, a verdade é que, graças à revolução do conhecimento, é possível satisfazer as necessidades de todos. Estamos aprendendo depressa a acabar com a fome, curar doenças antes incuráveis e utilizar energia limpa, sem destruir o ambiente. Estamos até aprendendo a prevenir guerras.

Vivemos num mundo de possibilidades. Algumas delas nos dão bastante esperança, ao passo que outras são assustadoras. No fim das contas, nosso futuro depende de nós. Não há praticamente nenhum problema que não possamos resolver e nenhuma oportunidade que não possamos concretizar *se* formos capazes de trabalhar juntos. O que nos impede são os conflitos destrutivos. Felizmente, o que é criado por nós pode ser mudado por nós. A *escolha é nossa.*

O CAMINHO PARA O POSSÍVEL

Já se passou quase meio século desde que cheguei a Harvard e comecei a estudar antropologia e negociação no intuito de encontrar respostas para a pergunta que me tirava o sono desde pequeno: como nós, seres humanos, podemos aprender a lidar com nossas maiores diferenças sem destruir tudo que nos é caro?

Desde então, tive a oportunidade de testar o que funciona e o que não funciona numa infinidade de cenários difíceis em todo o mundo, e minhas experiências confirmaram meu palpite de infância – existe uma maneira muito melhor de lidar com nossas diferenças. E qualquer um de nós pode recorrer a essa maneira a qualquer momento. É o *caminho para o possível*.

Eis o segredo: o problema não é o conflito. O conflito é natural. Na verdade, precisamos de mais conflitos, não de menos, para aprender, crescer e evoluir. O problema é a forma destrutiva como lidamos com os conflitos – dizimando relacionamentos, vidas e recursos. Felizmente, nós temos escolha.

Não podemos acabar com o conflito, mas podemos *abraçá-lo e transformá-lo*. Podemos *escolher* lidar com os conflitos *de forma construtiva*, usando a curiosidade, a criatividade e a colaboração inatas. Embora possa trazer à tona o que há de *pior* em nós, o conflito também pode trazer à tona o que há de *melhor* em nós, *se* desbloquearmos todo o nosso potencial. Somos capazes de muito mais do que imaginamos. Para isso, precisamos mudar a forma de enxergar o conflito.

Como você deve se lembrar, este livro começou com um desafio de meu amigo Jim Collins enquanto subíamos uma montanha na cidade onde moramos. Jim pediu que eu resumisse tudo que aprendi sobre negociação de conflitos difíceis em uma única frase que fosse útil nestes tempos turbulentos. Após um ou dois meses de reflexão, na nossa caminhada seguinte, respondi:

– *O caminho para o possível é ir ao camarote, construir uma ponte dourada e envolver a terceira parte, tudo junto, tudo ao mesmo tempo.*

Ao longo deste livro, percorremos esse caminho. Começamos pelo camarote, que desbloqueia o potencial que existe *dentro* de nós. O camarote concentra-se no *Eu*. Prosseguimos com a ponte, que desbloqueia o potencial que existe *entre* nós. A ponte se concentra em *Você* – o outro. Terminamos com a terceira parte, que desbloqueia o potencial que existe ao nosso *redor*. A terceira parte concentra-se em *Nós* – a comunidade. Dessa forma, desbloqueamos todo o potencial para lidar com as diferenças mais profundas.

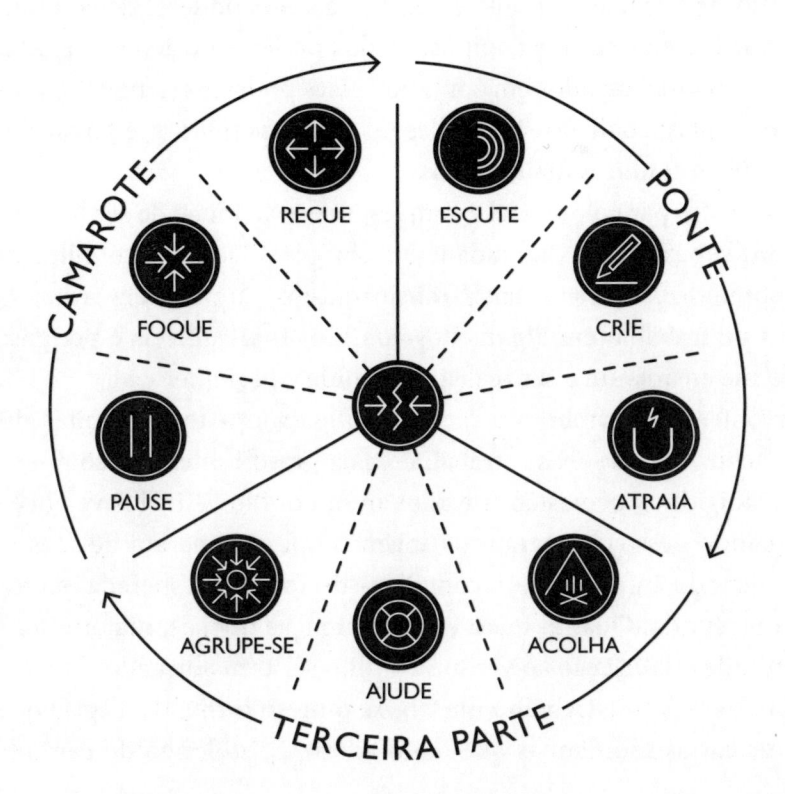

Talvez minha constatação mais importante desde que escrevi *Como chegar ao sim*, há 40 anos, tenha sido a de que, embora seja necessário construir a ponte *entre* as partes em conflito, isso por si só não basta. A ponte é o meio do caminho, mas o que é um meio sem começo e sem fim? Se temos tanta dificuldade em lidar com conflitos, muitas vezes é porque deixamos de lado o trabalho necessário no *Eu* – o camarote – e deixamos de lado a busca por ajuda no *Nós* – a terceira parte. Para transformar os conflitos atuais, precisamos abordar o *Eu*, o *Você* e o *Nós*. A ponte precisa ser sustentada pelo camarote e pela terceira parte.

À medida que você enfrenta os conflitos ao seu redor, seja como parte ou como terceiro, espero que o camarote, a ponte e a terceira parte se tornem seus amigos e aliados e entrem para o seu vocabulário do dia a dia. Eles são os nossos "superpoderes" inatos – capacidades naturais que cada um de nós pode ativar para alcançar as três vitórias no caminho para o possível.

Como vimos, cada um desses "superpoderes" é composto por três poderes à disposição de todos nós. O camarote é composto pelos poderes de pausar, focar e recuar. A ponte é composta pelos poderes de escutar, criar e atrair. A terceira parte é composta pelos poderes de acolher, ajudar e se agrupar. Quando ativados em conjunto, esses poderes criam um círculo dinâmico e sinérgico de possibilidades no qual, aos poucos, é possível transformar até os conflitos mais difíceis.

O caminho para o possível é simples, mas está longe de ser fácil. Nunca podemos subestimar a dificuldade e a complexidade dos conflitos humanos, sobretudo nos dias atuais. Transformá-los é uma tarefa árdua. Quase 50 anos de trabalho em alguns dos conflitos mais difíceis e perigosos do mundo me ensinaram a ser realista, humilde e paciente.

Por outro lado, embora a tarefa do *possibilista* tenha muitas dificuldades, acho que não existe trabalho mais gratificante. É recompensador ajudar indivíduos que estão travados num conflito – inclusive você mesmo. Quando pessoas superam os abismos que as separam de seus adversários, quando inimigos se reconciliam de forma inesperada, sinto uma alegria profunda. Quanto maiores as diferenças iniciais, maior a sensação de plenitude e satisfação ao ver um conflito ser transformado.

Muitas vezes esse trabalho me trouxe o mesmo tipo de alegria que sinto ao escalar as montanhas que tanto adoro. E, ao longo do caminho, os companheiros que encontrei me inspiraram e apoiaram. Mesmo quando a missão parecia impossível, sempre estive bem acompanhado.

Estamos chegando ao fim da jornada imaginária pelo caminho do possível. Meu único objetivo ao escrever este livro é transmitir o que aprendi sobre a arte de encontrar novas possibilidades em situações difíceis. Mais que um *método*, o caminho para o possível é uma *mentalidade*, uma *forma de viver nestes tempos difíceis*, mais necessária do que nunca.

Meu único pedido a você é que experimente a mentalidade *possibilista* e veja se ela funciona em sua vida. Adapte-a às suas necessidades. Se a considerar útil, por favor, repasse-a, para que outros também possam se beneficiar dela. É assim que, passo a passo, pessoa a pessoa, podemos recuperar nosso poder, alcançar nosso potencial e começar a criar o mundo que desejamos.

O caminho para o possível é a nossa forma de sobreviver – e florescer – nesta era de conflito.

MEU SONHO

Há 50 anos, um lama tibetano veio ao Colorado, trazendo de sua terra natal, os Himalaias, uma profecia milenar.[3] A profecia era a seguinte: em algum momento, num futuro distante, o mundo estará em perigo. Nesse momento, surgirá um novo tipo de guerreiro.

Esses bravos guerreiros teriam duas armas especiais. A primeira é a compaixão. A segunda é a capacidade de compreender as conexões que ligam todos os seres humanos.

Eis o meu sonho para as próximas gerações:

Sonho com um mundo de *possibilistas* corajosos, compassivos e perspicazes que se dediquem a conflitos desafiadores e estejam atentos às novas possibilidades.

Sonho com um mundo onde cada um de nós desenvolva a capacidade inata de ir ao camarote, construir uma ponte dourada e envolver a terceira parte – em casa, no trabalho e na comunidade em geral.

Sonho com um mundo onde saibamos liberar todo o nosso potencial para lidar com nossas diferenças de forma construtiva.

Sonho com um mundo onde cada um de nós tenha a capacidade de exercer, a qualquer momento, a escolha fundamental de *transformar* nossos conflitos para que possamos aprender, crescer e evoluir.

Sonho com um antropólogo que daqui a mil anos olhe para trás e veja que as gerações vindouras aproveitaram a oportunidade de evoluir e exercitaram suas capacidades inatas para criar um futuro que funcione para todos.

Sonho com equipes de *possibilistas* corajosos se agrupando ao redor dos conflitos mais complicados, com um espírito de humildade e audácia.

Sonho com o surgimento de uma comunidade, uma *Liga Mundial de Possibilistas*, indivíduos que aprendam e inspirem uns aos outros.

Tenho um palpite de que você pode ser um deles.

Então, eu lhe pergunto: *Se não você, quem? Se não agora, quando?*[4]

AGRADECIMENTOS

Neste livro, procurei destilar as lições que aprendi ao longo de uma vida inteira imerso em conflitos ao redor do mundo – lições que aprendi com mentores, colegas, clientes e partes envolvidas em conflitos. Sinto-me profundamente grato a cada um deles.

Colaboração e comunidade – temas centrais deste livro – foram fundamentais no processo de escrita de *Sim, é possível*. Foi um esforço colaborativo que, em grande medida, se beneficiou do apoio e das sugestões de uma comunidade de colegas. Compartilho com eles o crédito por tudo que há de valioso neste livro, mas todas as falhas são exclusivamente minhas.

Conforme contei nos capítulos 1 e 2, a ideia deste livro surgiu durante uma caminhada com meu amigo Jim Collins nas montanhas perto de casa. Serei eternamente grato a Jim por fazer a pergunta que me inspirou a escrevê-lo e pela generosidade de escrever um prefácio eloquente.

Como este livro resume o trabalho de uma vida, gostaria de começar agradecendo aos meus primeiros professores nas duas áreas que me levaram a ter o trabalho que tenho hoje. Triloki Pandey me surpreendeu com um comentário no final do primeiro trabalho que fiz num curso na Universidade da Califórnia: "Você precisa se tornar antropólogo!" A paixão de Loki pela área era contagiante.

Roger Fisher foi um *possibilista* icônico que generosamente me iniciou na teoria e na prática da mediação e da negociação. Não se intimidava diante de nenhum conflito e escrevia propostas práticas em sua velha e confiável máquina de escrever Smith-Corona. Sou profundamente grato a Roger por me colocar no caminho que venho trilhando desde então.

O Programa de Negociação da Faculdade de Direito de Harvard, que tive o privilégio de ajudar a fundar, tem sido minha comunidade intelectual desde o início. Frank Sander, Howard Raiffa, Thomas Schelling, Lawrence Susskind, Jeffrey Rubin, Deborah Kolb, Jeswald Salacuse e Robert Mnookin foram alguns dos gigantes da área com quem tive o prazer de aprender como colegas. Com sua amizade e suas ideias, David Lax, James Sebenius e Bruce Patton me beneficiaram enormemente.

Aprendi as principais lições deste livro por meio de experiências em primeira mão em conflitos ao redor do mundo. Quero agradecer ao meu velho amigo Stephen Goldberg, um mestre na arbitragem, por me chamar para o trabalho nas minas de carvão do Kentucky, me oferecendo meu primeiro trabalho real como mediador numa disputa complexa. Agradeço ao ex-presidente Jimmy Carter – um verdadeiro *possibilista* e um pacificador altruísta – por me confiar missões na Venezuela e em outros locais. Pelas minhas experiências na Colômbia, agradeço ao ex-presidente Juan Manuel Santos, outro *possibilista* dedicado e corajoso, que não perdeu a esperança mesmo nos momentos mais difíceis.

As histórias são o núcleo deste livro, essenciais para comunicar lições importantes. Pelas histórias em que desempenharam papéis de destaque, agradeço a Francisco Diez, Dennis Rodman, Dwight Manley, Abilio e Geyze Diniz, Ana Maria Diniz, Sergio Jaramillo, Enrique Santos, Jonathan Powell, Luis Carlos Villegas e sua filha Juliana, Glyn Ford e Robert Carlin. Pelas histórias pessoais, agradeço à minha família: Lizanne Ury, Melvin Gray, Claire Lieberman Goulding, Lynne Gray Garman, Paul Gray, Thomas Modern e Gabi Ury.

Este livro é muito mais rico do que seria graças às minhas visitas e entrevistas antropológicas. Quero registar minha profunda gratidão às comunidades kua e ju/'hoansi, do deserto do Kalahari, e à comunidade semai, da Malásia, cujos anciãos partilharam comigo sua sabedoria atemporal. Com eles, aprendi a valorizar o verdadeiro poder da terceira parte.

Sem o apoio de amigos, seria difícil escrever um livro. Pelo forte incentivo e pelo valioso feedback, agradeço aos meus amigos próximos David Friedman, Robert Gass, David Baum, David Lax, Jill Bolte Taylor, Mark Gerzon, Anne Silver, Paula Rocha, Josh Weiss, Alex Chade, Nicholas Dunlop, Carolyn Buck-Luce e Rob Evans.

Quero expressar minha imensa gratidão aos meus velhos amigos Marcel Arsenault e Cynda Collins Arsenault – cofundadores da One Earth Future Foundation –, com quem compartilho a paixão pela criação de um mundo sem guerras. Com um apoio generoso e um suporte filantrópico de longo prazo para o meu trabalho em conflitos, eles tornaram este livro possível. Agradeço também ao meu colega Jon Bellish, diretor-executivo e diretor de operações da fundação, que desempenhou um papel fundamental na concretização deste trabalho e na incubação da side3, organização sem fins lucrativos de apoio ao trabalho dos *possibilistas*.

Tive a sorte de contar com uma equipe extraordinária que me apoiou no processo de escrita do início ao fim. Sou extremamente grato a Gia Medeiros, que, com sua criatividade constante e positividade, comandou todo o processo de feitura do livro com habilidade, estruturou o texto e fez revisões valiosas a cada rascunho que eu enviava. Com experiência e perspicácia – além de olhos e ouvidos talentosos –, Haven Iverson deu vida às histórias que conto em cada página. Inteligente e entusiasmado, Daniel Medina deu todo o apoio do começo ao fim, com sugestões e incentivos diários. Ele é o responsável pelas notas, auxiliado por Olivia Grotenhuis e seu olhar atento.

Rick Bolton e Kae Penner-Howell atuaram como conselheiros, oferecendo ideias valiosas sobre como estruturar a mensagem do livro. Jessica Palladino e Kristin Weber conceberam o círculo elegante e os ícones criativos que formam um mapa do caminho para o possível.

Com feedbacks perspicazes e fundamentais, Liza Hester – que é minha colega há sete anos –, David Lander e Ian Scott contribuíram sobremaneira para o livro. Outros membros da nossa equipe da side3 fizeram ótimos comentários, entre os quais Rob Sokol, Olivia Grotenhuis, Mary Denmon e Hildy Kane. Hildy também prestou um apoio administrativo essencial. A cada um deles, envio o meu mais profundo agradecimento.

Outros leitores cuidadosos e generosos deram sugestões construtivas que melhoraram este livro. Agradeço a Aditi Junjea, Alexis Sanford, Ameya Kilara, Amy Leventhal, Christian Modern, Claire Hajaj, Claudia Maffettone, Cody Smith, Diane Tompkins, JB Lyon, Kim Syman, Jonathan Powell, Lior Frankiensztajn, Lizanne Ury, Pete Dignan, Rick Bolton, Sameer Kassan, Tom Bassett e Victoria Keziah.

Meu amigo Jim Levine se mostrou um agente extraordinário e um valioso conselheiro em todas as etapas do processo. Tenho sorte de contar com Hollis Heimbouch como minha editora na HarperCollins; ela abraçou o livro desde o início e me ofereceu ótimos aconselhamentos. James Neidhardt conduziu com habilidade todo o processo de publicação.

Por fim, tenho uma profunda dívida de gratidão para com meus pais e avós e agradeço imensamente o apoio amoroso da minha família imediata – Lizanne e nossos filhos, Christian, Thomas e Gabi. Não sou capaz de expressar o que família significa para mim. Enquanto escrevia este livro, tive a felicidade de me tornar avô. Chamo carinhosamente meu neto, Diego, de "meu novo chefe". Espero sinceramente que este trabalho seja de grande utilidade à geração dele por todo o mundo.

Sinto-me extraordinariamente grato a cada membro desta comunidade talentosa e altruísta, pois foram eles que viabilizaram a publicação de *Sim, é possível*.

William Ury
Boulder, Colorado
julho de 2023

NOTAS

1. O CAMINHO PARA O POSSÍVEL

1 Citação atribuída à antropóloga Margaret Mead. Quote Park, https://quotepark.com/quotes/702384-margaret-mead-we-are-continually-faced-with-great-opportunities.
2 "Two in Five Americans Say a Civil War Is at Least Somewhat Likely in the Next Decade", YouGov, 20 ago. 2022, https://today.yougov.com/topics/politics/articles-reports/2022/08/26/two-in-five-americans-civil-war-somewhat-likely; "Survey Finds Alarming Trend Toward Political Violence", UC Davis Violence Prevention Research Program, 20 jul. 2022, https://health.ucdavis.edu/news/headlines/survey-finds-alarming-trend-toward-political violence/2022/07.
3 Para saber mais sobre as tendências globais em conflitos, consulte "A New Era of Conflict and Violence"; Nações Unidas, https://www.un.org/en/un75/new-era-conflict-and-violence#:~:text=ENTRENCHED%20CONFLICT,criminal%2C%20and%20international%20terrorist%20groups.
4 Como leituras adicionais, recomendo John Paul Lederach, *Transformação de conflitos* (Rio de Janeiro: Palas Athena, 2012); Georg Simmel, *Conflict and the Web of Group Affiliation* (Glencoe, IL: The Free Press, 1955); e Lewis Coser, *The Functions of Social Conflict* (Nova York: The Free Press,1956).
5 Centenas de milhares: "Hay Futuro, Si Hay Verdad. Hallazgos y Recomendaciones para la No Repetición", *Comisión de la Verdad 127* (ago. 2022), https://www.comisiondelaverdad.co/hallazgos-y-recomendaciones.
6 Para saber mais sobre os semai, consulte Clayton A. Robarchek e Carole J. Robarchek, "Cultures of War and Peace: A Comparative Study of Waorani and Semai", em *Aggression and Peacefulness in Humans and Other Primates*, organizado por James Silverberg e J. Patrick Gray. Nova York: Oxford University Press, 1992, pp. 189-213.
7 Recomendo os livros de Jim Collins sobre liderança, que você pode verificar aqui: https://www.jimcollins.com/books.html.

2. AS TRÊS VITÓRIAS

1 Emily Dickinson, "The Gleam of an Heroic Act", em *The Complete Poems of Emily Dickinson*. Boston: Little, Brown, 1960, p. 688.
2 "Brokering Peace", Biblioteca e Museu Presidencial John F. Kennedy, https://www.jfklibrary.org/events-and-awards/forums/past-forums/transcripts/brokering-peace.
3 A história dos 17 camelos tem algumas versões. A primeira versão escrita conhecida foi atribuída ao filósofo iraniano Mulla Muhammad Mahdi Naraqi. Ver Pierre Ageron, "Le

Partage des dix-sept chameaux et autres ex-ploits arithmétiques attribués à l'imam 'Alî: Mouvance et circulation de récits de la tradition musulmane chiite", *Société Mathématique de France*, v. 19, n. 1, 2013, pp. 13-4.
4 Donald J. Trump (@realDonaldTrump), Twitter, 2 jan. 2017, https://twitter.com/realDonaldTrump/status/816057920223846400?lang=en.
5 Nicholas Kristof, "Slouching Toward War with North Korea", *New York Times*, 4 nov. 2017, https://www.nytimes.com/2017/11/04/opinion/sunday/nuclear-war-north-korea.html.
6 O Serviço de Pesquisas do Congresso publicou em outubro de 2017 um documento segundo o qual "centenas de milhares de sul-coreanos morreriam nas primeiras horas de combate [...] e se essa guerra escalar para o nível nuclear, então estaremos diante de dezenas de milhões de vítimas". Ver "The North Korean Nuclear Challenge: Military Options and Issues for Congress", Serviço de Pesquisas do Congresso, nov. de 2017, https://sgp.fas.org/crs/nuke/R44994.pdf.
7 Tania Branigan, "North Korea Executes Kim Jong-un's Uncle as 'Traitor'", *Guardian*, 13 dez. 2013, https://www.theguardian.com/world/2013/dec/13/north-korea-executes-kim-jong-un-uncle-jang-song-thaek; Merrit Kennedy, "Kim Jong-un's Half-Brother Reportedly Dies in Kuala Lumpur", NPR, 14 fev. 2017, https://www.npr.org/sections/thetwo-way/2017/02/14/515170332/kim-jong-uns-half-brother-reportedly-dies-in-kuala-lumpur.
8 "New Evidence on North Korean War Losses", The Wilson Center, 1 ago. 2001, https://www.wilsoncenter.org/article/new-evidence-north-korean-war-losses.

PRIMEIRA VITÓRIA: VÁ AO CAMAROTE
1 "Sistema de Información de Eventos de Violencia del Conflicto Armado Colombiano", Centro Nacional de Memoria Histórica y Observatorio de Memoria y Conflicto, https://micrositios.centrodememoriahistorica.gov.co/observatorio/sievcac.
2 Se quiser saber mais sobre meu trabalho na Venezuela com Francisco Diez e o Carter Center, ao qual me refiro ao longo deste livro, sugiro este relatório: *The Carter Center and the Peacebuilding Process in Venezuela: June 2002–February 2005*, The Carter Center, fev. 2005, https://www.cartercenter.org/resources/pdfs/news/peace_publications/americas/peacebuilding_venzuela_feb05.pdf. Para uma leitura mais aprofundada, recomendo o excelente livro *International Mediation in Venezuela*, Jennifer McCoy e Francisco Diez. Washington, D.C.: The United States Institute of Peace, 2011.
3 Uma trégua de Natal tinha sido proposta no ano anterior, mas rejeitada pela oposição. Ver "Venezuelan Strikers Reject a Truce Call", *New York Times*, 24 dez. 2002, https://www.nytimes.com/2002/12/24/world/venezuelan-strikers-reject-a-truce-call.html.

3. PAUSE
1 Lao Tzu, *Tao Te Ching*, traduzido por Stephen Mitchell. Nova York: Harper Perennial, 1991, p. 63. [Edição brasileira: *Tao-te Ching: O livro do caminho e da virtude*. São Paulo: Pensamento, 2023.]
2 "Recollections of Vadim Orlov (USSR Submarine B-59), 'We Will Sink Them All, but We Will Not Disgrace Our Navy'", National Security Archive, Universidade George Washington, 1 jan. 2002, https://nsarchive.gwu.edu/document/29066-7-recollections-vadim-orlov-ussr-submarine-b-59-we-will-sink-them-all-we-will-not.
3 A conversa da tripulação do B-59 foi reconstituída a partir de Svetlana V. Savranskaya, "New Sources on the Role of Soviet Submarines in the Cuban Mis-

sile Crisis". *Journal of Strategic Studies*, v. 28, n. 2, 2005, pp. 233-59, https://doi.org/10.1080/01402390500088312; Marion Lloyd, "Soviets Close to Using A-bomb in 1962 Crisis, Forum Is Told". *Boston Globe*, 13 out. 2002; Robert Krulwich, "You (and Almost Everyone You Know) Owe Your Life to This Man", *National Geographic*, 25 mar. 2016, https://www.nationalgeographic.com/culture/article/you-and-almost-everyone-you-know-owe-your-life-to-this-man.

4 Gary Marx, "Old Foes Recall '62 Scare", *Chicago Tribune*, 14 out. 2002, https://www.chicagotribune.com/news/ct-xpm-2002-10-14-0210140181-story.html.

5 Ryurik Ketov, em "Secrets of the Dead: The Man Who Saved the World", PBS, vídeo, 45m15s, que estreou em 22 de outubro de 2012, https://www.pbs.org/wnet/secrets/the-man-who-saved-the-world-about-this-episode/871.

6 Para ler sobre a ciência por trás do medo, consulte Arash Javanbakht e Linda Saab, "What Happens in the Brain When We Feel Fear", *Smithsonian Magazine*, 27 out. 2017, https://www.smithsonianmag.com/science-nature/what-happens-brain-feel-fear-180966992.

7 Essa citação é atribuída a Ambrose Bierce (material citado extraído de um compêndio de citações). Goodreads, https://www.goodreads.com/quotes/9909-speak-when-you-are-angry-and-you-will-make-the.

8 Você pode ler uma versão do mito aqui: "Hercules and Pallas", Original Sources, https://www.originalsources.com/Document.aspx?DocID=QN9XAAIDT2VCV1Z.

9 Minha participação nas negociações ocorreu sob os auspícios do Strengthening Democratic Institutions Project (SDI), em Harvard, e o Conflict Management Group. Você pode ler mais sobre o tema em: "BCSIA Annual Report, 1996–1997: Strengthening Democratic Institutions Project", Harvard Kennedy School Belfer Center for Science and International Affairs, https://www.belfercenter.org/publication/bcsia-annual-report-1996-1997.

10 Chechen Wars Killed 300,000", Al Jazeera, 26 jun. 2005, https://www.aljazeera.com/news/2005/6/26/official-chechen-wars-killed-300000.

11 Para uma descrição viva das negociações, consulte Doug Stewart, "Expand the Pie Before You Divvy It Up", *Smithsonian Magazine*, 1 nov. 1997, https://www.williamury.com/smithsonian.

12 Para ler mais sobre traumas coletivos, recomendo os livros de meu amigo Thomas Hübl, sobretudo *Healing Collective Trauma: A Process for Integrating Our Intergenerational and Cultural Wounds*, em coautoria com Julie Jordan Avritt. Boulder, CO: Sounds True, 2020. Também recomendo o livro de Bessel van der Kok, *The Body Keeps the Score: Brain, Mind, and Body in the Healing of Trauma*. Nova York: Penguin Books, 2015.

13 Sobre os efeitos da respiração no estresse, consulte Christopher Bergland, "Diaphragmatic Breathing Exercises and Your Vagus Nerve", *Psychology Today*, 16 maio 2017, https://www.psychologytoday.com/us/blog/the-athletes-way/201705/diaphragmatic-breathing-exercises-and-your-vagus-nerve.

14 Para melhor compreender as maneiras de controlar nossas reações naturais, recomendo o livro da Dra. Jill Bolte Taylor, *Whole Brain Living: The Anatomy of Choice and the Four Characters That Drive Our Life*. Carlsbad, CA: Hay House, 2021.

15 Jared Curhan et al., "Silence Is Golden: Silence, Deliberative Mindset, and Value Creation in Negotiation", *Journal of Applied Psychology*, v. 107, n. 1, 2022, pp. 78-94, https://doi.org/10.1037/apl0000877.

16 "MIT Researchers Say This Is the Ultimate Power Move in a Negotiation", *Ladders*, 29 mar. 2021, https://www.theladders.com/career-advice/mit-researchers-say-this-is-the-ultimate-power-move-in-a-negotiation.

17 Brainy Quote, https://www.brainyquote.com/quotes/benjamin_franklin_151641.
18 Daniel J. Siegel, *The Developing Mind: How Relationships and the Brain Interact to Shape Who We Are*. Nova York: The Guilford Press, 2012.
19 *Conversations with Myself*. Nova York: Macmillan, 2010, p. 7.
20 *Longa caminhada até a liberdade*. Rio de Janeiro: Alta Life, 2020.

4. FOQUE

1 Goodreads, https://www.goodreads.com/quotes/492843-who-looks-outside-dreams-who-looks-inside-awakes.
2 Mary Parker Follett, *Dynamic Administration: The Collected Papers of Mary Parker Follett*. Henry Metcalf e Lyndall Urwick (orgs.). Londres: Harper, 1942.
3 "Wise Words from an (Almost) Unknown Guru", BBC, 18 dez. 2013, https://www.bbc.com/news/business-25428092.
4 Para uma análise das negociações, consulte: Konrad Huber, *The HDC in Aceh: Promises and Pitfalls of NGO Mediation and Implementation*. Policy Studies, v. 9, Washington, D.C.: East-West Center, 2004.
5 James K. Sebenius e Alex Green, "Everything or Nothing: Martti Ahtisaari and the Aceh Negotiations". HBS Case Collection, Harvard Business School, dez. 2010, https://www.hbs.edu/faculty/Pages/item.aspx?num=39807.
6 "Resounding Victory for Democracy in Aceh", Tapol, 14 jan. 2014, https://www.tapol.org/briefings/resounding-victory-democracy-aceh.
7 Joe Leahy e Samantha Pearson, "Brazil's Billionaire Baker Who Came of Age in Captivity", *Financial Times*, 4 jul. 2011, https://www.financialexpress.com/archive/brazils-billionaire-baker-who-came-of-age-in-captivity/812359.
8 Para saber mais sobre a disputa, consulte Samantha Pearson, "Brazil Tycoon Closes Lid on Supermarket Feud", *Financial Times*, 6 set. 2013, https://www.ft.com/content/9e9f-8280-175e-11e3-bced-00144feabdc0.-175e-11e3-bced-00144feabdc0.
9 Para saber mais sobre santa Rita, consulte "The Story of Saint Rita of Cascia", The National Shrine of Santa Rita of Cascia, https://www.saintritashrine.org/saint-rita-of-cascia.

5. RECUE

1 Goodreads, https://www.goodreads.com/quotes/472665-the-garden-of-the-world-has-no-limits-except-in.
2 Os nomes nesta história, inclusive "Mike Johnson", são pseudônimos para proteger as identidades dos indivíduos.
3 Essa negociação foi tema da minha tese de doutorado em antropologia: *Talk Out or Walk Out: The Role and Control of Conflict in a Kentucky Coal Mine*, Harvard University Graduate School of Arts and Sciences, 22 jul. 1982.
4 William Langer Ury e Richard Smoke. *Beyond the Hotline: Controlling a Nuclear Crisis: A Report to the United States Arms Control and Disarmament Agency by the Nuclear Negotiation Project*. Cambridge, MA: Nuclear Negotiation Project, Harvard Law School, 1984. Consulte também um pequeno artigo que escrevi em 1985: William Ury, "Beyond the Hotline". *Washington Post*, 24 fev. 1985, https://www.washingtonpost.com/archive/lifestyle/magazine/1985/02/24/beyond-the-hotline/9eac0f91-73a4-495c-937da7235f8bc1e0.
5 William Ury, *Beyond the Hotline: How Crisis Control Can Prevent Nuclear War*. Boston: Penguin Books, 1986.
6 "'Evil Empire Speech', 8 mar. 1983", Voices of Democracy, The U.S. Oratory Project, https://voicesofdemocracy.umd.edu/reagan-evil-empire-speech-text.

7   Thom Patterson. "The Downing of Flight 007: 30 Years Later, a Cold War Tragedy Still Seems Surreal", CNN, 31 ago. 2013, https://www.cnn.com/2013/08/31/us/kal-fight--007-anniversary/index.html.
8   William L. Ury, "What We Can Do to Avert Nuclear War", *Parade*, 25 mar. 1984, pp. 15-16.
9   "All-Time 100 TV Shows". *Time*, https://time.com/collection/all-time-100-tv-shows.
10 "Diary Entry – Monday, October 10, 1983", Ronald Reagan Presidential Foundation & Institute, https://www.reaganfoundation.org/ronald-reagan/white-house-diaries/diary-entry-10101983.
11 "Joint Soviet–United States Statement on the Summit Meeting in Geneva". Ronald Reagan Presidential Library & Museum, 21 nov. 1985, https://www.reaganlibrary.gov/archives/speech/joint-soviet-united-states-statement-summit-meeting-geneva.
12 As declarações do presidente Reagan e do ministro Shevardnadze estão disponíveis em: "Remarks on Signing the Soviet–United States Nuclear Risk Reduction Centers Agreement", Ronald Reagan Presidential Library & Museum, 15 set. 1987, https://www.reaganlibrary.gov/archives/speech/remarks-signing-soviet-united-states-nuclear-risk--reduction-centers-agreement.
13 Para saber mais sobre uma iniciativa inovadora ligada às alterações climáticas, consulte o Climate Parliament: https://www.climateparl.net.
14 Nelson Mandela, *Longa caminhada até a liberdade*.
15 "Address by Nelson Mandela at Opening of Nobel Square, Cape Town", 14 dez. 2003, Nelson Rolihlahla Mandela, http://www.mandela.gov.za/mandela_speeches/2003/031214_nobelsquare.htm.

SEGUNDA VITÓRIA: CONSTRUA UMA PONTE DOURADA

1   O diálogo ao longo desta seção é baseado em Lawrence Wright, *Thirteen Days in September: The Dramatic Story of the Struggle for Peace* (Nova York: Alfred A. Knopf, 2014). A citação está na p. 312. Há citações subsequentes do livro de Wright, e o restante é reconstruído com base em comunicações pessoais com os participantes.
2   Ibid, p. 155.
3   Consulte "Camp David Accords and the Arab-Israeli Peace Process", Office of the Historian, United States Department of State, https://history.state.gov/milestones/1977-1980/camp-david.
4   "Devise Definition & Meaning", *Merriam-Webster*, https://www.merriam-webster.com/dictionary/devise.
5   Wright, *Thirteen Days in September*, p. 388.
6   "President Carter to President Sadat", 17 set. 1978, The Jimmy Carter Presidential Library and Museum, https://www.jimmycarterlibrary.gov/research/camp_david_accords_related_correspondence.
7   Wright, *Thirteen Days in September*, p. 391.
8   Sun Tzu, *A arte da guerra*. São Paulo: Penguin-Companhia, 2019.
9   Wright, *Thirteen Days in September*, p. 77.

6. ESCUTE

1   Goodreads, https://www.goodreads.com/quotes/24180-if-we-could-read-the-secret-history-of-our-enemies.
2   Zachary Cohen, Ryan Browne e Nicole Gaouette, "New Missile Test Shows North Korea Capable of Hitting All of US Mainland", CNN, 30 nov. 2017, https://www.cnn.com/2017/11/28/politics/north-korea-missile-launch/index.html.

3   "Dennis Rodman's Strange, Naive Fascination with North Korea", *Washington Post*, 23 jun. 2017, https://www.washingtonpost.com/sports/wizards/dennis-rodmans-strange-naive-fascination-with-north-korea/2017/06/23/75e0787e-56aa-11e7-ba90-f5875b7d1876_story.html; Helena Andrews-Dyer, "A Brief Guide to Dennis Rodman's Long, Weird History with North Korea", *Washington Post*, 12 jun. 2018, https://www.washingtonpost.com/news/reliable-source/wp/2018/06/12/a-brief-guide-to-dennis-rodmans-long-weird-history-with-north-korea.
4   *Longa caminhada até a liberdade*. Rio de Janeiro: Alta Life, 2020.
5   Donald J. Trump (@realDonaldTrump), Twitter, 23 set. 2017, https://twitter.com/realDonaldTrump/status/911789314169823232; Jacob Pramuk, "Trump Warns North Korea Threats 'Will Be Met with Fire and Fury'", CNBC, 8 ago. 2007, https://www.cnbc.com/2017/08/08/trump-warns-north-korea-threats-will-be-met-with-fire-and-fury.html.
6   Krishnadev Calamur, "Why Would North Korea Want to Drop a Hydrogen Bomb in the Ocean?", *The Atlantic*, 22 set. 2017, https://www.theatlantic.com/international/archive/2017/09/trump-north-korea/540783.
7   Conforme consta num relatório do Wilson Center, a reunião de cúpula pode não ter levado a Coreia do Norte a abrir mão de seu arsenal nuclear, mas o "resultado principal [...] foi a mudança da psicologia da crise nuclear com a Coreia do Norte, uma vez que o surgimento de uma via diplomática afastou a ideia americana de uma ação militar". Robert S. Litwak, *Preventing North Korea's Nuclear Breakout*, The Woodrow Wilson International Center for Scholars, fev. 2017, atualizado em ago. 2018, https://www.wilsoncenter.org/sites/default/files/media/documents/book/preventing_north_korea_nuclear_breakout_updated2018.pdf.
8   O termo "cartas de amor" foi cunhado pela mídia após o presidente Trump afirmar num comício: "E então Kim Jong-un e eu nos apaixonamos, ok? Não, sério, ele me escreveu cartas lindas, cartas magníficas." Ver Roberta Rampton, "'We Fell in Love': Trump Swoons over Letters from North Korea's Kim", Reuters, 30 set. 2018, https://www.reuters.com/article/us-northkorea-usa-trump/we-fell-in-love-trump-swoons-over-letters-from-north-koreas-kim-idUSKCN1MA03Q.
9   Essas entrevistas foram realizadas sob os auspícios do Harvard-NUPI-Trinity Syria Research Project e compiladas num relatório chamado *Obstacles to a Resolution of the Syrian Conflict*, de David W. Lesch, com Frida Nome, George Saghir, William Ury e Matthew Waldman. Oslo: Norwegian Institute of International Affairs, 2013, https://nupi.brage.unit.no/nupi-xmlui/bitstream/handle/11250/284440/NUPI%20rapport%202013-Nome.pdf?sequence=3&isAllowed=y.
10 Comunicação pessoal com o padre Luís Ugalde, out. 2002.

7. CRIE

1   *Dynamic Administration: The Collected Papers of Mary Parker Follett*. Henry Metcalf e Lyndall Urwick (orgs.). Londres: Harper, 1942, p. 49.
2   Andrés Bermúdez Liévano (org.), *La fase exploratoria del proceso de paz: Una mirada desde adentro*. Institute for Integrated Transitions, 2019, https://ifit-transitions.org/wp-content/uploads/2021/03/La-fase-exploratoria-del-processo-de-paz.pdf, p. 58.
3   "Vítimas del conflicto armado en Colombia ya son ocho millones". *El Tiempo*, abr. 2016, https://www.eltiempo.com/archivo/documento/CMS-16565045.
4   "Previous Peace Negotiations Attempts with the FARC-EP". Open Library of the Colombian Peace Process, https://bapp.com.co/en/previous-peace-negotiations-attempts-with-the-farc-ep.

5   Colombia's Peace Process Through 2016", Congressional Research Service, 31 dez. 2016, https://crsreports.congress.gov/product/pdf/R/R42982/16; "Auto No. 075 de 2022", Jurisdicción Especial para la Paz, 22 abr. 2022, https://jurinfo.jep.gov.co/normograma/compilacion/docs/pdf/Auto_SRVR-075_07-abril2022.pdf.
6   Camilo González Posso, "El Caguán Irrepetible", Indepaz, jul. 2009, https://www.indepaz.org.co/wp-content/uploads/2012/03/721_EL-CAGUAN-IRREPETIBLE.pdf.
7   William Zartman e Maureen Berman, *The Practical Negotiator*. New Haven, CT: Yale University Press, 1982, p. 89.
8   O acordo, denominado General Accord to End the Conflict and Build a Stable, Enduring Peace, foi assinado em 26 de agosto de 2012. Em espanhol: "Acuerdo General para la Terminación del Conflicto y la Construcción de una Paz Estable y Duradera", United Nations Peacemaker, https://peacemaker.un.org/colombia-generalaccordendconflict2012.
9   "Alocución del Presidente Santos sobre el Acuerdo General para la Terminación del Conflicto", The Open Library of the Colombian Peace Process, 4 set. 2012, https://ww.bapp.com.co/documento/alocucion-del-presidente-santos-sobre-el-acuerdo-general-para-la-terminacion-del-conflicto-2.
10 Ver "Final Agreement to End the Armed Conflict and Build a Stable and Lasting Peace". The Open Library of the Colombian Peace Process, 24 nov. 2016, https://bapp.com.co/en/final-agreement-to-end-the-armed-conflict-and-build-a-stable-and-lasting-peace. Para um resumo, consulte "Summary of Colombia's Agreement to End Conflict and Build Peace". OCHA, 30 set. 2016, https://reliefweb.int/attachments/bfc0aafb-a534-3c-75-9c26-30e9b2c367c8/summary-of-colombias-peace-agreement.pdf.
11 Allison Sparks, *Tomorrow Is Another Country: The Inside Story of South Africa's Road to Change*. Chicago: University of Chicago Press, 1996, p. 4.
12 Recomendo o livro de Angeles Arrien, *The Four-Fold Way: Walking the Paths of the Warrior, Teacher, Healer, and Visionary*. São Francisco: HarperSanFrancisco, 1993.

8. ATRAIA

1   Goodreads, https://www.goodreads.com/quotes/36606-italways-seems-impossible--until-it-s-done.
2   William Ury, *Talk Out or Walk Out: The Role and Control of Conflict in a Kentucky Coal Mine*. Universidade de Harvard, Graduate School of Arts and Sciences, 22 jul. 1982.
3   Você pode ler a fábula completa no site da Biblioteca do Congresso americano, em https://read.gov/aesop/143.html.
4   Consulte "Security Council Resolution 242: The Situation in the Middle East", United Nations Peacemaker, https://peacemaker.un.org/middle-east-resolution242.
5   "Chronology of U.S.-North Korean Nuclear and Missile Diplomacy", Arms Control Association, abr. 2022, https://www.armscontrol.org/factsheets/dprkchron.
6   John Bolton, *The Room Where It Happened: A White House Memoir*. Nova York: Simon & Schuster, 2020, p. 56.
7   Bruce Harrison et al., "Kim Jong-un Highlights His 'Nuclear Button,' Offers Olympic Talks", NBC News, 31 dez. 2017, https://www.nbcnews.com/news/north-korea/kim--says-north-korea-s-nuclear-weapons-will-prevent-war-n833781.
8   Donald J. Trump (@realDonaldTrump), Twitter, 2 jan. 2018, https://twitter.com/realDonaldTrump/status/948355557022420992.
9   Roberta Rampton, "'We Fell in Love': Trump Swoons over Letters from North Korea's Kim", Reuters, 30 set. 2018, https://www.reuters.com/article/us-northkorea-usa-trump/we-fell-in-love-trump-swoons-over-letters-from-north-koreas-kim-idUSKCN1MA03Q.

10 David A. Graham, "Trump's Effusive, Un-settling Flattery of Kim Jong-un", *Atlantic*, 12 jun. 2018, https://www.theatlantic.com/politics/archive /2018/06 /trumps-effusive-un-settling-flattery-of-kim-jong-un/562619.
11 Donald J. Trump (@realDonaldTrump), Twitter, 13 jun. 2018, https://twitter.com/realDonaldTrump/status/1006694541083021312.
12 Donald J. Trump (@realDonaldTrump), Twitter, 13 jun. 2018, https://twitter.com/realDonaldTrump/status/1006837823469735936.
13 Justin McCurry, "Kim Jong-un Hailed Victor in 'Meeting of Century' by North Korean Media", *Guardian*, 13 jun. 2018, https://www.theguardian.com/world/2018/jun/13/kim-jong-un-north-korea-summit-trump-visit-kcna.
14 "US–North Korea: Trump and Kim Hold Historic Meeting at DMZ", BBC, 30 jun. 2019, https://www.bbc.com/news/world-asia-48817898.

TERCEIRA VITÓRIA: ENVOLVA A TERCEIRA PARTE

1 "Address During the Cuban Missile Crisis", 22 out. 1962, John F. Kennedy Presidential Library and Museum, https://www.jfklibrary.org/archives/other-resources/john-f-kennedy-speeches/cuba-radio-and-television-report-19621022.
2 William Burr, "Cold War Estimates of Deaths in Nuclear Conflict". *Bulletin of the Atomic Scientists*, 4 jan. 2023, https://thebulletin.org/2023/01/cold-war-estimates-of--deaths-in-nuclear-conflict.
3 Christopher Woody, "56 Years Ago, the Cuban Missile Crisis Took the World to the Brink of Nuclear War – Here's What It Looked Like from Sunny Florida Beaches". *Business Insider*, 28 out. 2018, https://www.businessinsider.com/iconic-photos-of-the--cuban-missile-crisis-from-florida-beaches-2018-10.
4 Robert McNamara et al., *Argument Without End: In Search of Answers to the Vietnam Tragedy*. Nova York: Public Affairs, 1999; "The Cuban Missile Crisis", Arms Control Association, https://www.armscontrol.org/act/2002-11/features/cuban-missile-crisis.
5 Martin Tolchin, "U.S. Underestimated Soviet Force in Cuba During '62 Missile Crisis", *New York Times*, 15 jan. 1992, https://www.nytimes.com/1992/01/15/world/us-underestimated-soviet-force-in-cuba-during-62-missile-crisis.html.
6 "The Cuban Missile Crisis, October 1962", Office of the Historian, Departamento de Estado dos Estados Unidos, https://history.state.gov/milestones/1961-1968/cuban--missile-crisis.
7 Minhas entrevistas com os kua aconteceram em Botsuana, em maio de 1989.
8 Para obter mais informações sobre o CNA, incluindo entrevistas com testemunhas oculares, consulte "South Africa: Overcoming Apartheid, Building Democracy", Michigan State University, https://overcomingapartheid.msu.edu/multimedia.php?-kid=163-582-27.
9 "Tutus [sic] Message Forgiveness Peace", Crain's Grand Rapids Business, 28 mar. 2003, https://grbj.com/uncategorized/tutus-message-forgiveness-peace.
10 Conversa pessoal com Sir Robin Renwick, embaixador britânico na África do Sul, maio 1989.
11 Para uma breve biografia de David Webster, consulte "David Joseph Webster", South African History Online, https://www.sahistory.org.za/people/david-joseph-webster.
12 Lembro-me de ter ouvido o Arcebispo Tutu dizer isso no seu discurso em janeiro de 1995.
13 Numa palestra de 1997, Nelson Mandela explicou o conceito de Ubuntu: "O espírito do Ubuntu, o sentimento profundo de que somos humanos somente por intermédio

da humanidade dos outros. Não se trata de um fenômeno local. Ele contribuiu para a nossa busca por um mundo melhor." Consulte "Renewal and Renaissance – Towards a New World Order: Lecture by President Nelson Mandela at the Oxford Centre for Islamic Studies", Nelson Mandela Foundation, 11 jul. 1997, http://www.mandela.gov.za/mandela_speeches/1997/970711_oxford.htm.

14 Nelson Mandela, "Nelson Mandela's Inaugural Speech – Pretoria, 10 May 1994", Universidade da Pensilvânia, https://www.africa.upenn.edu/Articles_Gen /InauguralSpeech_17984.html.

9. ACOLHA

1 O poema é intitulado "Outwitted", Edwin Markham, *The Shoes of Happiness and Other Poems*. Nova York: The Century Company, 1913.
2 Para aprofundar o conceito filosófico de acolhimento, recomendo: Emmanuel Levinas, *Totalidade e infinito*. São Paulo: Edições 70, 2008; David J. Gauthier, "Levinas and the Politics of Hospitality". *History of Political Thought*, v. 28, n. 1, primavera de 2007, Exeter, Inglaterra: pp. 158-80, https://www.jstor.org/stable/26222669.
3 Para saber mais sobre a Iniciativa do Caminho de Abraão, consulte www.abrahampath.org.
4 Ben Lerwill, "10 of the Best New Walking Trails", *National Geographic*, 8 abr. 2019, https://www.nationalgeographic.co.uk/travel/2019/04/10-best-new-walking-trails.
5 Quem me contou essa história pela primeira vez foi Elias Amidon, mas você pode ler a história original em Chrétien de Troyes, *Perceval ou o romance do graal*. São Paulo: Polar, 2017.
6 "Colombia Conflict Victims Join FARC Peace Talks in Cuba", BBC, 17 ago. 2014, https://www.bbc.com/news/world-latin-america-28822683.
7 Para saber mais sobre a história da Pastora Mira, consulte TEDx Talks, "Superando el Dolor: Reconciliación | Pastora Mira | TEDxBogotá", *YouTube*, 23 set. 2019, https://www.youtube.com/watch?v=2SPaS_C1PXU.
8 A pesquisa de Frans de Waal sobre primatas é detalhada em seu livro *Peacemaking Among Primates*. Cambridge, MA: Harvard University Press, 1990. https://www.hup.harvard.edu/catalog.php?isbn=9780674659216.

10. AJUDE

1 Frances Perkins foi a primeira mulher a servir como secretária de Gabinete dos Estados Unidos, de 1933 a 1945. O texto da citação, além de mais informações sobre sua vida, pode ser encontrado em "The Woman Behind the New Deal", Frances Perkins Center, https://francesperkinscenter.org/life-new.
2 Para saber mais sobre as conversações de paz em Havana, recomendo este relatório: Andrés Bermúdez Liévano (org.). *Los Debates de la Habana, una Mirada desde Adentro*, Institute for Integrated Transitions, 2018, https://ifit-transitions.org/wp-content/uploads/2021/03/Los-debates-de-La-Habana-Una-mirada-desde-adentro.pdf.
3 "Víctimas del Conflicto Armado", Unidad para las Víctimas, https://www.unidadvictimas.gov.co/es/registro-unico-de-victimas-ruv/37394.
4 "Conflict Between Turkey and Armed Kurdish Groups", Center for Preventative Action, Council on Foreign Relations, 25 abr. 2023, https://www.cfr.org/global-conflict-tracker/conflict/conflict-between-turkey-and-armed-kurdish-groups.

11. AGRUPE-SE

1 Pelo que me lembro, o provérbio é "deter um leão". De qualquer modo, ele pode ser encontrado em "Africa's Proverb of the Day", BBC, 1 jan. 2013, https://www.bbc.com/news/world-africa-20884831.
2 Para saber mais sobre como o "agrupamento" é usado na indústria de tecnologia, consulte Marty Cagan, "Milestone Swarming", Silicon Valley Product Group, 21 maio 2014, https://www.svpg.com/milestone-swarming; Toby McClean, "The Collective Power of Swarm Intelligence in AI and Robotics", *Forbes*, 13 maio 2021, https://www.forbes.com/sites/forbestechcouncil/2021/05/13/the-collective-power-of-swarm-intelligence-in-ai-and-robotics/?sh=266c2beb252f.
3 Comunicação pessoal, 26 jun. 2018.
4 "Dave Davies, "30 Years After the Siege, 'Waco' Examines What Led to the Catastrophe", NPR, 25 jan. 2023, https://www.npr.org/2023/01/25/1151283229/waco-branch-davidian-david-koresh-jeff-guinn. Para uma análise aprofundada das negociações, consulte Malcolm Gladwell, "Sacred and Profane", *New Yorker*, 24 mar. 2014, https://www.newyorker.com/magazine/2014/03/31/sacred-and profane-4.
5 Diane Coutu, "Negotiating Without a Net: A Conversation with the NYPD's Dominick J. Misino", *Harvard Business Review*, out. 2002, https://hbr.org/2002/10/negotiating-without-a-net-a-convesation-with-the-nypds-dominick-j-misino.
6 George Kohlrieser, "How to Manage Conflict: Six Essentials from Hostage Negotiations to the Board Room", LinkedIn, 26 abr. 2018, https://www.linkedin.com/pulse/how-manage-conflict-six-essentials-from-hostage-george-kohlrieser.
7 Para saber mais sobre a Cure Violence Global, consulte www.cvg.org. Quem me apresentou ao conceito de acesso, credibilidade e confiança foi o Dr. Gary Slutkin.
8 Você pode assistir ao filme, que foi ao ar na PBS em 14 de fevereiro de 2012, no site da PBS em https://www.pbs.org/wgbh/frontline/documentary/interrupters/transcript.
9 O presidente Santos fez essa observação ao receber o Program on Negotiation (PON) Great Negotiator Award em 2017. Embora não haja gravação do evento, você pode assistir a uma mesa-redonda semelhante aqui: "Advice for Peace: Ending Civil War in Colombia", Harvard Law School, 11 out. 2012, https://www.pon.harvard.edu/daily/teaching-negotiation-daily/advice-for-peace-ending-civil-war-in-colombia.
10 Para saber mais sobre o trabalho de Frans de Waal, recomendo *Peacemaking Among Primates*. Cambridge, MA: Harvard University Press, 1990; *The Bonobo and the Atheist: In Search of Humanism Among the Primates*. New York: WW Norton, 2013; e *O último abraço da matriarca: As emoções dos animais e o que elas revelam sobre nós*. Rio de Janeiro: Zahar, 2021, https://www.hup.harvard.edu/catalog.php?isbn=9780674659216.
11 Uma das maiores mobilizações na história recente da Colômbia ocorreu em 2008, quando mais de um milhão de pessoas marcharam contra as FARC em Bogotá. Ver "Colombians in Huge FARC Protest", BBC, 4 fev. 2008, http://news.bbc.co.uk/2/hi/americas/7225824.stm.
12 "Colombia and Venezuela Restore Diplomatic Relations", BBC, 11 ago. 2010, https://www.bbc.com/news/world-latin-america-10926003.
13 Para mais informações sobre o evento, consulte "Colombia Peace Deal: Historic Agreement Is Signed", BBC, 27 set. 2016, https://www.bbc.com/news/world-latin-america-37477202.
14 "Thousands March in Support of Colombia Peace Deal", Deutsche Welle, 13 out. 2016, https://www.dw.com/en/thousands-march-in-support-of-colombia-peace-deal/a-36028584.

15 "Peace in Colombia: From the Impossible to the Possible", The Nobel Prize, 10 dez. 2016, https://www.nobelprize.org/prizes/peace/2016/santos/lecture.

CONCLUSÃO: UM MUNDO DE POSSIBILIDADES
1 Rebecca Solnit, *Hope in the Dark: Untold Histories, Wild Possibilities*. Edimburgo: Canongate Books, 2016. Disponível em: https://www.perlego.com/book/1456880/hope-in-the-dark-the-untold-history-of-people-power-pdf.
2 TEDx Talks, "What's Wrong with Me? Absolutely Nothing | Gabi Ury | TEDxSanDiego", YouTube, 31 dez. 2014, em https://www.youtube.com/watch?v=bDbN8R6Gb6Q.
3 Live, Learn, Evolve, "The Ancient Shambhala Warrior Prophecy", YouTube, 9 maio 2020, https://www.youtube.com/watch?v=hWJWZd2UMKw.
4 Pirke Avot. *The Sayings of the Jewish Fathers*. Project Gutenberg: 50, https://www.gutenberg.org/ebooks/8547.

CONHEÇA OS LIVROS DE WILLIAM URY

Como chegar ao sim

Como chegar ao sim com você mesmo

Sim, é possível

Para saber mais sobre os títulos e autores da Editora Sextante,
visite o nosso site e siga as nossas redes sociais.
Além de informações sobre os próximos lançamentos,
você terá acesso a conteúdos exclusivos
e poderá participar de promoções e sorteios.

sextante.com.br